图解高尔夫

THE GOLF INSTRUCTION MANUAL

完全学习手册

图解高尔夫完全学习手册

[英]史提夫·纽威尔 著
林虹均 译

電子工業出版社
Publishing House of Electronics Industry
北京·BEIJING

A Dorling Kindersley Book
www.dk.com

Original Title：Golf Instruction Manual

版权贸易合同登记号　图字：01-2009-6014

图书在版编目（CIP）数据

图解高尔夫完全学习手册/（英）纽威尔（Newell，S.）著；林虹均译．—北京：电子工业出版社，2009.11
书名原文：The Golf Instruction Manual
ISBN 978-7-121-09647-1

Ⅰ．图…　Ⅱ．①纽…②林…　Ⅲ．高尔夫球运动－图解
Ⅳ．G849.3-64

中国版本图书馆CIP数据核字（2009）第179864号

责任编辑：田　蕾
执行编辑：陈晓华
美术设计：刘定喜
策划引进：北京时尚博闻图书有限公司
印　　刷：北京利丰雅高长城印刷有限公司
装　　订：北京利丰雅高长城印刷有限公司
出版发行：电子工业出版社
　　　　　北京市海淀区万寿路173信箱
　　　　　邮编：100036
开　　本：787×1092　1/16
印　　张：16　字　数：409.6千字
印　　次：2012年12月第2次印刷
定　　价：98.00元

凡所购买电子工业出版社图书有缺损问题，请向购买书店调换。若书店售缺，请与本社发行部联系，联系及邮购电话：（010）88254888。
质量投诉请发邮件至zlts@phei.com.cn，盗版侵权举报请发邮件至dbqq@phei.com.cn。
服务热线：（010）88258888。

目录

前　言

在我年幼时，高尔夫就已经是我生活中的一部分，在8岁左右就尝试成为父亲的杆弟，之后便开始学打高尔夫，并在14岁正式参加比赛。一年后我赢得青少年杯冠军，从那时起就已经立定志向，希望高尔夫能成为我的事业。我也非常幸运地在学习成长的过程中，经常接触正面的影响和一些理想的学习典范，这些经验不断向我灌输着练习基本动作和正确挥杆节奏的重要性。《图解高尔夫完全学习手册》这本书也一再强调相同理念，利用清楚、容易上手的方式，让读者可以达到降低差点的目标！

▲附加信息

作者（图左）和艾尔斯（Ernie Els）赢得比赛后一起检查计分卡。

从职业业余配对赛中，我深深地体会到大部分业余球员所能接受到的技术指导有限，因而无法真正地了解如何才能提升球技。这实在很令人遗憾，因为改善球技、降低杆数绝对是乐趣横生的。对我而言，就算已经达到职业水平，但我依然在努力突破这项运动的极限，任何利用这本工具书循序渐进练习的读者，一定能够在技术上更上一层楼。

我会把高尔夫挥杆当做连锁反应，如果你有良好的击球准备位置，就容易实现较好的起杆；如果有了良好的起杆，就更有机会以较好的角度到达上杆顶点，以此类推，带动挥杆到顶的正确动作，最后击出一记漂亮的好球。《图解高尔夫完全学习手册》的内容编排正充分反映出这个概念，书中涵盖驾驭这项运动所需具备的重要元素，不但能够让读者重新复习基本动作（这对日后球技提升非常重要），并且会带你逐步迈向进阶高尔夫的目标。

史提夫·纽威尔（Steve Newell）是一位经验丰富的技术指导作家，我们在过去七八年的时间里一起合作过很多项目，他也帮我编写过不少好书，现在他出版了这本实用的高尔夫指南《图解高尔夫完全学习手册》，希望读者也能够跟我一样读得津津有味，相信这本书绝对是你提升球技的不二法门！

◀ 球迷的最佳娱乐

高尔夫越来越大众化，此图片为1993年莱德杯（Ryder Cup）期间球迷观赏比赛的盛况。

介绍高尔夫

当你手上拿着这本书时，表示你已经觉察到高尔夫容易使人上瘾的本质，事实上每个认真从事过这项运动的人，都注定会一辈子打下去。只要一落进高尔夫诱人的掌握中，即使每天有繁忙的琐事，还是难以想象永远不再打球的日子要怎么过下去。

有千变万化的活动场地，一向是高尔夫的特色（是的，每一个球场都有自己的特别之处），或是强调可以让球技水平不一的球员，进行公平竞争的差点系统。无可否认，这两项让高尔夫显得与众不同的特点，也是这种运动的挑战性和魅力之一。

然而，最终还是要回归玩这种运动时令人叹服的身体动作。虽然高尔夫不过就是一项用棍子将球打出去的运动罢了，但是，也没有任何运动会像高尔夫这样，需要这么多心灵与身体的发挥；包括你自己、一支球杆、一颗小白球及很远距离外一个10厘米（4英寸）大的目标（通常看不到），呈现出的是一项需要体能的挑战。此外，也别低估准确挥动球杆所需要的技巧，有时速度甚至会超过160千米/小时。这也是为什么打出一记朝向你选定目标飞去的漂亮击球，会产生这么多乐趣的原因！

当然，打高尔夫球时的心灵层面也很重要，跟大部分运动相比，在每次击球之间都有很长的时间来思考，来平息情绪的起伏。实际上在你站在球旁边的那几秒钟内，精神面的“挥杆启动器”依然难以作用。因此，当你整场的挥杆都处于极佳状态，并在结束时打出了好成绩，那种感觉真的很棒！要是失败的话，除了自己根本没办法怪罪他人，自信心也会崩溃。然而，就算是当天的手气很差，只要一点点魔法，比如打出一记好球或是长推杆入洞的经验，马上又会让你斗志高昂，重新定位以寻求更多的快感。这种“高潮”也会点燃想要成为好球员的欲望，让这种喜悦不仅仅是某一球，某一洞，而是尽可能让每次打球时都会出现。

◀ **绝世美景**

高尔夫球赛通常会在美景环绕下举行，如加州蒙特利半岛的柏树点球场，就把大海也变成了球场的一部分。

早期年代

从高尔夫史上的第一球开始（可回溯到16世纪），球友们已经致力于降低把球由开球区送进球洞所花的杆数。早期这项运动的挥杆技巧主要受限于环境，无法自行控制。最早出现的正式球场（可回溯到17世纪），几乎确定就是在苏格兰沿岸地区，在那样的环境下，很快就发展出环绕式挥杆，利用手和手臂在身体周围的平面上挥动球杆，以击出

▲**不朽的老人**

老汤姆·莫里斯堪称是19世纪晚期最伟大的高尔夫球员，他曾经赢得4次英国公开赛冠军，老汤姆死后葬于圣安卓斯的“高尔夫之家”。

低飞球和滚球，这种方式非常适合风势强劲的苏格兰沿岸。

由19世纪晚期一些杰出高尔夫球员打球的照片证实，他们身穿苏格兰粗呢外套并打上领带（早期的传统），所以会限制手臂摆动，让手和手臂无法自由上下挥动，甚至19世纪晚期的莫果·帕克（Mungo Park）、老汤姆·莫里斯（Old Tom Morris）及艾伦·罗伯森（Allen Robertson）这些伟大球员，他们打球时双脚的宽度几乎是现今顶尖选手的两倍，膝盖也比目前普遍的姿势还要弯，并且球位也相对比较靠后（连开球都一样）。

自制球具

球具制作需要精湛的手艺，在19世纪和20世纪早期，很多顶尖的球员都自行制作适用的球具。但是以现今的标准看来，那时所使用的球杆和球还是非常简单的，球杆都是木制杆身，还有皮革缠绕的扁平握把，完全不适合现在普遍采用的重叠式握法和互锁式握法，事实上，早期的握杆方式比较像打棒球，是用手掌紧握球杆。

在19世纪中期以前，高尔夫球的制作都用皮革缝合，以羽毛填塞，也因此得到“羽毛”的称号，不过这种球既昂贵又不好打，球只要受潮就会变形，不会呈直线飞出。19世纪晚期，则引进一种橡胶树分泌的古塔胶来制作高尔夫球，这种“橡胶球”不仅便宜，外形也比较固定，能够飞得更稳且更为耐用。然而，这种球还是无法像现今的高科技球那么会旋转。此外，橡胶球的抛物线比较低，落地后会滚很远。

现代高尔夫

高尔夫在20世纪早期，迅速发展出一套敏捷、有效率且更有力的挥杆。而优雅的姿势，更不是之前所能比拟的。那时候哈利·瓦登（Harry Vardon）所提倡的用右手小指与左手食指交握的握杆法，也一直延用至今，甚至就以他的名字命名（又称为重叠式握法）。此外，瓦登也是第一个建议击球准备时将左脚往外开，让左臂在击球瞬间时更容易转动的球员之一。巴比·琼斯（Bobby Jones）是率先倡导以较窄站姿击球的人之一，他发现如果双脚太开而下盘太低的话，挥杆会受到限制。球友们的双脚很快地也开始靠近，站姿变得更挺直，离球也更近。

这些细微调整，都有助于产生更为陡峭的挥杆。拜伦·尼尔森（Byron Nelson）可能是史上第一个采用陡峭挥杆的杰出球员（适合他挺拔的

▲**天才业余球员**

虽然巴比·琼斯从没有转入职业，却仍旧是19世纪20年代最具影响力的球员，他曾经赢得4次美国公开赛、3次英国公开赛、5次全美业余锦标赛和1次英国业余锦标赛的胜利。

高度），他在1945年赢得了11场冠军，这可能是后人永远无法打破的纪录。拜伦的打法非常适合以铁制杆身取代胡桃木球杆（因为木制杆身太有弹性，只能用环绕式挥杆来打）。

▲观看大师打球

上面照片摄于1956年英格兰温特沃斯所举行的加拿大杯，可以看出侯根把手高举送杆的动作，很多高球史学家相信，他应该是最先提出这种击球方式的球员。

时至今日，有些人依然把传奇的班·侯根（Ben Hogan）视为史上最伟大的高尔夫球员，他的贡献反倒不在于打球方式，而是树立了一种苦练的典范。他会一直练习到手掌出血，致力于追求无人能及的完美境界。目前世界各地许多职业球员，还会效法侯根忘我的精神进行练习。1949年遇上一场几乎令他丧命的车祸，然而努力奋斗重回球场的他却变得比以前更好，并赢得了他在1953年所参加的3场四大赛的冠军。

赢得最多四大赛冠军的杰克·尼克劳斯（Jack Nicklaus），对20世纪晚期高尔夫发展具有举足轻重的影响。当他在20世纪60年代早期开始崛起之后，伟大的巴比·琼斯便表示“他打的是我所不熟悉的比赛！”没过多久，大家都开始模仿尼克劳斯打球，他的风格酝酿出优雅的直立挥杆时代，收杆时手的位置特别高（送杆时背部也会拱起），这种技巧让球杆能够在直线中摆动，表示上杆和送杆的手的位置都比较高。

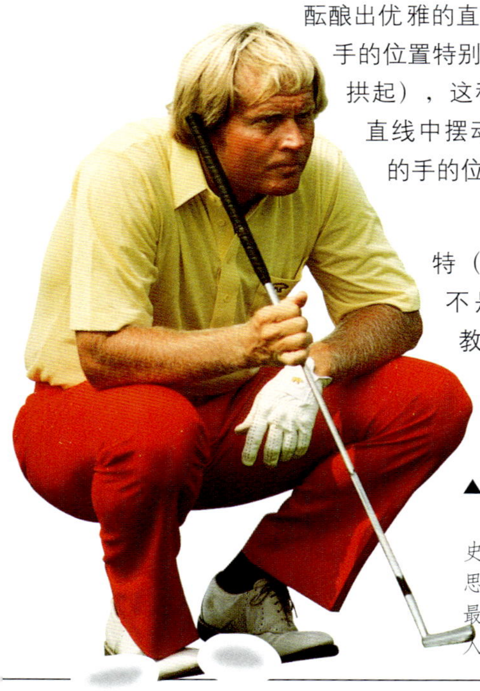

▲鼓舞人心的选手

杰克·尼克劳斯可能是史上最伟大的球员，他总是思虑周密地为每次球赛研拟最佳策略，为自己缔造出无人能及的辉煌战果。

虽然戴维·李德贝特（David Leadbetter）不是球员，却以高球教练的身份影响着现代高尔夫的发展，他的伙伴尼克·佛度（Nick Faldo）和尼克·普莱斯（Nick Price）的挥杆，在20世纪80年代中晚期分别赢得四大赛许多冠军。他们挥杆不像尼克劳斯那么挺直，这种新挥杆方式要求身体转动与手臂挥杆同步，旋转的动作更多，也更为有效。因此，现今大部分球员都以更多转动的姿势完成收杆，脊椎比较不会弯曲，上杆顶点时球杆也更接近颈部后方（直立式挥杆杆身会指向地面）。新式挥杆不但比直立式挥杆更稳定持久，也不会过度拉扯下背部。

教练的角色

这些年来教球哲学获得许多发展，说法也不再有那么多分歧。当代杰出的教练比如戴维·李德贝特（David Leadbetter）、布区·哈蒙（Butch Harmon）、约翰·雅各布斯（John Jacobs）等，虽然都以相同的理念工作，不过以教练角色来说，都有独具的特色与沟通术语。高尔夫教学的标准提高，内容也更一致，所有不同程度的球员也都能通过课程迅速进步。

部分原因是今日的球员们，渐渐熟悉运动中存在于球员与教练间的文化，加上一些成功合作关系的鼓舞，

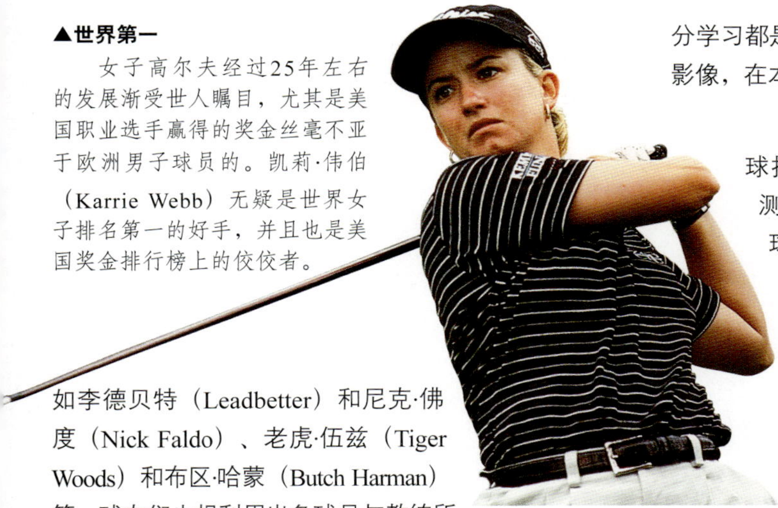

▲世界第一

女子高尔夫经过25年左右的发展渐受世人瞩目，尤其是美国职业选手赢得的奖金丝毫不亚于欧洲男子球员的。凯莉·伟伯（Karrie Webb）无疑是世界女子排名第一的好手，并且也是美国奖金排行榜上的佼佼者。

如李德贝特（Leadbetter）和尼克·佛度（Nick Faldo）、老虎·伍兹（Tiger Woods）和布区·哈蒙（Butch Harman）等。球友们也想利用出色球员与教练所发展出的知识，所以教学丛书每年可以卖出数千套。研究也指出至少有70%以上球友购买高球杂志的理由，是为了顶尖球员和教练间如何改善球技的专题报导。现在球友们也从高速摄影中获得好处，利用定格画面，捕捉挥杆瞬间的每个动作细节。这项科技更强调了高尔夫天生的运动本质，也让想把球打好的球员们获得更多帮助！

你的个人教练

现今，没有任何一个球友不想压低杆数，虽然大部分都缺乏适时指正缺失的专属教练，不过本书却能够在多方面弥补这部分的遗憾。

现代高尔夫教学都是汲取历年几位启发性教练的心血结晶，从哈利·瓦登（Harry Varden）一直到布区·哈蒙（Butch Harman）等。本书的练习更是集各家所长，把各种磨练球技的方法集结成册，这些练习都是为了矫正错误，让读者能够用正确姿势打球，并且每个单元也针对不同项目设定明确的目标。书中内容涵盖这项运动所有细节，不管是开球或推杆，击球或高尔夫礼仪。上百幅特别拍摄的照片，更是把完美球技所需具备的肢体摆动，巨细靡遗地呈现在你面前！有时候人们会忘记大部分学习都是由模仿开始的，这也是为何球员完美挥杆的影像，在本书扮演如此重要角色的原因。

书中编排方式是希望鼓励读者在自我提升球技前，先行评估自身的实力，借助一系列的测试，精准而诚实地衡量梯台和果岭间不同球路的表现。不管程度如何，本书都能够让你有机会改善，并且也详细解释如何修正姿势，——排除进步的障碍。

以笔者而言，高尔夫教学既要具启发性也要能鼓舞人心，把高尔夫打好不只是击出好球，也包含这项运动所唤起的感觉和热情。我深信这本书会带着你享受打球的乐趣，教你如何达成目标，不只是击球的方式，更帮助你了解挥杆作用，清楚指出要怎么做才能增进球技。笔者投注了大量心力，让整个流程和内容呈现逻辑性，呕心沥血所呈现出的页面，就是希望读者能够从提供的建议中获取最大收获。衷心盼望你会喜欢这本书，以及它对球技的正面影响，甚至在多年后你也能继续参考书中的内容。这项运动的最大满足来自于自我提升，我相信这本书绝对能提供彻底发挥高尔夫潜力的方法。

▲成功的二人组

老虎·伍兹（Tiger Woods）从业余赛开始就和布区·哈蒙合作，没人比哈蒙更清楚伍兹的挥杆动作，他们成功的关键正是因为伍兹信任哈蒙所下的判断。

如何使用本书

这本书的编排就像私人教练般，有系统性地带领你探索高尔夫的各个领域，当你完成所有练习，并掌握这项运动的相关知识之后，不管是塑造球路还是高尔夫礼仪等，你将能大致了解自己的挥杆方式，并且掌握要点让球技能长期进步，以降低差点。

第一章　球技评估与提升

第一章的目的是要教你如何自我评估并提升球技。以检视基本动作开始，从“开球”依次到“推杆”分为6个部分，每部分都要进行一项测试，之后依照能力选择一套适合自己的练习。待练习过后再重新测试，如取得足够的改善，便进入下一阶段练习。

左手球员

虽然本书教学都是针对右手球员的，不过左手球员只需要把方向逆转就行了，如“右手小指放在左手食指上”就变成“左手小指放在右手食指上”。

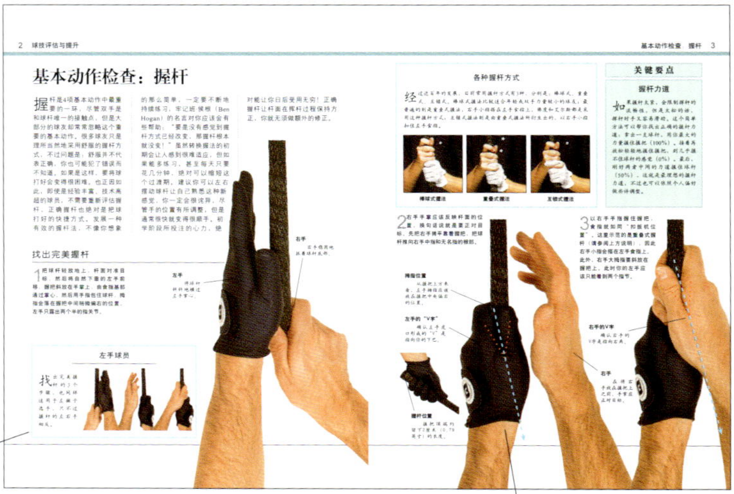

基本动作

开始练习前务必先检查基本动作，包含握杆、瞄准、站位、姿势等。

合理建议

按部就班的介绍更容易理解。

自我测试

每节开始时都有简单测试，提供自我评估依据，来决定3个阶段中哪个练习最合适。所有的6项测试（开球、铁杆、劈起球、起扑球、沙坑球与推杆）基本上都要对着预定目标打15球。

第一阶段

这些练习适合初学者和较不熟练的球员。

第二阶段

这阶段的练习将使中等程度球员受惠最多。

第三阶段

第三阶段的练习则是针对球技纯熟的球员的。

● **摘要方块**

将内文浓缩成一个简要概念，让你在实际练习时轻易应用。

● **进行测试**

一张清楚显示如何进行这项测试的大照片。

● **评分表**

取得测试结果后，利用这个表格找出该从哪个阶段开始。

练习9：预见、瞄准，然后击球
练习10：看见起扑球的挥杆轨迹
练习11：用抛球来了解滚动方式

练习19：面对上坡果岭改用角度较小的球杆
练习20：小型起扑球竞赛

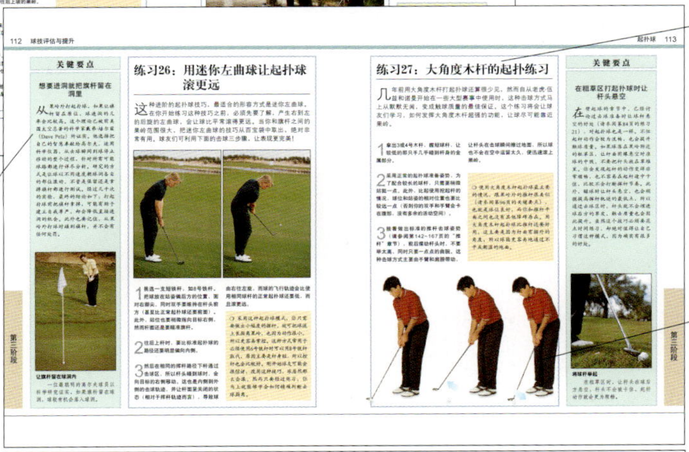
练习26：用迷你左曲球让起扑球滚更远
练习27：大角度木杆的起扑练习

完美的沙坑球
让沙坑球更好的要诀

第一阶段

虽然这些练习和关键要点比较适合技巧不纯熟的生手，不过每位球员还是可以从这个章节得到一些收获。

重新自我测试

进入第二阶段之前，务必要再进行一次第90~91页的测试，要是没有改善，最好先回归第一阶段。起扑球成绩有了显著进步之后，才可开始第二阶段的进阶练习。

●**重新自我测试**

每一节最后都会出现“重新自我测试”方块，提醒你经过重新测试之后，再决定是否进入下一阶段。

第二阶段

很多俱乐部会员可能会从这里开始，然而，就算是进阶球员还是能从这里获得不少乐趣。

●**图解**

书中图片都会用特殊的线段和箭头标示球路、瞄准、挥杆轨迹等。

●**练习**

所有练习都以一段引言作为开头，详细解释其目的，此外加上编号的教学指引也清楚说明练习步骤，文章最后则把学到的技巧加以总结，有时候也会提供其他信息。

●**关键要点**

这些简短的专家建议提供一些指示和挥杆概念，对于球技有很大帮助。

第三阶段

高手们会发现这些细腻的练习深具挑战，同时非常有用。

●**连续动作**

许多练习都会附上连续动作图像，告诉你如何进行练习。

完美击球

这个部分会在每节的最后才出现，经由职业球员的带领，让你精确了解要打出这种球的要领。挥杆的关键要素会逐一分析解释，提供完美击球的正面指引。

●**最后提醒**

在进入下一节前，列出几个帮助记忆的重点。

●**后方视角**

由球员后方角度观察“后方视角”，对挥杆要点加以周密检查。

●**正面连续动作**

利用合成影像显示挥杆动作是如何连接的。

第二章 错误与修正

不论技术多好，还是会遇到无法突破的瓶颈，但是千万不要因此退缩，这一章归纳出10项高尔夫最常发生的失误，并且教你如何快速有效地矫正缺失。

错误：破坏挥杆的重心倒转

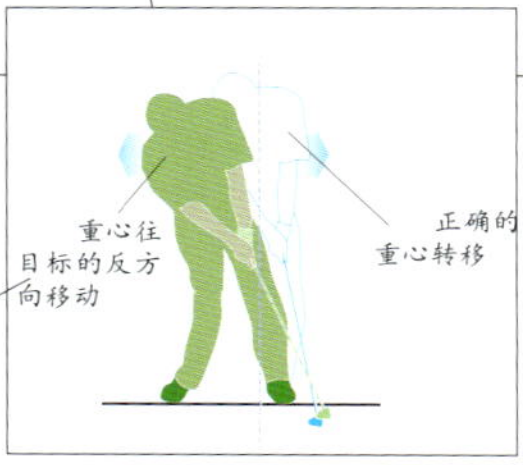

●错误
在修正动作前，一定要先理解产生错误的原因，这就是说明和照片的功用。

●原因
详细并加上注释的图解让你细致检查击球失误的原因。

●最终概念
想要试试其他"修正方法"的球友，这里的文章提供额外的建议，也和第一章相关章节互为对照。

●修正
结合教学影像、图解、文字、批注等，以一种清楚而直接的方法修正错误，达到正确击球的目标。

第三章 击球艺术

很多情况下都需要调整挥杆方式，不管是斜坡球、从草痕脱困、对抗逆风，还是打出左曲球等，这个章节都会提供所有的你应该具备的相关击球技巧。

●辅助说明
所有小节都以一段引言作为开头，提供在各种情况下击球的一般信息，如这里所讨论的主题是"斜坡球位"。

●细节分析
例如，针对不同种类斜坡球所需要的技术调整，进一步以文字、定格影像、图解、注释等方式呈现。

●挥杆调整
重叠的影像不只让版面看起来更有活力，也更容易使你理解球杆和身体要如何配合挥杆。

●补充信息
针对特别概念采用图解方块进一步延伸或说明。

第四章 成功的球场策略

高尔夫不只是将球打出也期望产生最佳结果，如击球前的准备动作，可能与挥杆本身一样重要。本章涵盖这项运动在击球之外的其他方面，如击球前热身运动、心理调适，以及冬季高尔夫等。

●教学图片
尽可能用示范图片，让内文讨论的主题容易了解。

●关键照片
为了帮助理解，每段文字都会附上照片，以影像呈现讨论重点。

●逻辑整理
将应注意的相关细节系统性地分门别类。

●关键检查
虽然大部分关键点在第一章就出现过，后面章节还是会附上相关建议的。

●特殊技巧
要是需要特别的技术性调整，为避免混淆不清，都会提供详细的图片和说明。

第五章 实用高尔夫信息

如果乌鸦忽然把球叼走了怎么办？刀背铁杆和凹背铁杆有什么不同？梯台和果岭上的击球顺序要怎么决定？上述问题和其他常见疑问都可以在最后章节中找到答案，包含如何添置适合的装备，以及高尔夫最重要的规则等。

●特写照片
用放大照片突显须注意的重点。

●文字描述
针对讨论主题提出清楚而全面性的说明。

第一章

球技评估与提升

第一章页数是其他章节的两倍以上，这也反应出本书的目的：希望读者在稳固的基础下，逐步提升球技成为全方位球员。贯穿前后文最主要的概念，就是自我评估和球技提升，以基本动作开头，带领球友系统性地体验不同的球路，不管是开球或推杆，每节刚开始都有一项球技水平的测试，随后就是一连串增进球技的进阶练习，虽然得花时间，不过却很有效。只要把这一章获得的知识和技巧收归己用，你很快地就会打得更好。

反复练习

这是个位于东京的练习场，在有限的空间容纳最多人数，让球友磨练提升球技。

基本动作检查：握杆

握杆是4项基本动作中最重要的一环，尽管双手是和球杆唯一的接触点，但是大部分的球友却常常忽略这个重要的基本动作。很多球友只是理所当然地采用舒服的握杆方式，不过问题是：舒服并不代表正确，你也可能犯了错误而不知道。如果是这样，要将球打好会变得很困难。也正因如此，即使是经验丰富、技术高超的球员，不需要重新评估握杆，正确握杆也绝对是把球打好的快捷方式。发展一种有效的握杆法，不像你想象的那么简单，一定要不断地持续练习，牢记班·侯根（Ben Hogan）的名言对你应该会有些帮助：“要是没有感觉到握杆方式已经改变，那握杆根本就没变！”虽然转换握法的初期会让人感到很难适应，但如果能多练习，甚至每天只要花几分钟，绝对可以缩短这个过渡期。建议你可以左右摆动球杆让自己熟悉这种新感觉，你一定会很诧异，尽管手的位置有所调整，但是通常很快就变得很顺手。初学阶段所投注的心力，绝对能让你日后受用无穷！正确握杆让杆面在挥杆过程保持方正，你就无须做额外的修正。

找出完美握杆

1 把球杆轻放地上，杆面对准目标，然后将自然下垂的左手前移，握把斜放在手掌上，由食指基部通过掌心，然后用手指包住球杆，拇指会落在握把中间稍微偏右的位置，左手只露出两个半的指关节。

右手

右手稳固地抓着球杆底部。

左手

将球杆斜斜地横过左手掌心。

左手球员

找出完美握杆的3个步骤，也同样适用于左撇子选手，只不过握杆的左右手相反。

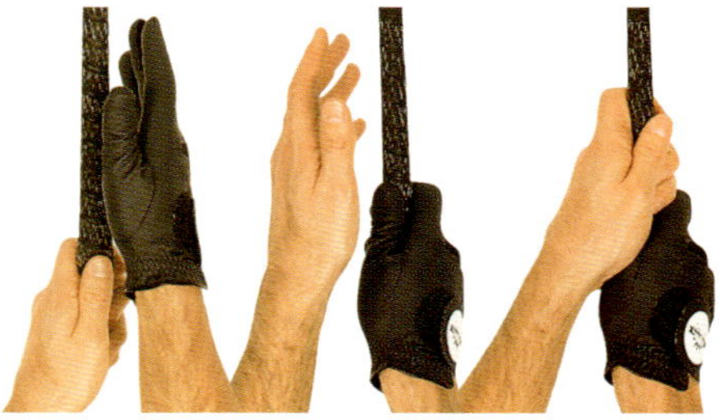

各种握杆方式

经过近百年的发展，目前常用握杆方式有3种，分别是：棒球式、重叠式、互锁式。棒球式握法比较适合年轻或双手力量较小的球友；最普遍的则是重叠式握法，右手小指搭在左手食指上，佛度和艾尔斯都是采用这种握杆方式；互锁式握法则是由重叠式握法所衍生出的，以右手小指扣住左手食指。

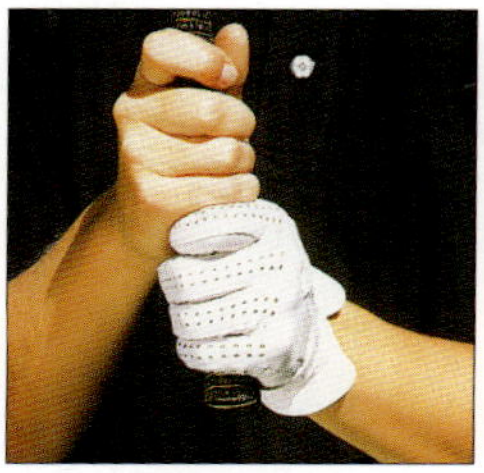

棒球式握法

重叠式握法

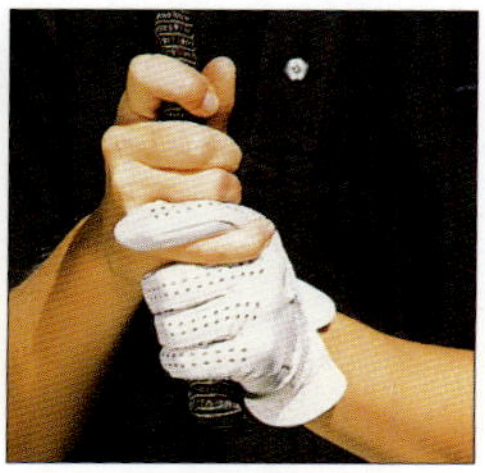

互锁式握法

关键要点

握杆力道

如果握杆太紧，会限制挥杆的流畅性，但是太松的话，挥杆时手又容易滑动。这个简单方法可以帮你找出正确的握杆力道：拿出一支球杆，用你最大的力量握住握把（100%）。接着再放松轻轻地握住握把，到几乎握不住球杆的感觉（0%）。最后，刚好两者中间的力道握住球杆（50%），这就是最理想的握杆力道，不过也可以依照个人偏好做些许调整。

2 右手手掌应该反映杆面的位置，换句话说就是要正对目标。先把右手摊平靠着握把，把球杆推向右手中指和无名指的根部。

3 以右手手指握住握把，食指就如同“扣扳机位置”。这里示范的是重叠式握杆（请参阅上方说明），因此右手小指会搭在左手食指上。此外，右手大拇指要斜放在握把上。此时你的左手应该只能看到两个指节。

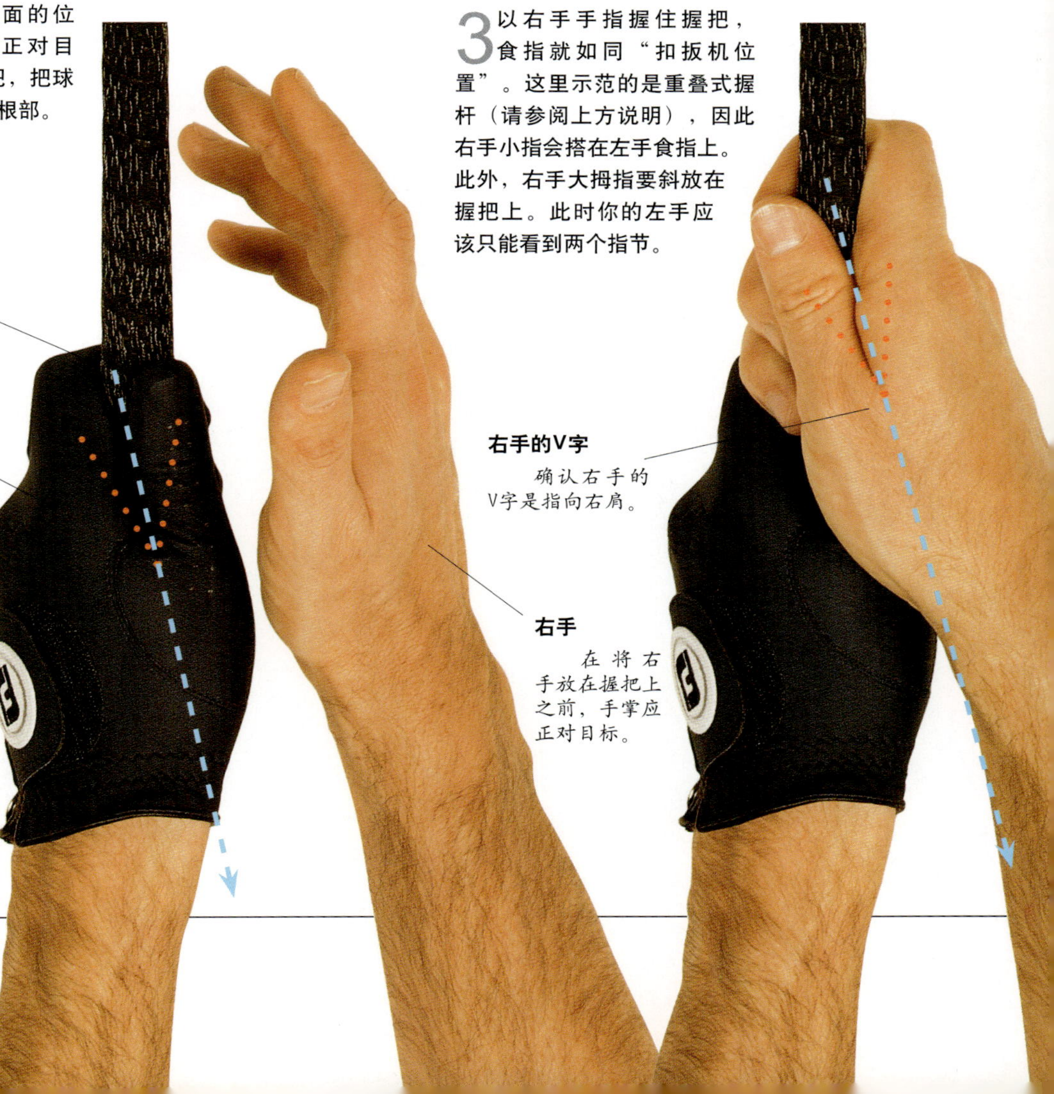

基本动作检查：瞄准

如果是拿枪射击，自然会重视瞄准。不然的话，你根本打不中目标。高尔夫也是同样道理，很多球友对瞄准的动作都过于疏忽，有些则根本不知道该怎么正确瞄准。如果瞄准很糟糕，不只会影响你现在打的每一球，长期下来也会影响球技的进步。这是因为瞄准不正确时，只有糟糕的挥杆才能将球打向预定目标，这表示你会为了将球往目标方向送，而持续地以不正确的挥杆来击球。在察觉原因之前，你会经常演练这种不正确的挥杆，根本不知道还有其他方式。时间拖得越长，这种错误就越难修正。更令人担忧的，如果你做出了漂亮的挥杆，球却不会飞向目标。当你习惯地以完美的瞄准做练习，挥杆时就不需要为了将球打向目标，而做出额外补偿或修正的动作，你的挥杆会更成功，高尔夫也会变得简单许多。好消息是，瞄准其实非常简单，只要不断地做检查即可。因此，在你打每一球之前，都应该检查是否合乎下面的原则，不管是在练习时或下场时都是一样的。

瞄准

1 有一个训练正确瞄准的好方法，在球和目标的连线上，找出一个在球位前面一些的点当做目标，然后用这个点来做杆面瞄准。这个过程称为“标定点”，尼克劳斯和诺曼都可以证明，这种方法绝对有效。只要在球和目标线之间，找一个旧草痕，或是地面上颜色较深的点，把注意力集中在这点上，并让杆面直接瞄准标定点。与瞄准200码（约182.8米）之外的目标相比，不难想象运用这种技巧确实能更加精准。

锁定这一点

突起的草皮就是个理想的假想目标。

目标线

2一旦习惯用杆面瞄准“标定点”，就要配合杆面来设定站姿的各项要素。如果是要打直球，你的双脚、臀部和肩膀，都要和杆面所瞄准的目标线平行。这样的位置也被称为完美平行瞄准，对挥杆动作和质量绝对有正面作用。当你熟悉与球的对应位置之后，把注意力转移到目标，然后再移回球上，就像用枪正确瞄准之后，接着才能安心地“扣扳机”一样。

瞄准

肩膀和臀部要与目标线平行。

并行线

双脚的瞄准线也要和目标线平行。

目标线

在地上放球杆做练习

练习场的功能，是要强化“肌肉记忆”，把正确的瞄准训练成身体的第二本能，不过，只要一不小心，就很容易做出错误的练习，反而影响你的挥杆，这也是你务必要精准监控练习的原因。以瞄准来说，要检查简直是易如反掌。只要在地上放两支球杆，一支刚好在球的外侧，另一支则与脚尖的连线平行，外侧的球杆应该直接指向目标，作为杆面瞄球的参考；内侧球杆要和外侧平行，协助你的双脚做出正确瞄准，两支球杆的位置就如同“铁轨”。臀部和肩膀也要与地面的球杆平行（平行对准）。如果练习时都能在地上放上两支球杆，每一球就会习惯地做出正确的瞄准。

瞄准和对正

在地上放置两支球杆，能让你每次击球都做出正确的准备，有助于养成良好习惯。

关键要点

先握杆，再瞄准

良好的杆面瞄准，很容易在握杆过程中失准，因此先用单手把球杆放在球后方，然后再握住球杆的方式，未必是个好主意，因为在握杆的过程中很容易使杆面转向。所以，最好还是先握好球杆，没问题之后再把杆头放在球后方，并直接瞄准目标。记住这个简单原则：先握杆，再瞄准，接着击球。

基本动作检查：站位

站位是击球准备中的一个观念，是指当你在做击球准备时，双脚间分开的宽度，以及球在双脚间的相对位置。

良好的站位非常重要，因为它能让你在稳定性和灵活性之间，以完美的平衡来击球。双脚要是站得太开，会限制身体的动作，无法做出预期的转身（这对挥杆非常重要），如果发生这种情况，不但丧失击球力道，方向也会有偏差。双脚靠得太近，这就意味着挥杆的基础太窄，挥杆过程就很难维持平衡，也很难获得充足的力量来源。如果击球准备时双脚采取正确的分开宽度，稳固的下半身能给你许多好处。不但更容易平衡，同时提供做出强力上杆所需要的灵活性。球位也一样重要，如果球摆在正确的位置上，就可以让杆头以理想的轨迹与角度碰触到球。不要忽视站位对击球的帮助，跟着以下简单而有效的引导，来找出最理想的站位。

摆出完美站位

1 使用不同的球杆，站位都会有所改变（请参阅右侧的关键要点），从1号木杆开始练习正确的站位是个不错的主意。首先让双脚靠在一起，球正对着左脚跟，将杆头放在球后方时，如果采用双脚并拢的站位，会比较容易看出球和左脚跟之间的相对位置。

排列球杆

记得练习时在地上放两支球杆，让你随时检查瞄准的状况。

站位

先把双脚并拢，让球对着左脚跟。

关键要点

用两支球杆检查站位宽度

站位宽度是击球准备的重要一环，很容易就能检查。请先准备两支球杆，接着再以双手各自握住球杆握把的末端，一支对着左肩、一支对着右肩。让重力把球杆往下带，然后请注意杆头所指的位置，如果站位是适合1号木杆或长铁杆的宽度，球杆会分别指着双脚的脚跟内侧（其他球杆的站位宽度，请参阅第7页的关键要点）。

2 把右脚往后拉，左脚不动（脚跟内侧应与肩同宽，请参阅第6页的关键要点），双脚稍微张开，会比保持方正好一些。这样在前后挥动球杆时，臀部和躯干才能顺畅转动与释放。确认球是否依然对着左脚跟内侧，这很重要，因为这是适合以浅平、扫击挥杆方式的完美位置。对1号木杆和球道木杆都是非常理想的站位。

关键要点

3厘米（1.18英寸）原则决定站位宽度

在球袋里的所有球杆中，使用1号木杆需要最大、最具威力的挥杆。因此需要最宽的站位，才能提供最多的稳定度来支撑这种剧烈动作。然而从3号铁杆到挖起杆，站位要跟着渐渐缩减，同时球位也会越来越接近站位中间。以下是3种“基准”位置，可以借此揣摩每支铁杆的理想站位。

3号铁杆：

站位宽度比1号木杆窄3厘米（1.18英寸），球位也应该从左脚跟内侧往后移3厘米（1.18英寸），为了让杆头在挥杆圆弧的最低点击中球，这种调整是必要的。

6号铁杆：

站位再缩减3厘米（1.18英寸），球也应该再往后移3厘米（1.18英寸）。

9号铁杆：

拿9号铁杆时，站位再缩减3厘米（1.18英寸），球也应该再往后移3厘米（1.18英寸）。因此，9号铁杆和1号木杆之间，不管是站位或球位，都有9厘米的差距（3.54英寸）。

这个3厘米（1.18英寸）原则，可以简单地解决球位和站位的疑惑。正确的站位不但为挥杆提供了稳固基础，也能确保杆头以最理想的角度干脆地击中球。

基本动作检查：站姿

站姿所指的是击球准备时，双腿和上半身的角度，以及预备击球时的重心分配。关键因素包括：上半身弯曲的幅度、膝盖弯曲的幅度及双脚间的重量分配。整体来说，这些因素都会对你的挥杆形式产生莫大影响：不良的身体角度与重心分配，只会产生不正确的挥杆；良好的身体角度和重心分配，就能促进高效率的挥杆。因为站姿不良所造成的挥杆错误，数量多得令人惊讶。毫无疑问，这当然也是击球准备最重要的一部分。

评估正确站姿

1 采用平常的握杆方式握住5号铁杆（请参阅第2~3页），双脚间维持适当的距离（参阅第6~7页），然后站直，双手把球杆举到刚好腰部高度，务必要让身体放松。要是这时候身体就很紧绷，准备击球时当然也一样，会对挥杆造成负面影响。

2 从腰部开始弯，维持躯干和手臂间的夹角，身体继续弯直到杆头轻碰地面为止。

3 最后，让膝盖弯曲，让臀部稍微向外挺出（腹部会感到一点张力），将重量平均分配在双脚上。双脚应该要感觉很轻松。如果你过去已经习惯全然不同的准备动作，刚开始时会觉得调整后的姿势很奇怪。然而，如果能经常复习上述3个步骤，很快就会变成身体的本能反应。不但让转身动作较为顺畅，挥杆质量也会提升，并且更容易维持平衡。

脊椎角度

正确的脊椎角度，要从髋关节开始下弯，直到杆头碰到地上为止。

双腿

击球准备时膝盖要适度弯曲。

重心转移

在一个有效率的挥杆中，上杆时重心要转移到后脚，下杆时则转移到前脚。这样不仅能增加力量，也有助于维持平衡。然而，要是准备时的重新分配就不正确，当然就无法达到上述目标。大部分球友都不知道使用不同球杆时，重心分配要配合调整。实际上，这也会随着各种球路而有所差异。以1号木杆为例，以扫击的挥杆能打出最好的效果。在击球准备时将较多重心放在右侧，会更容易以正确的角度击球，这个原则对大角度的木杆和长铁杆也同样适用。

至于中短铁杆，则又是另一回事。以全挥杆击球时，需要将重心平均分配到双脚，有助于产生最理想的击球角度（向下）。

在击球准备时，除非要刻意打出其他球路（请参阅第192~195页），否则重心不要放在前脚。

木杆与长铁杆

击球准备时身体的重量有大约60%放在后脚，上杆到最高点时才能顺畅地把重心转移到球后方，如果你希望以需要的扫击动作击球，这会非常重要。

中铁杆与短铁杆

用较短的球杆，应该将重量平均分配：左右脚都是50%。平衡的位置更能产生正确的击球角度，不同于木杆和长铁杆，中短铁杆是以稍微向下的角度击球。

关键要点

双手和大腿保持一只手的宽度

如果站得离球太远或太近，都很难扎实击球，唯有找出理想的中间位置，才能自由击球，而不需任何补偿动作。左页找出正确站姿的三步骤练习（请参阅第8页），也提供了应该站离球多远的有效指引。检查双手和握把顶端，与大腿上缘间的距离有多远。理想的距离大概是一只手的宽度，这样才有足够空间让你的双手和手臂自由挥动，同时也不会远到让你打不到球，这就是理想的中间位置。

虽然一手宽度原则非常好用，还是有可以调整的空间的，不过，要是距离调整超过5厘米（2英寸）以上，将会对挥杆动作造成不良影响。

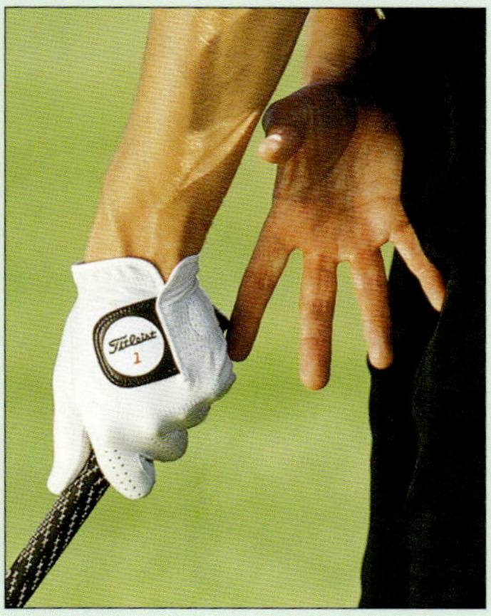

挥杆的空间

如果握把顶端和大腿间有大概一只手的宽度，表示身体与球位之间的距离正确。

基本动作检查：挥杆动作分解

尽管高尔夫挥杆是连续而流畅的动作，不过还是能将一些关键点分开来看。事实上，在学习挥杆和改善技巧时，都一定要将挥杆分段检视。这不但有助于理解挥杆的作用方式与原理，在某些方面而言，一个好的动作通常会产生比较好的连锁效应，而引导出另一个好动作；做错一个动作通常下一个也会跟着错。此外，本书中也会出现挥杆中的各个阶段的相关术语，因此从现在开始就要熟悉挥杆的几个关键的挥杆要点。

关键要点

重心转移

不管是哪一种体育活动，重心转移都是运动中非常重要的技巧，高尔夫也不例外。需要全挥杆的击球，重心绝对要配合杆头的方向移转，上杆的时候，重心应该放在后脚，下杆和送杆时则渐渐转换到前脚，这样击球才会更具威力。

往后拉

起杆时，双手和前臂逐渐转动，让杆面和挥杆的路径保持垂直。

1 击球准备

击球准备又称为预备位置，一般认为是所有错误的源头，却又经常被大部分业余球友所忽略。然而，你在挥杆前所做的一切准备，就决定了挥杆的形式和质量。我们也会在本书中反复提醒各位正确瞄球的所有重要原则。

2 起杆

挥杆连续动作的第一个环节就是起杆，从开始把杆头往球后带开时，一直到手刚好超过右大腿的位置。

3 上杆

技术上来说，上杆动作应该包含起杆。不过，大部分高尔夫的界定方式中，把上杆范围界定在从上杆途中开始，一直到球杆要开始往下移动为止（又称为“上杆顶点”）。

7 送杆

尽管球已经被击出，却不表示送杆动作对击球质量毫无影响。经典而平衡的送杆是优秀球员特征之一；此外，也可在脑海中先行描绘送杆姿势，借此影响挥杆动作，控制球的飞行和弹道。

挥杆轨迹

这里是通过击球区最基本的3种挥杆轨迹：由内而外、由外而内，以及由内而方正而内（简称由内而内）。直球的正确轨迹是内侧到方正再到内侧，杆头会从目标线的内侧接近球，然后在触球瞬间与目标线垂直，之后再通过目标线的内侧。

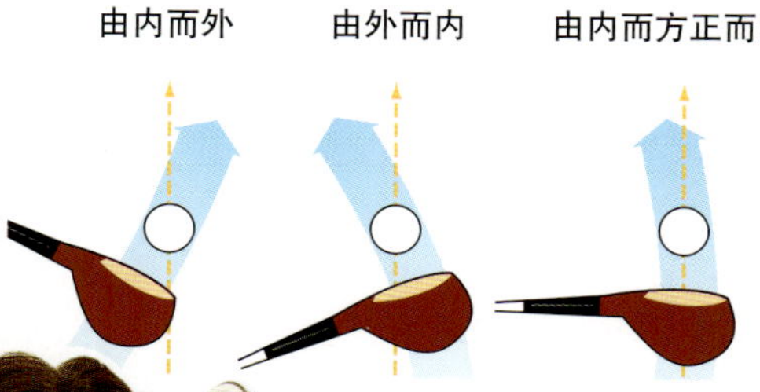

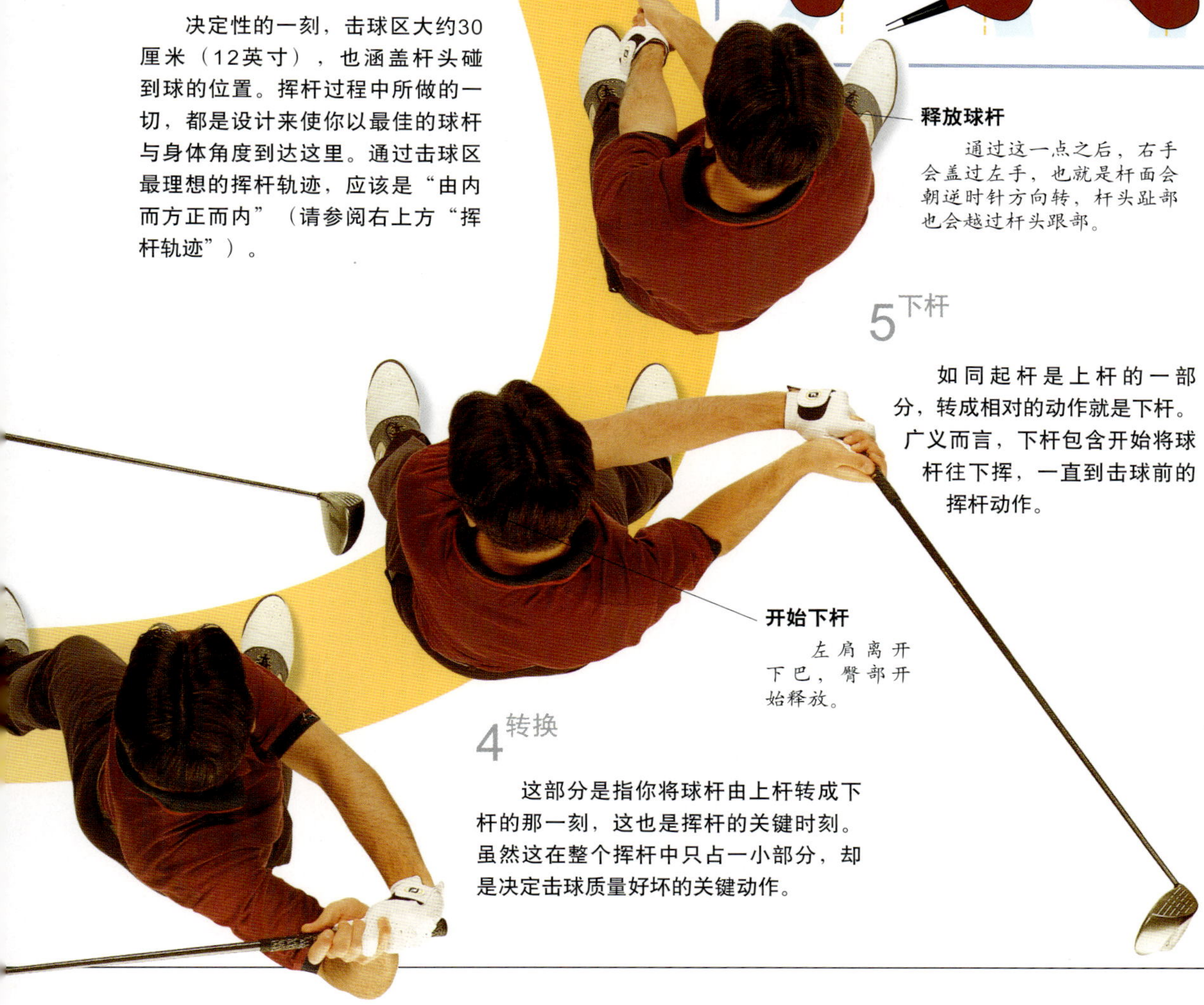

6 击球区

决定性的一刻，击球区大约30厘米（12英寸），也涵盖杆头碰到球的位置。挥杆过程中所做的一切，都是设计来使你以最佳的球杆与身体角度到达这里。通过击球区最理想的挥杆轨迹，应该是“由内而方正而内”（请参阅右上方“挥杆轨迹”）。

释放球杆

通过这一点之后，右手会盖过左手，也就是杆面会朝逆时针方向转，杆头趾部也会越过杆头跟部。

5 下杆

如同起杆是上杆的一部分，转成相对的动作就是下杆。广义而言，下杆包含开始将球杆往下挥，一直到击球前的挥杆动作。

开始下杆

左肩离开下巴，臀部开始释放。

4 转换

这部分是指你将球杆由上杆转成下杆的那一刻，这也是挥杆的关键时刻。虽然这在整个挥杆中只占一小部分，却是决定击球质量好坏的关键动作。

开球

1号木杆是最常在梯台上用来开球的球杆，也是球袋里最有力量的一支。所以很多球友都误以为，要使尽全力来打才能开出好球。事实上，开球时位置远比力道重要，对职业球员来说，自然比一般球友更能体会这一点，所以开球时只使出70%～80%的力道。球友们最好把准确度列在开球策略的优先名单上，至于距离则比较次要。为了牢记这个原则，当你站到赛场上时，不要只单纯地瞄准球道，而是要盯出更明确的目标，比如某个小土丘或颜色较浅的草地。

这一段的目标，是要帮助球友逐步建立稳定而理想的开球。内文也会提到使用大杆面角度的木杆。这种球杆的好处是容易击出直球，而不会牺牲太多距离。借由这个章节的练习，你也可以将球打得更直、更扎实，当然也会更远。

开球测试

改善开球的第一步，是先评估你目前的击球实力，以下的测试正是最好的指标。进行测试时，千万要记住：好的开球关键在于落点，而不是打出很远的距离。这个测试会用15球以上来评估你的稳定性与准确度，相当于一场球的开球总数。

1 测试场地有两种选择，可以找个宽约30米（33码，一般球道的宽度）的球道，或在练习场选定两个距离约30米（33码）的牌子或旗杆作为标记。

2 用1号木杆打15球（右图），然后计算有多少球是留在球道上，为正确反映出你的能力，所以要进行3次，然后以平均值来计算你15球的成功几率。

3 对照下面的评分表，找出平均值的落点，并确定自己属于哪个阶段。现在你可以开始按照适合自己程度的阶段来进行练习。

❍ 不要忘记，准确度才是开球的首要考虑！随着球技渐趋成熟，击球也会越扎实，不需要特别加重力道就可把球打很远。

评分表

❍ ❍ ❍ ❍ ❍
1~5 = 第一阶段
（第14~21页）

❍ ❍ ❍ ❍ ❍
6~10 = 第二阶段
（第22~29页）

❍ ❍ ❍ ❍ ❍
11~15 = 第三阶段
（第30~35页）

练习1：有效运用练习时间

以下是常见的景象：练习场的每个击球区里许多热切的球友，每个人都使尽浑身力气将球打出去，却很少停下来思考技巧。虽然在练习场打1号木杆并没有错，但还是有章法和原则可供依循的，否则对挥杆造成的影响恐怕是负面多于正面。球友可借由以下方法，在练习开球时设定出实际目标。

1 选出特定目标，如果将注意力集中在要让球落地的点，挥杆也会更专注。

2 在球的右侧放一支球杆，杆身指向目标，然后再沿着双脚脚尖延长线摆放另一支球杆，与第一支保持平行。这能确认你在做每一次击球准备时，都维持理想的平行对准（请参阅第4~5页）。

3 把每次练习开球都当成在球场上正式击球。

❍ 好的练习关键在质不在量，大部分球友只要打平常一半数量的球，就足以产生相同的效果。俗话说“练习造就完美”，这话对了一半，“完美的练习造就完美”将会更接近事实。

练习2：走进良好站位

理想的站位通常与肩同宽（请参阅第6~7页），然而要是体形特别高瘦，或双腿比较短的话，就未必适用这个原则。以下的方法正是为这些例外情况所设计的，就好像走在路上一样简单，轻松为挥杆打下完美的基础。

1 取出球袋中最长的球杆，通常是1号木杆，然后像平常一样行走。

2 走几步后便停止，双脚不要移动，这就是你的正常跨距，能在你行走时保持身体平衡；这时双脚间的距离，也是挥杆最理想的站位宽度。

3 接下来只要转身面对球，确认双脚间分开的距离要保持一样。

❍ 现在你已经具备挥杆的稳固基础，但别忘记1号木杆的理想球位，应该要正对左脚跟（请参阅第17页的关键要点）。能协助上半身形成良好的姿势，让你以扫击方式将球击出，击球也更扎实。好的触球绝对会产生更远的距离。

练习3：注意站位

要用1号木杆稳定开出好球，取决于很多因素。维持固定的击球准备姿势正是要诀之一，练习则正是养成良好习惯的好时机。下一次回到练习场时，试试这个简单的方法。

1 开球练习前，务必要多检查几遍站位和准备姿势（请参阅第6~9页）。

2 当你找到完美的准备姿势时，用两个硬币将脚尖位置标记下来。

整个练习过程中都要让硬币维持在原位，双脚间的宽度才会固定。此外，要是能把球梯固定在练习垫上，也可确保理想的球位。

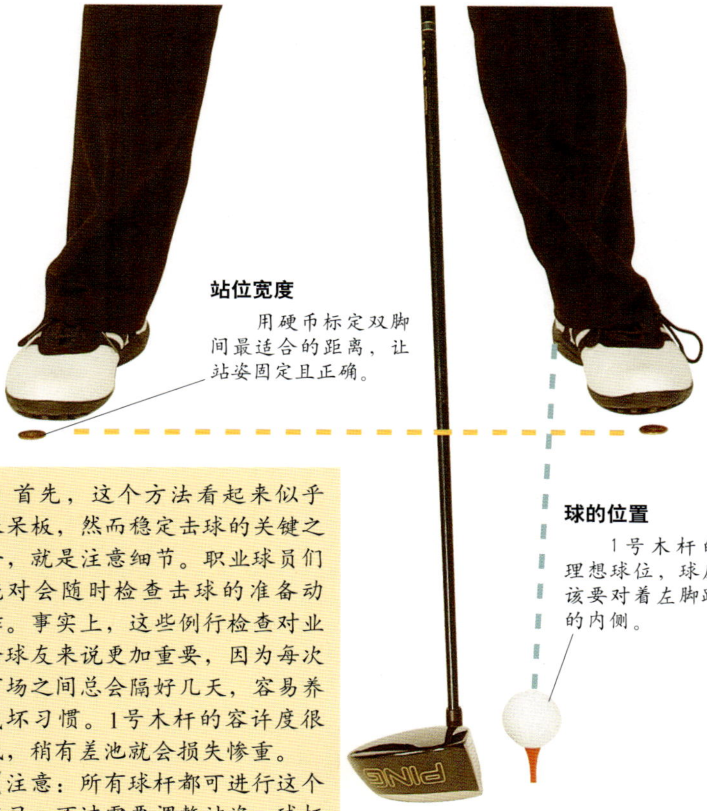

站位宽度

用硬币标定双脚间最适合的距离，让站姿固定且正确。

球的位置

1号木杆的理想球位，球应该要对着左脚跟的内侧。

○ 首先，这个方法看起来似乎很呆板，然而稳定击球的关键之一，就是注意细节。职业球员们绝对会随时检查击球的准备动作。事实上，这些例行检查对业余球友来说更加重要，因为每次下场之间总会隔好几天，容易养成坏习惯。1号木杆的容许度很低，稍有差池就会损失惨重。（注意：所有球杆都可进行这个练习，不过需要调整站姿，球杆越长就要离球越远。每次换球杆练习前，都要重复这个步骤。）

关键要点

架梯高度：50%原则

球梯的高度要配合1号木杆种类，各种杆头的尺寸差异很大（很多人宁愿选大角度的木杆，请参阅第18页的关键要点），所以很难马上就定出理想的球梯高度。

要保证架梯的高度是否正确，不管使用哪种球杆，只要确认杆面上缘外露一半的球身，就是正确的球梯高度。所以杆面上缘应该会与球的中线等高。若是使用不同大小的杆头开球，球梯高度也要进行调整。

为什么球梯高度的影响举足轻重？为了开出扎实的好球，杆头一定要以浅平的角度，以扫击动作把球送出；架梯的高度不正确，自然无法开出好球。若球飞得太低，表示击球的角度过陡，而球飞得太高，则可能是球杆已经通过挥杆轨迹的最低点之后才击中球。

中线

不论杆头大小，理想的架梯高度要让杆面上缘和球中线等高。

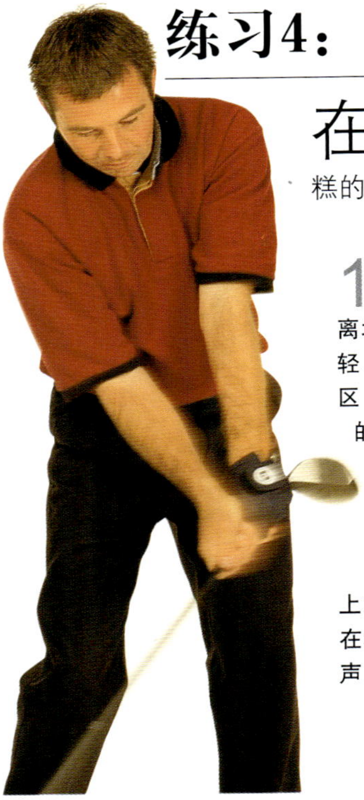

练习4：用“嗖嗖”声帮助找回韵律

在球场上若是没有特殊原因突然不断打出坏球，实在很令人沮丧。这种困扰通常是因为失去了韵律或时间点上出了问题，有时候则是由一记糟糕的失误所引起的。以下的练习可帮助球友找回最佳的挥杆韵律和时间点。

1 拿出1号木杆反握住杆身，有韵律地前后挥动球杆；当到达挥杆的最低点时，握把顶端约离地30厘米（12英寸）。这样握球杆会明显变轻，但是不要因此分心，专注于让握把通过击球区（一般球所在的位置）时，切过空气发出响亮的“嗖嗖”声，只有在时间点正确时才能发出这种声响。

2 接着像平常一样握杆，练习同样流畅而有节奏的挥杆，因为握杆处的差异，马上就可察觉杆身末端杆头的重量。试着让球杆在和步骤1相同的地点，也发出响亮的“嗖嗖”声。

❍ 当你感到紧张或烦躁时，挥杆的自在感常常会消失。焦虑的情绪可以轻易地就让你的挥杆变得僵硬，特别是在重要球局遇上这种状况的话，接下来你就会刻意想要“操纵”球。下次相同问题出现时，请先试试这个练习。这不仅能让手和手臂的摆动更顺畅，也可释放挥杆中的紧绷感，这能产生更有力的挥杆，特别是在杆头通过击球区时。接下来你很快就会发现，你的击球水平马上就会回来。

练习5：挥过球梯通道

这个练习的目标，是要确认杆头是否以正确轨迹通过触球。正确的挥杆路径是产生精准击球的基准。为了提升控球的精确性，绝对要配合正确的挥杆轨迹。这样也能减少使球在空中转弯的侧旋。

1 用球梯排成一个通道，宽度约可容纳两个1号木杆杆头，并在通道中央插上球梯。

2 顺畅地摆动球杆通过通道，要让杆头扫过中央的球座。若杆头碰到两侧的球梯，表示挥杆轨迹错误，请记下碰撞的位置，借此调整挥杆轨迹。

3 若挥杆动作已经很稳定，杆头也不会碰撞两侧的球梯，便可在中央球座上放球。试着重复刚刚的挥杆，不需要特别加重力道，因为只要挥杆非常流畅，就可产生足够的力量。

❍ 若能稳定避开通道上的球梯，表示杆头以正确的轨迹通过触球区，所以也更容易打出直球，此外，这样你就会发现你的开球获得了明显的改进。

练习6：开球就像打挖起杆

虽然大部分球友都可以打出扎实的劈起球，但是在使用1号木杆时则另当别论。大部分球友希望用力将球开出去，使他们的挥杆又快又急，同时也失去了控制力。也有很多球友对一号木杆产生恐惧的心理，因此会将挥杆错误地缩短。需要用特殊的技巧才能驯服1号木杆，所以刻意改变与缩短挥杆方式是很消极的想法，然而有个好方法可以克服这个问题，并改善你使用1号木杆时的节奏与韵律感，那就是轮流用1号木杆和挖起杆击球。

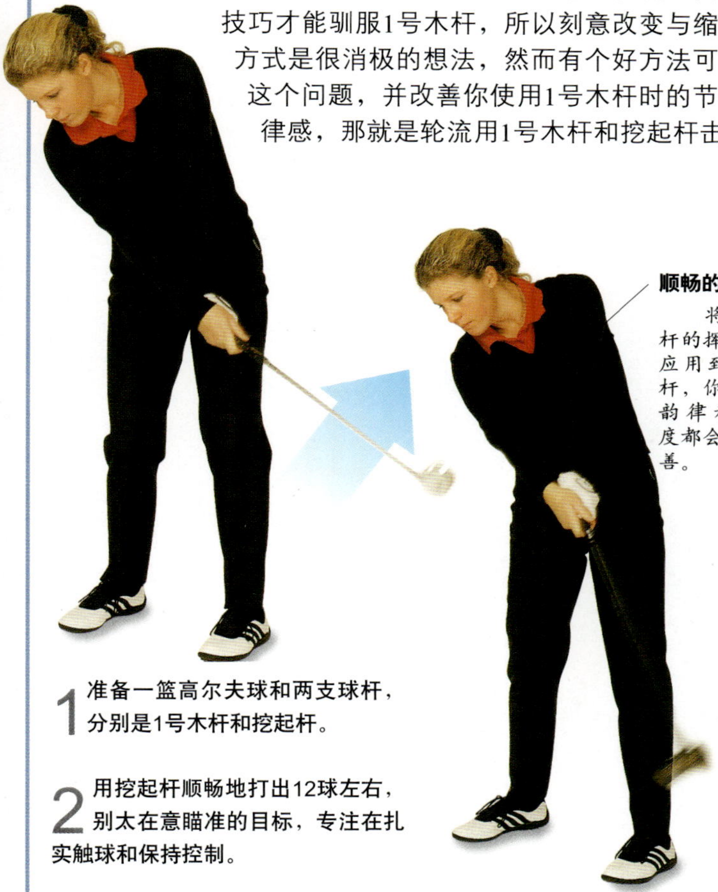

顺畅的挥杆

将挖起杆的挥杆方式应用到1号木杆，你的挥杆韵律和准确度都会有所改善。

1 准备一篮高尔夫球和两支球杆，分别是1号木杆和挖起杆。

2 用挖起杆顺畅地打出12球左右，别太在意瞄准的目标，专注在扎实触球和保持控制。

3 然后用1号木杆打2-3球，这个练习的诀窍在于，试着将打挖起杆时的挥杆速度和节奏，应用到1号木杆上。

4 再用挖起杆打6球，紧接着用1号木杆击出2-3球。尽可能重复多做几次上述步骤。

❍ 刚开始进行练习时，可能会因动作不协调而有些慌乱，然而应用同样的挥杆方式，绝对能提升开球动作的顺畅性。千万要牢记，1号木杆的击球力道不用比挖起杆大，顺畅挥杆就能产生所需要的所有力量。

关键要点

球位影响挥杆路径

球位是常被遗忘的开球重点之一，许多球友却无视这个部分的问题，认为是细枝末节不需要太过重视。然而，球和站位的相对位置，却对开球的方向具有决定性的影响力。球位的基本状况有3种，那就是球位太前面、球位太后面及理想的球位。

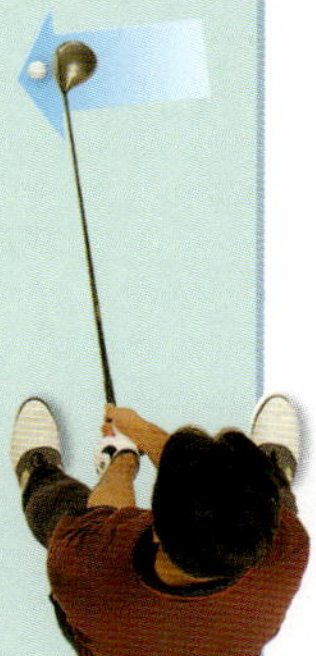

✔ 正对左脚跟内侧才是1号木杆最理想的球位，杆头会以正确路径将球击出，球也会呈直线飞出。虽然球位对开球成绩的影响举足轻重，却是一个很容易就能检查出来的动作；所以忽略这项基本动作，实在可惜。

✘ 要是球位太靠前（对1号木杆而言，落在前脚的左侧），杆头通常是在目标左侧移动时击中球，也是所谓的由外而内的路径（请参阅第10~11页）。因此，球会往左边飞，可能会维持相同的飞行线路或形成右曲球，两种情况都不令人满意。

✘ 若球位太靠后（对1号木杆而言，是太靠近站位的中央），杆头会在目标右侧击球，也就所谓的由内而外的路径（请参阅第10~11页），所以球会往右边飞，可能维持相同的飞行线路或形成左曲球。

关键要点

3号木杆提供更多

很多球友都以为1号木杆可把球开得最远，然而对许多人来说并非如此。

1号木杆的杆面几乎是平的，同时是以较低的弹道将球送出去，如果你在触球瞬间没有产生出足够的杆头速度，球便不会在空中停太久，也不会获得预期的距离。如果你正面临这种情况，可考虑改用角度较大的球杆，如3号木杆，3号木杆是以较高的弹道将球送出，所以能产生较长的滞空时间及更远的开球。

另外一个使用3号木杆的好理由是，如果你的挥杆中有错误，表示你无法稳定地以方正的杆面打在球的后方。在这种情况下，1号木杆的小角度杆面，会让球产生大量的侧旋，这表示当球在空中转向时，就会损失距离。3号木杆较大的杆面角度，则可抵消这种侧旋。

然而，若是你运用1号球杆的效果不佳，但感觉使用3号木杆开球会牺牲太大的话，或许可以尽量找找看有没有角度较大，杆面介于13度~15度的1号木杆（请参阅第214~215页）。

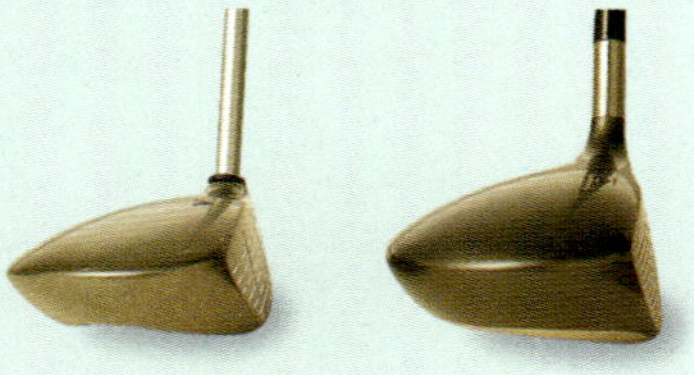

1号木杆和3号木杆

3号木杆的杆面角度（左）比1号木杆（右）大，使它具有更好的误差容忍度，也较容易击出直球。

练习7：击球准备时头和躯干保持在球后方

就像拳击手预备挥出致命一击之前，会先将重心放到后脚一样，高尔夫球员希望将最大力量传递到球上时，也需要做出相同的重心转移。在上杆到达顶点时，重心转移到后脚是必要的，若开始挥杆时，重量已经分配较多在右半身时，会更容易做得到。请跟着以下的练习步骤反复操作，可以让球友更熟悉相关的技巧。

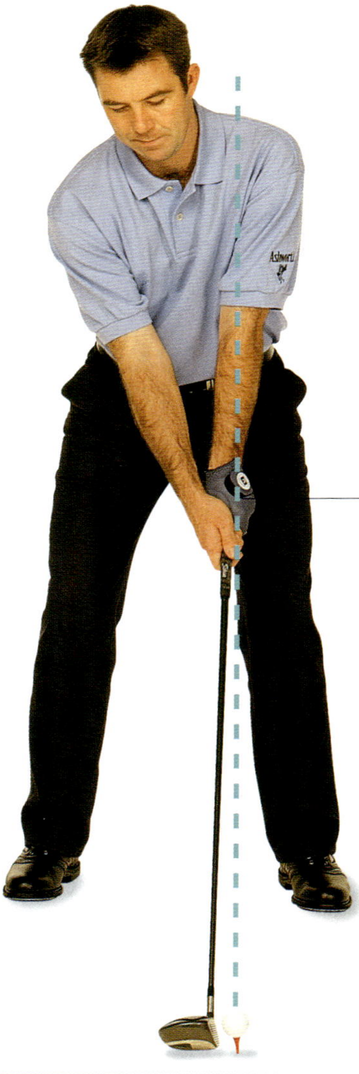

1 拿出1号木杆，身体挺直，让体重平均分配到左右脚，做好击球准备姿势。

2 让脊椎朝目标的反方向倾斜，当你这样做的时候，会感觉你的平衡在转移，会有约60%的重量放在后脚。

3 确认头部和躯干保持在球后方，当你执行步骤2的调整时，自然会形成这样的结果。

站位

这是正确的1号木杆击球准备动作，整个上半身都会在球的后方。

❍ 这个练习让你更容易在上杆顶点时，将重心转移到右侧，并让头部和躯干位于球的后方。你会发现你能确实地“用体重出拳”，并产生更多的力量。像是老虎·伍兹、艾尔斯、达利（John Daly）等名将，在击球准备时都是从球的后方开始挥杆的，这使他们具有持续的打出惊人距离的能力。

练习8：朝网子后方打

当你在下场前朝练习网练球时，不会考虑到击球失误或想去修正球路。你只是自由地挥杆，并把球用力捶向网子后方。因此当你站上第一洞梯台时，何不保持同样的想法？这个想象练习无疑地能协助球友在压力下击出更好的球。

1 比赛前先朝练习网打几球，只要专注在自由挥杆，扎实击球，仔细聆听球落入网中发出的声响即可。

2 不要迟疑，直接走向第一洞开球台。当你在打第一球时，脑海只要浮现球以高速飞向练习网的影像即可。

❍ 与其担心击球可能发生的结果，或烦恼球洞附近的重重障碍，还不如只专心想着“朝网子后方打”，这将有助于开出更好的球。这种练习能让恐惧消失，并创造出更有自信的挥杆。

练习9：将1号木杆握短

很多球友过于执著，总认为把球打得越远越好，要是把1号木杆当成基准杆的话，大部分的人开的球会直得多，更不可思议的是，球也会更远。这个速成练习不但会教你怎么把球开得更直，也不会牺牲太多距离。

1 从球袋取出1号木杆，采用正常握杆法，摆出击球准备姿势。

2 稍微调整握杆，让双手下移约3~4厘米（1.18~1.57英寸），左手上方可明显看出外露的握把，这种方式又称为“握短”球杆。

3 然后像平常一样挥杆，你应该会体验到控制更好的感觉。虽然你缩短了杆身长度，代表稍微减少了挥杆的圆弧和长度，但是不需要觉得必须在挥杆中做调整，因为这些都会自动产生。

握杆

握短球杆，左手会露出约3～4厘米（1.18～1.57英寸）的握把。

下巴

上杆时让左肩移到下巴下方，产生完整的转身。

❍ 面对狭窄的球道，握短1号木杆是非常有用的诀窍。尽管会牺牲一些距离，额外的控制能让你享受更直的开球。同时在面对高难度球洞时，让开球保持在球道上将会变得容易许多。

关键要点

为何要来回摆动球杆

几乎所有职业球员，在开始挥杆前都会先“摆动”球杆，这个动作虽会因人而异，不过都是为了确保击球准备时，使双手和手臂柔软而放松，这样才能产生自由流畅的挥杆。

摆动可为起杆路径预做准备，也让身体先熟悉起杆的所有关键动作。举例而言，若要检查你是否以太靠内侧的位置上杆，就可来回摆动球杆，观察杆头的路径。

此外，来回摆动也可预先练习在挥杆中想要达到的韵律，如果说，你觉得太过紧张（因此而导致挥杆又快又急），可做几次慢速的来回摆动球杆，能帮助心情稳定，让起杆动作更为顺畅，并让这种顺畅持续留在你接下来的挥杆中。球友可尝试发展适合自己的摆动模式，让挥杆动作有个好的开始。你能为自己的挥杆所做的最好的事情之一，就是加上来回摆动球杆的动作。

来回摆动球杆

在开始挥杆前前后摆动球杆，是舒缓手部、手臂及肩膀的紧绷感的好方法。

练习10：如果会右曲，试试强势握杆

握杆方式对杆面击中球的方式有决定性影响，若你是弱势握杆，也就是双手拇指和食指形成的V（请参阅第3页）会指向下巴，击球瞬间杆面就不会正对目标，通常会呈开放状态，会形成扫过的触球，以及一个软弱的开球（通常是右曲球）。如果上述这些问题让你感到似曾相识，也请先别担心，因为以下这个练习将有助于让你的握杆更为强势。

1 拿出1号木杆，采用平常的握杆方式。

2 松开右手，这样你就可以仔细观察左手，若握杆太弱势，则左手只会看到一个指关节。

3 右手握住握把下方，以稳定球杆；左手稍微放松，向右转，直到可以看到左手的3个指关节，左手大拇指应该位于握把中间偏右的位置（不过还是要指向地面），左手大拇指和食指间的V会指向右肩。

4 右手重新握住握把，大拇指和食指间的V也指向右肩，这时只可看到右手的一个指关节和左手的3个指关节（别超过这个数字）。

❍ 强势握杆是确保杆面方正击球（产生更扎实的击球）的好方法，这会降低击出右曲球的几率。新的握法比弱势握杆更具威力，对女性、年长者或青少年球友特别有利，这些都是较容易为开球距离不足而烦恼的人群。

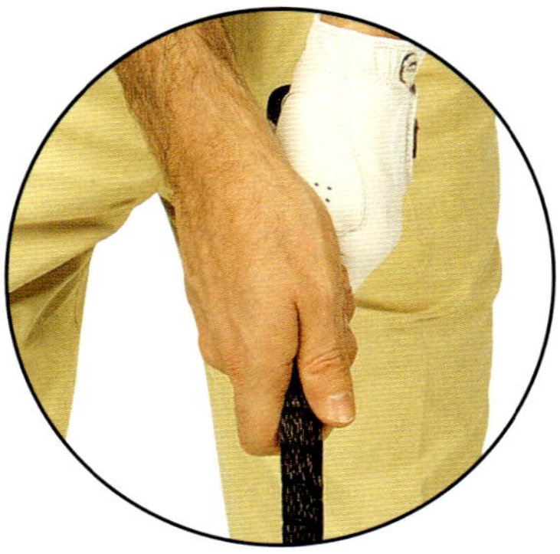

✗ 弱势握杆

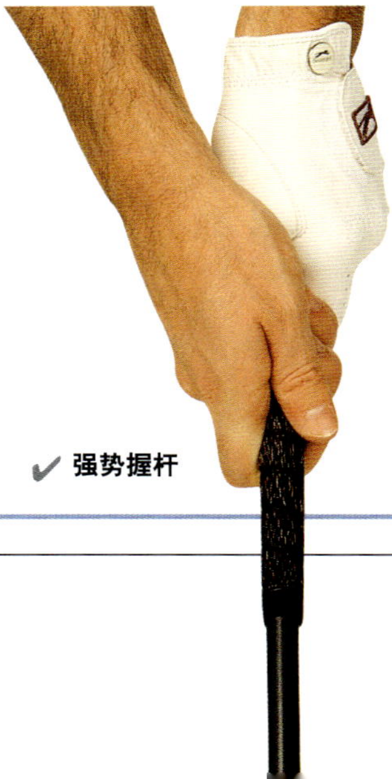

✓ 强势握杆

练习11：如果会左曲，改回中性握杆

手在握把的位置，会控制挥杆过程杆面的方向。若球友们常因击出左曲球而苦恼，可能是握杆太过强势，这表示杆面在击球时过于关闭。基本上这刚好与击出右曲球的状况相反，矫正左曲球的诀窍之一，就是让过于强势的握杆弱势一点，改采用较中性的握法，有助于让你以方正的杆面击中球后方。

1 从球袋中取出1号木杆，采用开球的握杆方式。

2 松开右手，如果握杆过于强势，往下看时，可能会看到左手的4个指关节。

3 用右手紧握住握把下方，小心地让左手朝左侧转，直到看到左手后方两个或两个半的指关节。

4 右手重新握住握把，此时右手位置会比较位于握把上方，有别于之前看不到右手上任何一个指关节，现在应可看到两个指关节。此外，右手大拇指也会更靠握把的上方，而非右侧（如同采用过度强势握杆的状况）。

❍ 稍微放松握杆，让双手采用比较传统的握杆位置，刚开始可能会觉得不太顺手（如同其他的挥杆调整）。然而，还是要强迫自己采用这种握法练习挥杆，才能渐渐地习惯新的握杆方式，杆面也较容易和挥杆路径垂直，或许还会稍微打开，这会降低左曲球发生的机会，也会更容易开出直球。

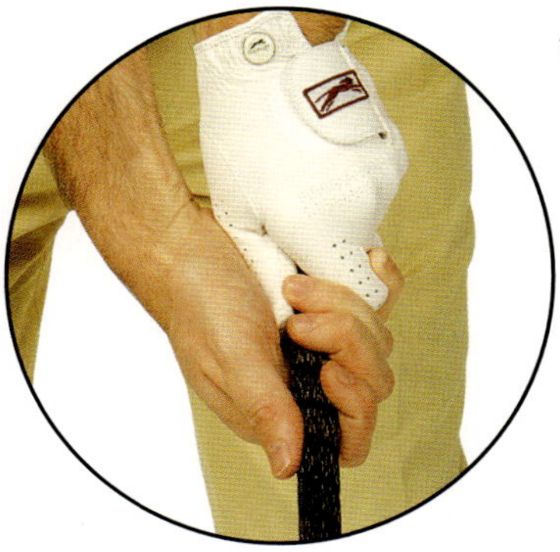

✗ 强势握杆

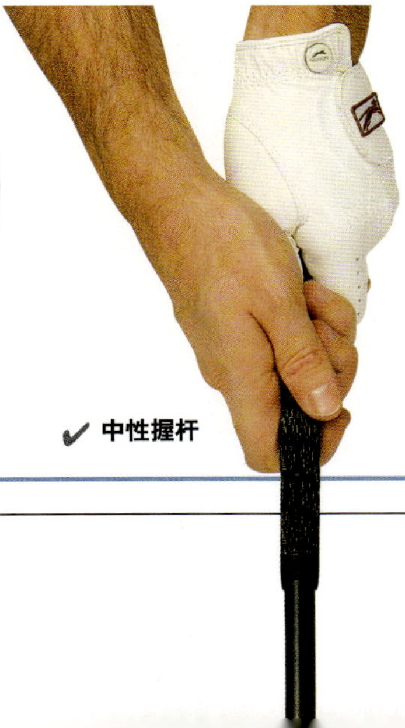

✓ 中性握杆

关键要点

摆好拍照姿势改善平衡

避免开球有用力过度倾向的诀窍之一，就是牢记简单的一句话：保持平衡。若挥杆时，只专注在做出完美平衡的收杆动作（好像要为俱乐部荣誉榜拍照而特别摆的姿势），挥杆绝对会在控制之内。如果你在送杆时无法保持平衡，几乎可以确定是以超出控制范围的方式挥杆。

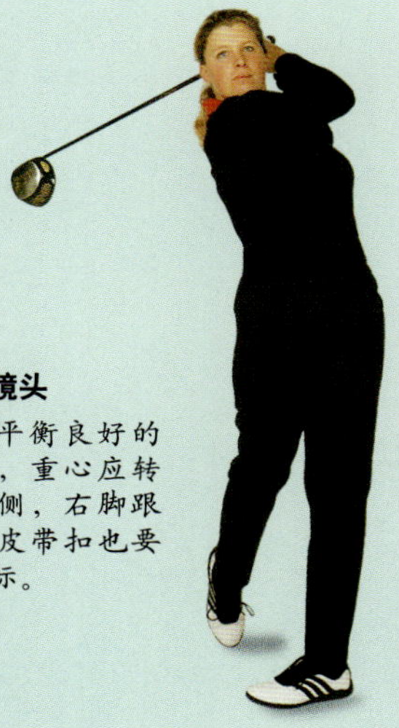

完美的镜头

在平衡良好的送杆中，重心应转移到左侧，右脚跟离地，皮带扣也要正对目标。

重新自我测试

进入第二阶段之前，务必要再进行一次第12~13页的测试，要是没有改善，最好先回归第一阶段。如果检查表显示你的开球成功率已经有所进步，接着你就可以准备开始第二阶段的进阶练习。

关键要点

利用草痕提升瞄球准确度

寻找放置球梯的位置时，大部分的球友只会选定开球区一小块没有标定的草皮；然而这样会牺牲准确瞄球的大好机会。下一次站上开球区时，记得先找个对准目标的旧草痕，若把球梯放在草痕的正后方，现成的指标就可辅助杆面瞄准，你也就能够依此来调整站姿。

草痕也有助于改善挥杆轨迹。请先试着找一个正对目标的草痕，然而这一次球梯要放在草痕的正前方；下杆时，请想象自己正沿着草痕和目标的连线挥动杆头，这个练习有助于让挥杆在正确的轨迹中击球，这也是理想开球的关键之一。运用这个开球的联想方法可以确保杆面和球之间没有其他障碍，也就是最理想的击球。

有用的草痕

将球放在指向目标的草痕后方（左图）将有助于瞄球，而草痕若是在后方（右图）则有助于正确的挥杆轨迹。

练习12：停在上杆的最高点

使用1号木杆时，通常在上杆到下杆的折冲点都会太过用力，容易造成击球不扎实。若球友们有此倾向，却无法解决问题，可尝试用下面的练习根除这种坏习惯。

1 使用平常的方式上杆，一直到最高点。

2 在不超过1秒钟的时间内，暂停一下。

3 开始下杆时，试着采用“懒人”挥杆法，也就是下杆的起始动作，手和手臂只要稍微出一点力，让重力发挥作用。

❍ 上杆到最高点的短暂性停格，只不过几分之一秒，却非常宝贵，借由这个机会重整身体各部分，让双手、手臂、躯干、球杆等更为协调，在击球瞬间释放所有累积的能量，建议参阅练习16（第25页），用另一种方法也可达到同样的效果。

上杆的最高点

练习在这一点暂停一下，让下杆时身体动作更为协调。

“懒人”下杆法

下杆的起始动作不可以过于急促。

第二阶段

练习13：朝球的4点钟方向打击

俱乐部球员最常发生的失误就是右曲球，这是因为杆头沿着目标线击球时，挥杆轨迹由外而内（请参阅第10~11页）。下面的练习需要用些想象力，但对于正确的挥杆轨迹非常有效。

1 采用平常的瞄球姿势，往下看球。

2 把球面想象成钟面，目标线正好通过3点钟和9点钟的连线。

3 让眼睛定在球的4点钟方向。

4 挥杆时，试着让杆面由球的4点钟方向将球击出。

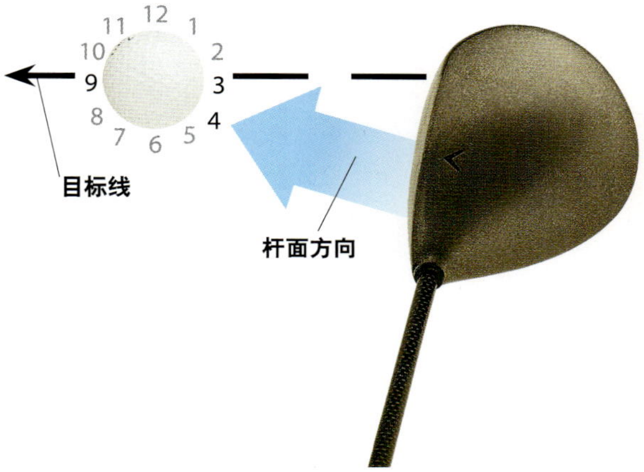

❍ 瞬间的挥杆轨迹若是由外而内的，便会造成右曲球的现象，也就是击球的部位是2点钟附近。但是这个想象练习将有助于在正确的轨迹中下杆，从目标线的内侧接近球。借由这个练习，击出的球会更直，右曲球的现象也就成为过往云烟。

练习14：向下直视球

瞄球时，有助于挥杆的所有动作都值得纳入考虑。下面的练习非常有助于开球，在准备动作时，把杆身当做左手的延伸。千万要牢记，在使用1号木杆击球时，双手可在球的上方，却不能越过球的位置。这个练习有助于发展挥杆时最佳的起始动作。

1 检查球是否面对左脚跟。

2 采用平常的姿势，让左臂自然垂下，只用右手握住1号木杆。

3 把球杆往左手的掌心移动，左手和杆身几乎呈直线，往下指着球，这就是一个绝佳的起始动作。

❍ 为什么这样算是理想起始动作？原因在于起杆时球杆和左臂的动作会较协调。很多挥杆问题都是因为起始的连接动作不够顺畅，导致手臂、身体的动作和球杆不协调，这个练习则能把各个环节重新再连结。

第二阶段

练习15：“转体并扫出嗖的一声”带动自然的挥杆

完美的挥杆需要两个元素的结合才能达成：转体和摆手，而太过或不足都会造成错误的挥杆平面，也无法经由正确的轨迹或角度将杆头送到球后方。手臂摆动的幅度太大，导致挥杆过于平直，也是很常见的问题，然而这只是一个单纯的错误造成的：肩膀转的幅度不够大。若会发生这些问题，可能很难去调整，但是这个练习应能提供解决之道。

1 拿出1号木杆，身体站得笔直，将手臂举到身前，手的高度正好比肩膀低一些。

2 在身体的四周挥动球杆，注意上半身的转动，让手和手臂自在地前后挥动杆头，发出嗖嗖的声响。上杆时，也要检查重心是否转移到右侧，左肩也会转到下巴的下方；从右到左挥杆回身，重心应该要对着目标，也就是送杆的重心要放在左侧。这个动作就像挥棒一样，务必要确认自己已经熟悉这个有力的上半身转体动作，这可能是之前挥杆所欠缺的。

3 现在站到球对面，从臀部开始微微下弯，直到杆头大概离地60厘米（2英尺），再用同样的方式挥杆，也要注意关键要点：正确的转移重心，并在通过击球区时杆头自然发出嗖的一声，此外，也会觉得手臂较挺直，这是因为挥动球杆时的离心力，把身体朝送杆的方向拉。

4 从腰部再往下弯一些，直到杆头碰到地面，稍微屈膝，现在的动作就是1号木杆最佳的瞄球姿势。挥杆时，只要回想步骤2和步骤3所经历的感觉，完全转体、正确地转移重心，顺畅加速挥杆向下通过击球区，杆头自然而然发出美妙的嗖的一声。

❍ 将球放在挥杆轨迹上，重温上述练习的感觉，不用太过“定点击球”，只要温柔碰球，以适当的力量摆动球杆（请参阅第11页），在转体和摆手之间将会达到较好的平衡状态，右页的练习16，将显示如何重新找回两者间的协调性。

“棒球”挥杆　中间挥杆　正常挥杆

练习16：使手臂挥动与身体转动同步化

失去手臂挥动和身体转动间的协调性是常见问题，会造成挥杆缺乏韵律性，并使动作显得笨拙。发生这种情况时，就算准确击中球，球还是缺乏活力。大部分球友的身体过早转动，形成快过双手和手臂的动作（相反的情况较少见），这是造成开球右曲的主要原因之一：由于下杆时肩膀和上半身过快转动，把双手和手臂甩到理想挥杆平面的外侧，使杆头由外向内切过球。如果你常开出右曲球，试试这个练习，其中有些根据是来自哈利·瓦登的建议，他可是6次英国公开赛冠军的纪录保持者。

1 拿出1号木杆，像平常一样地上杆。

2 在上杆顶点，专心地在肩膀和上半身开始回转前，让双手和手臂将球杆往下挥动到臀部高度。

3 当你继续下杆时，身体会自然地配合手和手臂的动作开始回转。

❍ 这个练习会消除下杆时，肩膀过早转动的倾向。这个过早转动的倾向会将球杆挥向正确轨迹的外侧，造成右曲的开球。所以这个练习在改善开球动作的同时，会产生更好的时间点，以及更有力的击球。

上杆

像平常一样上杆到顶点。

身体位置

在身体开始回转前，想着让双手和手臂往下挥动到臀部高度。

关键要点

右膝保持弯曲

右膝的位置是成功使用1号木杆挥杆的重要因素。在上杆与下杆时，让右膝保持良好的弯曲，会有两个好处。首先，这能在上杆时让双脚和臀部产生阻力，这不仅是挥杆力量的主要来源，也能有效避免上杆过度及失去控制。其次，在下杆时让右膝保持良好弯曲，能让右脚跟停留在地上的时间更长，避免形成太陡峭的击球角度，对1号木杆来说，真正需要的是较浅平的挥杆方式。

上杆

保持右膝弯曲能在挥杆中创造阻力，防止上杆过度，造成力量与控制的损失。

下杆

下杆时，保持右膝弯曲，能产生较宽的挥杆圆弧，产生理想的1号木杆击球角度，也就是扫击。

练习17：左脚跟保持着地来增加阻力

这是许多人最常问到的问题之一：上杆时脚跟是否要离地？事实上这要看你是哪一类型的球员而定。如果你的身体很柔软，上杆时可做出完整的身体转动（甚至有挥杆过度的倾向）的话，那最好让左脚跟不要离地，臀部才不会过度转动，整体的挥杆动作也会比较简洁。由于下半身比较稳固，上杆时也能利用下盘产生的抗力，增加身体扭紧的力量，这样在下杆时身体能产生更有力的释放。试试看下面的练习，有助于让左脚跟固定在地上。

1 摆出平常的击球准备姿势，并在左脚尖下方踩着一颗球。你会感觉身体的重心会倾向落在左脚跟，这是好的状况。

2 上杆时，试着让重心维持在脚跟，因为脚尖下方有球，若左脚跟抬高的话则会失去平衡。

3 在踩着球的情况下做击球练习（在开始用1号木杆击球前，先进行挥杆练习）；然后把球拿走，并试着在没有放球的状况下，上杆时继续让左脚跟留在地面上。

○ 虽然在教学理论中，对于上杆时是否应该抬起左脚跟并没有定论，然而，若身体的柔软度很好（通常是年轻或身形修长的球友），或者有上杆过度的倾向的话，最好考虑还是让左脚跟留在地面上。但是，要注意避免产生重心倒转。这是指上杆时，身体重心倾向目标方向的情况。要确认在你上杆期间，重心是转移到身体右侧（特别是你已经习惯将脚跟抬起的话）。如果你决定让脚跟留在地上，你会发现有许多职业名将的动作跟你一样，像是老虎·伍兹、艾尔斯与弗莱德·卡波斯（Fred Couples）等，很多其他球员也几乎都是如此。

踩着一颗球

由于左脚踩着球的关系，如果你在上杆时抬起脚跟，就几乎不可能保持平衡。

练习18：抬起左脚跟做出完整的转体动作

上杆时左脚跟不要离地（请参阅左页的练习17），对某些球友可能很适合，但这种技巧对其他人却没有益处。事实上，对那些缺乏挥杆所需要的柔软度的人来说，像是年长或体形大的球友，要做出完全身体转动的动作，对他们来说相当困难，此时在上杆时抬起左脚跟将会有更多好处。这样能让你在上杆中做出更完整的转身动作，并使上杆幅度增加，击球也更具威力。此外，若你的挥杆有太短或太过急促的倾向，让左脚跟离地将会给你更多时间来做出更完整、更慢，同时也是更有效率的挥杆。另外，如果你有重心倒转倾向（上杆时，重心会朝目标的方向偏，而不是放在右侧），抬起左脚跟会迫使你将重心转移到右侧，这对正确的上杆非常重要。球友们要是认为抬起左脚跟能提升击球表现的话，可借由以下的练习，来发展出正确的技巧。

1 摆出击球准备姿势，以平常的动作上杆。

2 当你感觉上杆到极限时，也就是臀部和肩膀无法再“允许”你转过去时，这就是左脚跟应该要开始离地的最佳时机，这能让右侧松开，并让身体做出更大的转动。若你以前上杆时左脚跟从未抬起，刚开始觉得不习惯是很自然的。可以试着把脚跟离地的动作，当做身体转动所引发的自然反应，不用刻意把脚跟抬起来。

3 要开始下杆前，先让左脚跟回到地面，这能让重心开始向着目标方向转移。过去三届英国公开赛冠军哈利·寇登（Henry Cotton），他习惯用左脚跟往地上大力一跺才开始下杆，当从上杆转移到下杆时，可以听到他踩地的声音。

❍ 要记住，抬起左脚跟绝不是一个独立的动作，是由臀部和上半身扭转所带动的。所以抬起脚跟会让挥杆更完全、更具威力。另外一个好处是，再将脚跟放回地面是一个将重心朝目标的方向转移的良好方式，这也是强力挥杆动作的关键要素之一。很多有名的球员会在上杆时抬起左脚跟，如杰克·尼克劳斯（Jack Nicklaus）和汤姆·华生（Tom Watson）。

练习19：转动背部朝向目标

使用1号木杆时，“低而慢”是很好的起杆方式，但是，要从哪里开始做呢？以下这个练习，对上杆时缺乏方向感，或者开球一直有困扰的球友来说非常有帮助。其中包含了两个重要的观念，结合这两项要素，将对开球质量的提升有决定性的影响。

1 当你在上杆时，试着把背转到指向目标。这能促使你做出更完全的肩膀转动，同时也让身体重心在上杆时更容易转移到右侧，此外，在到达上杆顶点时，也能帮助你让球杆保持在正确的位置上。

2 当你到达上顶点时，试着让球杆指向目标。这个概念对开球时大部分都出现右曲球的球友特别有用。这是因为有这种倾向的球员，在上杆顶点时球杆通常指向目标左侧。这会造成由目标线外侧的下杆路径（请参阅第10~11页），击球瞬间形成从目标线外侧切过球，产生右曲球。

❍ 转动背部朝向目标，能确保身体做出正确的转动，这也是力道的重要来源；至于球杆指向目标，则表示球杆保持在正确的路径上。这两个关键要素的结合，会让下杆动作更为流畅，同时更容易以正确的轨迹通过击球，不仅杆头速度会更快，触球也会更为扎实。

练习20：以杆头跟部瞄球矫正插鞘球

很多球友在使用1号木杆击球时，常常是以跟部击中球，这是由外而内挥杆（请参阅第10~11页）的重要征兆，会使球由左向右飞向空中。要矫正这个错误的有效方法，却是反其道而行，那就是用1号木杆的跟部来瞄球，这就是产生这种失误的击球点。试试看下面的练习，你很快就会发现这种练习技巧的好处。

1 如同正式开球般，把球放在球梯上，采用平常的姿势做好击球准备。

2 移动杆头，直到杆头跟部刚好对着球为止，然后开始挥杆。

这个练习的重点，在于击球准备时用球杆跟部瞄球。

❍ 这个练习非常有效，因为当你在击球准备时用球杆跟部瞄球，你的手眼协调会“强迫”自己在下杆时，重新塑造挥杆轨迹，好让你以杆面的正中央击中球。前美国名人赛和英国公开赛冠军，也是美国巡回赛名将法兹·佐拉（Fuzzy Zoeller），在他的职业生涯中都是以球杆跟部在瞄球，以确保他是以正确的轨迹“内侧”下杆。若不想“一直”采用这种技巧，也可作为一个既快速又有效的矫正挥杆失误的方式，来消除过去挥杆中所产生的问题。

练习21：脊椎倾斜储存击球力道

许多中、高差点的球友在做击球准备时，脊椎的基本角度都有问题。这不是指脊椎有没有向球的方向前倾，而是向左或右倾斜的幅度。最常见的错误是，击球准备时脊椎微微倾向目标，造成头部和上半身超过球位（因此击球也一样）。如果在开球时有这个现象，通常都不会有太多力道，球也飞不出该有的距离。这个练习有助于找出击球准备时理想的脊椎倾斜角度，并帮助你开出更扎实的球。

1 先让身体站直，并从腰部开始弯曲身体，摆好击球准备姿势。虽然身体是稍微朝球的方向倾斜，若从后往前看，你的脊椎是与地面垂直的。

2 现在，稍微让脊椎朝着目标反向倾斜，你右肩的水平高度，应该比左肩低一些。这就是高手们的脊椎倾斜角度，其中差别虽然不大，却对击球表现有决定性的影响。

❍ 准备时，如果你的脊椎是往目标的反向倾斜，击球瞬间这个角度也会一样。同时也表示在击球准备时，头部也会保持在球的后方，这不仅能使你的挥杆产生最大力量，同时也让你以扫击的方式将球开出去，这表示当杆头碰到球时，杆头是以一个稍微往上的方式在移动。这些改变会让你的开球质量有明显的改善。

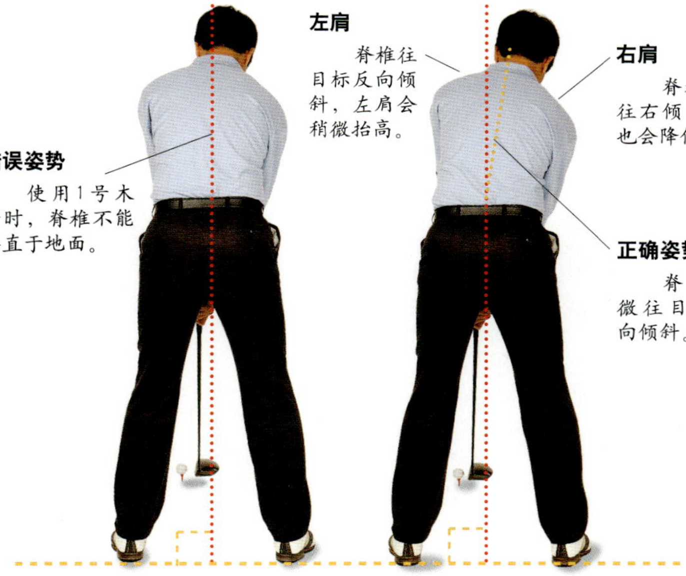

错误姿势

使用1号木杆时，脊椎不能垂直于地面。

左肩

脊椎往目标反向倾斜，左肩会稍微抬高。

右肩

脊椎稍微往右倾，右肩也会降低。

正确姿势

脊椎稍微往目标反向倾斜。

关键要点

前臂相碰做出更好的释放

在通过击球区时无法释放球杆（请参阅第11页），是挥杆最要命的失误之一。这表示在你最需要的那一刻，杆头却只有一点点速度。要解决这个问题，只要在你挥杆通过击球区时，让右前臂碰到左前臂就行了，这种挥杆观念有助于在你每次开球时，都能将球杆释放。这同时也表示会有更多的杆头速度传递到球的后方，距离也会有显著增加。

让前臂相碰

送杆时，让两只手臂几乎要碰在一起，这样杆头就能正确地释放。

重新自我测试

在进入第三阶段之前，务必要再进行一次第12~13页的测试，要是没有改善的话，最好先回归第二阶段。如果记录的成绩显示你的开球已经有明显进步，那表示你已经为进入第三阶段做好准备，并且能够接受更进阶的练习。

练习22：向目标握手

击球瞬间良好的杆头释放（请参阅第11页），是力量来源的重要部分。这表示球杆是以最大杆头速度流畅地挥动。然而，有些业余球友在击球之前，并没有释放杆头，而是想要引导球杆或想将杆头砸在球上。下次练习挥杆时，可以试试这个方法，来确认是否能正确地做出了这个关键动作。

1 手上先不要拿球杆，摆出平常的击球准备动作。

2 让右臂自然垂放，并将左手放于身后（或者，直接放在后面的口袋也可以）。

3 以右手臂做出半挥杆的动作（上杆与下杆时，都只做到大约臂部的高度即可）。这项练习的要点，是在于当你挥动右臂通过击球区时，要感觉你正在跟目标"握手"。

4 习惯步骤3所描述的手臂挥动动作之后，拿出1号木杆做几次挥杆练习。

5 接着，以慢动作的方式来挥杆。在送杆时，当右臂摆动到与地面平行的位置时先停住。在这个位置时，检查右手是否与目标呈一直线，好像已经准备好要握手一样。若你的手是指向目标的左、右侧，或手掌朝向天空或地面，就要借由步骤1~3的练习，重新调整姿势。

不拿球杆

右手正在跟目标握手。

使用球杆

右手还是跟目标握手，形成球杆的良好释放。

○ 下次开球时，可以确认是否做出"与目标握手"的感觉，你会发现前所未有的杆头释放动作，并让你的击球更具威力。

练习23：起杆时让身体各部位同步

如果你在刚开始挥杆时，手臂的挥动和身体的转动无法协调同步的话，就很难在实际击球瞬间的那一刻，让身体动作重新取得协调。以下是戴维·李德贝特（David Leadbetter）在担任尼克·佛度（Nick Faldo）的教练期间，所研究出来的神奇练习方式。后来这个练习法，也让数以百计希望获得这个成功二人组神奇魔力的球友得到许多帮助。

1 从球袋中取出1号木杆，采用平常击球准备的站姿。

2 用手指将球杆往身体方向缩，使握把顶端靠着肚脐，双手握住的则是杆身。

3 开始做出上杆动作，转动身体让球杆从原来应该放球的位置开始向后摆动。注意要让握把顶端一直靠着上腹部。上杆时双手不要超过右大腿的高度，不断重复上述动作。

❍ 当你要开始练习击球时，利用从这个练习中所获得的感觉，来做出起杆动作。这能让你的手臂和身体一起向后移动。如果起杆时就能让这两部位具有绝佳的协调性，就能为同步的挥杆动作做好最佳准备。

关键要点

你是挥杆型球员吗？

依据球员的击球方式，可区分为两种截然不同的典型：挥杆型（下图）和打击型（请参阅第33页），这两种形态都具有相当的威力，重点是根据自己的特色，来选择适合的击球方式。

好的挥杆型球员，如艾尔斯（Ernie Els）或拉弗（Davis Love），他们的特色在于善用顺畅的击球节奏，不需要太用力就能把球打得很远。击球的能量来自于将身体转动所产生的离心力，从手臂传到球杆上，最后再转移到球。若要成为这类型的打者，身体的柔软度要很好，击球节奏自然而缓慢。上杆时，心里要想着把动作放慢，让身体放轻松，开始下杆时也要很顺畅，并让整个重心转移到左侧，加速往下挥动球杆，蓄积最大的能量，到达挥杆轨迹的最低点时，杆头就像是飞轮般向球后击去，收杆的动作也会优雅而平衡。

顺畅的挥杆型

拉弗在赛场上以优雅的挥杆著称，也是开球最远的球员之一。

练习24：创造出上杆顶点的四方形

在到达你的上杆顶点时，右手臂、双手、杆身及你的上半身之间所形成的相互关系，是非常重要的一环，特别是在使用1号木杆的时候。这个练习可以检查当你要开始下杆时，各个部位是否都在理想的位置上。

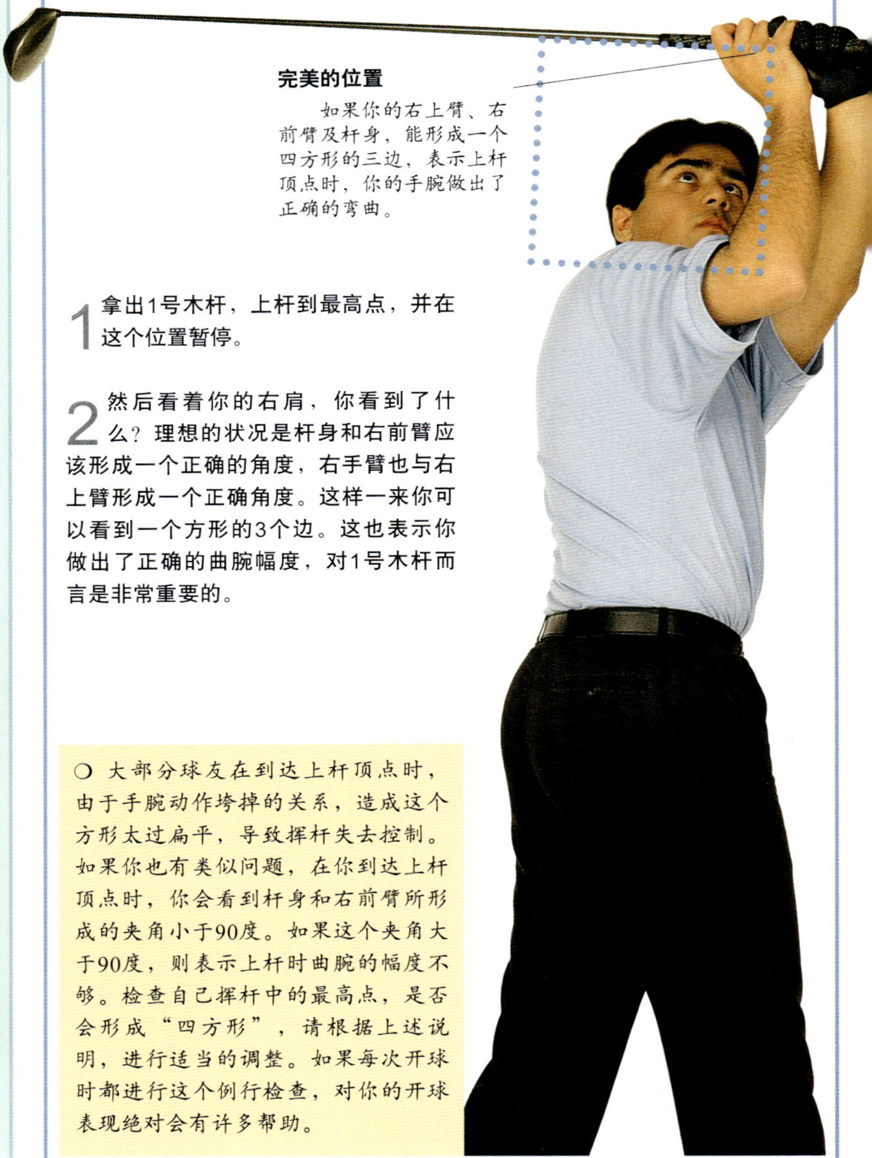

完美的位置

如果你的右上臂、右前臂及杆身，能形成一个四方形的三边，表示上杆顶点时，你的手腕做出了正确的弯曲。

1 拿出1号木杆，上杆到最高点，并在这个位置暂停。

2 然后看着你的右肩，你看到了什么？理想的状况是杆身和右前臂应该形成一个正确的角度，右手臂也与右上臂形成一个正确角度。这样一来你可以看到一个方形的3个边。这也表示你做出了正确的曲腕幅度，对1号木杆而言是非常重要的。

○ 大部分球友在到达上杆顶点时，由于手腕动作垮掉的关系，造成这个方形太过扁平，导致挥杆失去控制。如果你也有类似问题，在你到达上杆顶点时，你会看到杆身和右前臂所形成的夹角小于90度。如果这个夹角大于90度，则表示上杆时曲腕的幅度不够。检查自己挥杆中的最高点，是否会形成“四方形”，请根据上述说明，进行适当的调整。如果每次开球时都进行这个例行检查，对你的开球表现绝对会有许多帮助。

练习25：把左肩转到右肩原来位置

在心里想象模拟的方式，可以帮助你做出更好的挥杆。这个练习就是采用这种方法，应该可以让你在上杆时做出90度的身体转动。要让你的1号木杆开球充满力量，这是一定要具备的基本要求。

1 采用平常的击球准备姿势，花点时间记住右肩的确切位置。

2 上杆到最高点时，把左肩转到击球准备时右肩所在的位置上。

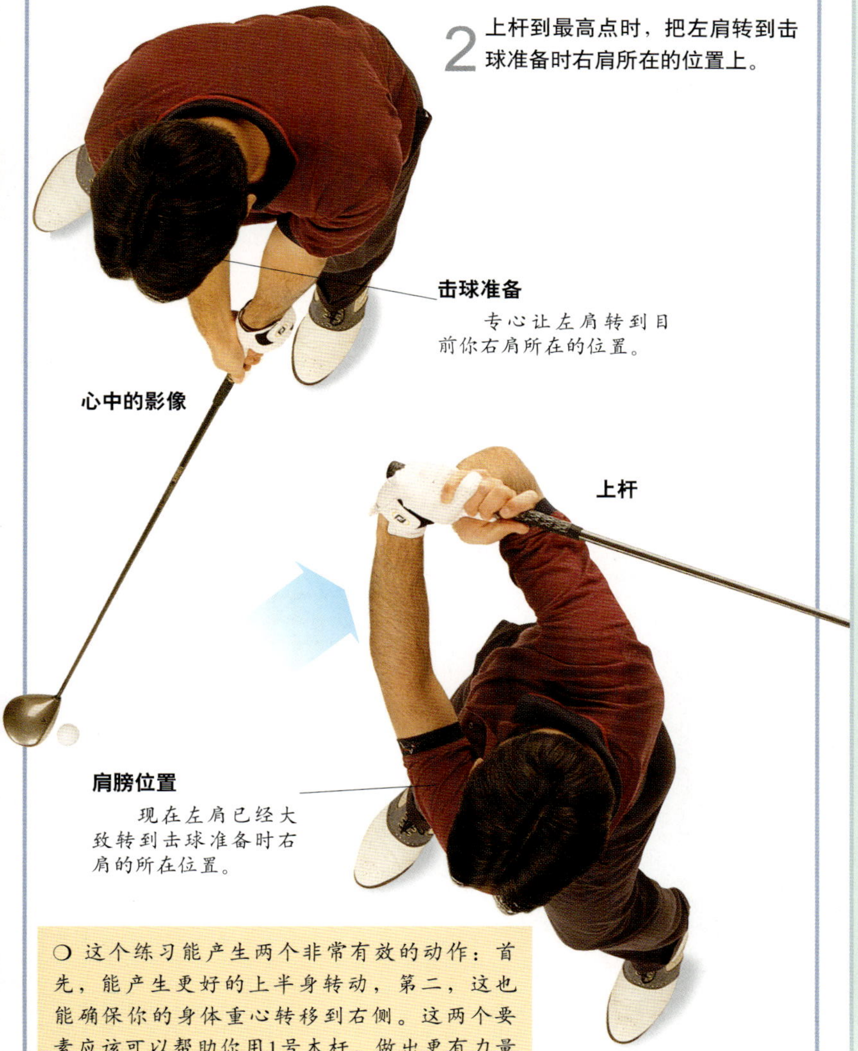

击球准备

专心让左肩转到目前你右肩所在的位置。

心中的影像

上杆

肩膀位置

现在左肩已经大致转到击球准备时右肩的所在位置。

❍ 这个练习能产生两个非常有效的动作：首先，能产生更好的上半身转动，第二，这也能确保你的身体重心转移到右侧。这两个要素应该可以帮助你用1号木杆，做出更有力量的挥杆。

关键要点

你是打击型球员吗？

有别于挥杆型球员（请参阅第32页）流畅的挥杆动作，打击型球员的挥杆动作比较不优雅，然而击球的结果却没有太大的差异。

1996年英国公开赛冠军汤姆·李曼（Tom Lehman）正是打击型击球模式的代表人物。他用他强而有力的前臂击球。虽然击球型打者的强力开球不只是光靠蛮力，不过肌肉还是比技巧发挥了更大的作用。这类型的球员不但身强体壮，通常挥杆节奏也较急促，这种挥杆模式的球员，在开始上杆时，几乎都是用双手和手臂在将球杆往后拉。同时别忘了，上半身还是要尽可能地转动。也因为上杆幅度比较短，所以在到达上杆顶点时，杆身并不会平行于地面。开始下杆时非常缓慢，但在通过击球瞬间时，会用双手和手臂用力地击球。应该要非常明确感觉到，你是在挥杆的最低点碰到球。尽管送杆动作不如挥杆型打者那么优雅，但是一定要保持平衡。

强力型打者

汤姆·李曼是个有力量的人，或许挥杆动作并不经典，却非常有威力。

关键要点

在三杆洞正确架梯

很多球友在三杆洞的球都架得太高，以为这样就能用铁杆击将球高高地送上果岭。然而，这个假设是错的，如果球架得太高，并做出良好的挥杆动作的话，势必会以杆面上缘击中球，因此这一球就不会产生预期中的飞行距离。所以，球要是架得太高，为了要用杆面的正中央击中球，你只能往上打，并形成错误的挥杆方式。

然而，这并不表示在三杆洞开球不需要使用球梯。虽然你在球道的草皮上，也可以用铁杆直接击球来进攻果岭，若使用球座，则可让球保持在最佳的球位，这种大好的机会绝对不可浪费。

用铁杆开球，理想的架梯高度是让球刚好位于与地面等高的位置，从草皮上看过去，刚好只会看到球梯的顶端。如果草皮很茂盛，甚至会看不到球梯，球就好像放在叶片的顶端上。这样的高度非常适合铁杆，挥杆击球时，会造成先球后草的触球，这是铁杆技巧不可或缺的一部分（请参阅“铁杆”章节，第38~63页）。

理想的高度

用铁杆开球，只会看到球梯的顶端，才是最理想的高度。

练习26：击球准备时关闭杆面争取滚动距离

在很多情况下，让球多滚动一些会更有优势。例如，面对逆风开球，又想争取最多开球距离时。球友们可以在练习场上，多做几遍这个非常有效的练习。下次遇到强风肆虐的滨海式球场时，就不会不知所措。

1 在地上放两支球杆，一支平行于目标线，另一支稍微指向目标右侧，刚好与采取的闭式脚位相同。

2 将杆头放在球的后方，先不要握住球杆。

3 让杆头维持在原位，用右手大拇指和食指，让杆面朝反时钟方向转动1厘米（0.375英寸）。

4 接着让双手以平常方式握杆，握杆时小心不要让杆面移回平常的位置。

○ 这种调整非常细微，表示你不需要特别改变挥杆动作，就能让杆面以更强势的位置击中球。在逆风中，采用这种开球方式，由于飞行弹道比较低，球也会滚得更远，大致上可增加20米（22码）左右的距离。

在球局中，当你有右曲球困扰，又不想改变挥杆姿势时，这个练习也可以派得上用场。因为这个调整可以帮助你避免以略为开放的杆面击中球，而这正是导致许多高飞、右曲球路的原因。

正常杆面位置

杆面稍微关闭

闭式脚位

让你的双脚稍微瞄向目标右侧，来补偿杆面的关闭。

良好瞄准

让这支球杆指向目标。

练习27：多样化的开球练习

好的球员在一场球之中，通常会做好使用不同球杆来开球的准备。你也应该避免在面对四杆洞或五杆洞时，就想也不想地拿出1号木杆来开。因为有时候1号木杆并不一定会让你留下最容易处理的第二杆。例如，用较短的球杆来开的话，原本具有威胁的障碍区，就不会对你造成影响。下面的练习非常实用，让球友们在练习场练球时，先对需要各种球杆开球的状况有进一步的认识，并在实际需要使用不同球杆开球之前，先建立好足够的自信心。

1 先进行适当的热身运动（请参阅第198~199页），准备12颗球，或多放几颗也可以，从球袋中挑出最长的3支球杆。

2 第一球先用最长的1号木杆，要注意这一节所学的各种原则和技巧。

3 然后拿出次长的球杆来打第二球，应该是3号木杆。只需稍微降低球梯高度，让杆面上缘保持平行于球的中线（请参阅第15页的关键要点），除了这项细微的调整之外，挥杆动作都跟1号木杆相同。

4 第三球则用最后一支球杆，可能是大角度的木杆或长铁杆。因为扫击的角度会稍微变小，所以球位要后移2.5厘米（1英寸），并稍微降低球梯高度。虽然使用3种不同球杆，但还是要保持相同的挥杆节奏。

5 依照上面的步骤，交替使用不同的球杆，直到把12球打完。

头部位置

击球时，头要维持在球的后方。

协调性

让身体的转动，与双手和手臂的挥动和谐一致。

触球

理想的触球是指球从球梯上被扫出去。

❍ 在你多练习几次之后，就算使用不同球杆，每次击球的稳定度也都差不多。这个方法也可以应用于其他的球杆，如铁杆。其实这个概念都一样，因为在球场上绝对是状况百出，每次击球的路线绝不可能重复，自己一定要保持在备战状态，用不同的球杆化解各种可能的危机。

完美的开球

赢得两次美国公开赛冠军的厄尼·艾尔斯（Ernie Els），拥有独特的优雅挥杆。观察这位高球名将超级顺畅的挥杆节奏，绝对会从中获取不少启发，艾尔斯不但让人尊敬，也是值得学习的最佳楷模，只要手握1号木杆，就能轻松地产生非常有力的击球，他所依赖的是优越的技巧，而不光是力量。现在你已经完成开球篇的各项练习，并做好足够的准备，正好可以借由大师的挥杆表演，获得球技的进一步改善，仔细观察艾尔斯所示范的开球流程，将让你的球技更加进步。

1 击球准备

艾尔斯的准备动作非常完美，这位战绩彪炳、身高193厘米的球员令人印象深刻。他膝盖弯曲得恰到好处，让他的站姿非常平衡。他脊椎前倾的角度，刚好可以让手臂自然地垂放在身前。双手和大腿顶端间，留下了舒服的距离，提供了他在正确轨迹挥动球杆的足够空间。此外，他的平行瞄准也很棒，脚趾、膝盖、臀部都平行于目标线，杆面同时也正对着目标。

下杆

当手臂开始向下挥动，此时左前臂和杆身之间的夹角保持不变。

击球

手腕在快要击中球之前才释放，这样才能在击球瞬间达到最大的杆头速度。

膝盖

膝盖保持稳固，为上半身的回转动作及双手、手臂和球杆的自由挥动提供了稳定的基础。

上杆

在上杆顶点时球杆刚好越过水平线，这并不会造成太大的问题（然而，若上杆动作超过这个位置的话，球杆将会更难控制）。

送杆

右手盖过左手，显示在击球之后，杆头被自然地释放。

5 击球区

艾尔斯开出300码（275米）的球看起来都轻而易举，所有的证据都显示能量的来源是出自于顺畅的挥杆技巧，而不只是力量。借由转向左侧，艾尔斯有足够的空间把球杆送上正确的轨迹，杆头将球击出后，球杆又回到目标线的内侧。

2 上杆

可以看到艾尔斯完美地融合身体转动和手臂挥动动作，手腕适当转动，将球杆定在完美的挥杆平面上；此外，他的左肩也正在下巴下方通过。

3 上杆顶点

艾尔斯上半身的身体转动动作非常细致，照片中他的左肩正位于下巴的下方，双手则位于右肩的上方，这也是挥杆在正确的平面上的标准姿势，此外，双脚的动作也非常稳固。

4 下杆

艾尔斯的双手和手臂已经开始向下摆动，几乎到达臂部的高度，然而上半身还是纹丝不动，这有助于把球杆导向内侧的轨迹，也就是最理想的击球前位置，随后便可释出所有的能量。

稳定开球的关键

开球时，最重要的关键点在于击球点而不是力道。在章节的最后，把挥杆概念整理成简单易记的诀窍，来帮助球友们达成目标。

- 要产生扎实的触球，球位要放在左脚跟相对的位置。

- 击球准备时，让头部和躯干位于球的后方，使重心在上杆时更容易转移到右侧。

- 上杆时让肩膀完整地转动，这样能使球杆在顶点时保持在路径上。

- 由上杆转到下杆的动作要非常顺畅，这能让你的双手、手臂和身体同时运作，产生扎实的触球。

- 为了做出有力的释放，通过触球时，让右手感觉像是要跟你的目标“握手”一样。

铁杆

铁杆是球袋中最精准的球杆，每种铁杆都是为了击出特定距离所设计的。整体而言，可以把使用铁杆的情况区分为两种形态：一种是推进球，在长洞中，基于进攻果岭的考虑，把球打到特定的位置（让下一球比较好打）；另一种则是进攻果岭球，把旗杆作为击球目标。不管是哪种球，球的弹道和距离都是首要考虑的。

在这个章节中，将会列出每种铁杆所需的技巧，借以改善铁杆击球的质量。此外，借由这些练习，也会提高击球的准确度和稳定度。

铁杆测试

能用铁杆将球打得很远是一回事，能否把球打上果岭，才是可以精确考虑你铁杆能力的指标。基于这个概念，我们设计了以下的测试方式。每个人杆袋中都会有好几支铁杆，若要一一进行测试，会非常浪费时间，因此这个测试只选用6号铁杆，因为这支球杆比较适中，打起来既不会太吃力，也不会太过简单。

1 从球袋中拿出15颗球，最好都是同一种款式（将误差值降到最低）。理想的情况下，最好在球场上进行测试，因为就可以直接在标准果岭上击球。然而，若情况不允许，在练习场也无妨，只要有旗杆和果岭可瞄准便能测试。尽量选择无风的天气，因为风太大会降低分数，而无法反映出真正的实力。

2 先试着打几个“界定范围”的球，找出个人的6号铁杆击球距离。然后找个中等大小的果岭，用刚测出的距离，为自己选定最适合的测试位置，接着便朝果岭击出15球（右图），检查有几颗球落在果岭上。

3 重复上述步骤，再进行两次测试。加总所有落在果岭的球数，取其平均值。将结果和评分表（右页的右下方）对照过后，借此判断适合自己的练习。

❍ 记住，所有铁杆都是为了特定距离而设计的，很少会有非要使用哪一支铁杆才行的状况。可针对不同的距离，选用适当号数的铁杆，再用同样的击球节奏挥杆即可。

评分表

❍ ❍ ❍ ❍ ❍

1~5 = 第一阶段
（第40~47页）

❍ ❍ ❍ ❍ ❍

6~10 = 第二阶段
（第48~55页）

❍ ❍ ❍ ❍ ❍

11~15 = 第三阶段
（第56~61页）

练习1：找出每支铁杆的距离

每支铁杆都是为了特定的击球距离所设计的，然而这距离对每个人来说并不相同。这是指每位球友都会有属于自己的“个人距离”。下面的这项练习，是针对想改善铁杆表现的球友们所设计的，主要是先了解自己每支铁杆的状况，并记录每支铁杆的击球距离范围。这能让你在正式下场时，做出更精确的球杆选用。

1 与铁杆测试相同，首先拿出15颗球。

2 在地上放两支球杆，作为站位的参考，摆出最佳的平行瞄准站位（请参阅第14页“开球”章节的练习1）。

3 拿出所有铁杆，每支铁杆各击出15球，每打完一支球杆，就用跨步测量大部分球的落点，并记录这个距离，最远和最近的几颗可以忽略不记，因为这几球可能无法精确反映出正常的击球范围。

❍ 虽然距离表可作为选用球杆的参考，若能把属于自己的精确击球距离牢记在脑海，对提升下场的成绩绝对更有帮助（可在球袋放个球杆距离备忘录），每次使用铁杆时，也会更有自信。

还要提醒球友注意另一项重点，若是练习区的人过多，为了安全起见，最好不要进行这个练习。球场上没人使用的球道，或冷门时段的练习场，较适合进行测试，这样用脚步量测球距时，才不会有太多干扰。

释放球杆

通过击球区时，右手要超过左手的位置。

完美击球

理想的击球时，球杆会先碰到球，然后才是草皮，草痕会出现在击球点的后方。

练习2：找出每支铁杆的球位

在上一章曾经提过正确球位的重要性（球要正对左脚跟，以扫击的动作击球。请参阅第17页的关键要点）。对铁杆而言，球位也是关键之一，杆头能否以正确的角度击中球，部分原因就取决于球与站姿的相对位置。铁杆的种类非常多，配合长度不同的铁杆，球位也需要进行适当的调整。下面的方法能帮助球友，为每支铁杆建立正确的球位。

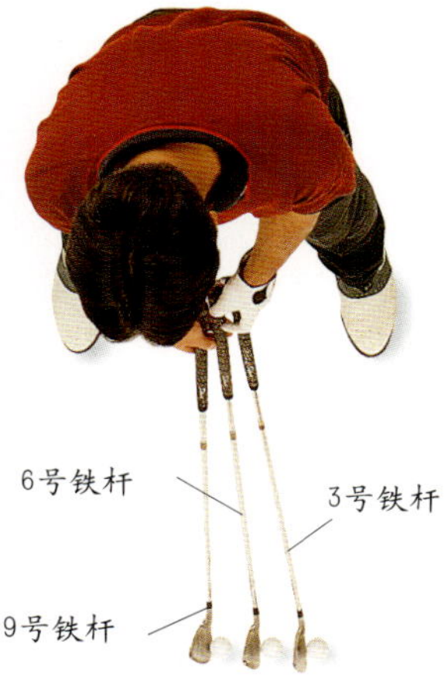

1 摆出长铁杆的击球站姿，双脚间的距离要感觉舒服，同时让身体自然平衡。

2 从球袋中拿出3、6、9号铁杆及3颗球。

3 开始摆第一颗球，把球放在身前对应于左脚跟内侧3厘米的假想线上，然后将3号铁杆的杆头放在球后面。第二球再后移3厘米，将6号铁杆的杆头放在球后面。最后放上第三球，同样后移3厘米，而将9号铁杆的杆头放在球后面。这3球的位置，分别是手上3支球杆最理想的球位。

❍ 一套球杆绝对不只这三支铁杆，但是这个原则适用于所有铁杆，参考上述步骤，也能替其他铁杆标定最佳球位，确保杆头在正确的击球角度碰触到球，并打出干净利落的一球（请参阅第45页的关键要点）。

练习3：击球前全身僵硬？先送杆再起杆

击球准备时，导致身体变得紧绷，双手僵硬的原因很多。也许是握杆握得太紧，或对于接下来的挥杆感到紧张，不管理由是什么，击球准备时的僵硬，会让起杆动作缺乏协调性，因而破坏接下来的挥杆，击球点也会偏离正确的轨迹。为了让起杆动作更为顺畅，可以尝试下面的练习，用往前摆动的动作开启挥杆的序幕。

1 摆出平常的击球准备姿势，不过要做一些调整：让杆头稍微上移，停在球的上方。

2 然后将杆头往前摆动75厘米左右（朝着目标的方向），接着开始上杆到顶点，并试着让这一开始的顺畅节奏继续保持着，然后下杆将球击出。一开始要保持轻松，使用这个练习技巧击球前，可先做几次挥杆动作的练习。

❍ 若用送杆动作来起杆，身体比较不会过度僵硬，上杆动作也会更顺畅，不会太过于急促。此外，这个技巧也能同时强化手臂挥杆和转体动作的协调性。

练习4：调整脚跟和脚尖重心来取得理想的平衡

击球准备时重心位置如何平衡，对实际挥杆形式所产生的影响，远超过球友所想象到的。以下这个简单的练习方法，可以帮助你学习重心转移和铁杆挥杆动作间的相互关系。利用击球准备时两种极端的重量分配方式，借着错误示范，来找出正确的重心平衡。

1 用平常的方式做好击球准备，但是将身体大部分的重量放在脚尖，然后开始挥杆。这时候身体和头部都会往上，同时朝后倾，此外，你的重心也会转移到脚跟，以避免往前跌倒，这就好像站在悬崖边缘，身体会摇来摇去以取得平衡。当你为了要修正这个突如其来的高度提升，击球时身体也会刻意往下，让杆头碰到球。采用这个方式很明显地会让挥杆动作失去平衡，造成无法施力或保持稳定。

2 如果反过来在击球准备时将重心完全放在脚跟。虽然这样很奇怪，不过很多球友都是采用这种方式击球的。若将重心放在脚跟，会造成击球准备时的站姿过高，因为察觉到这样的变化，会不由自主地想要修正动作。所以上杆时，身体的自然反应会将头和身体往下，希望回归正确的挥杆高度。然而重心忽然往前，下杆时会失去平衡，重心又会回到脚跟，也就是刚开始重心的位置。

3 最后，试着把重心平均放在脚跟和脚尖中间，这样就是最完美的平衡状态。

❍ 正确的重心位置，能让整个动作变得协调，相对地会产生平衡性以更好地挥杆。身体不需特别前倾或上抬，便可自然达到平衡。如果在挥杆过程中不需要做调整高度，你就能自由地转动身体、让手臂挥动，杆头便能顺畅地移动，并打在球的后方。

✗ 重心太向前

✗ 重心太往后

✓ 正确的平衡

练习5：利用中间目标让瞄准更好

为了让球朝着目标前进，球一开始就要在正确的路线上前进。听起来好像理所当然，却有很多球友只想着如何让球最后能落在旗杆附近。事实上，先考虑球飞出去的方向才会更有帮助。下面的练习非常简单，只需要一个小篮子（或类似的东西），就可改善球一开始的飞行方向。

1 沿着目标线，在前方5米（5.5码）的地方放一个装球的篮子。

2 在击球之前，先让杆面直接对准篮子。

3 挥杆时，尽量想着让球在离开杆面后，直接从篮子的正上方飞过。

❍ 虽然正式下场时，在前方放个东西来帮助你瞄准是有违规定的，不过你还是可以想象目标在线有个篮子，并让球沿着目标线直直飞过篮子正上方。这个想象方式对于铁杆的方向性表现有许多帮助，同时也让球更容易落在果岭上。

关键要点

适合青少年的球具

若家里有小于13岁的小孩，已经在打高尔夫的话，请务必要确认他们所使用的球杆并非被淘汰的球具。这些球杆对他们而言都太重了，以小男孩或小女孩来说，使用过重的球杆，上杆时绝对无法举到能产生正确挥杆平面的高度，这样一来，球杆的重心和重量会使他们用过于扁平的方式挥杆。不幸的是，在小时候所养成的习惯，不管是好习惯或坏习惯，一旦养成之后都很难再改变。

最好的解决方式，是让家里明日之星使用半套的青少年球杆组。如果没办法的话，女用球杆或裁短的男用球杆（最好换成适合小手的细握把）也可以。这些球杆都够轻，可以让青少年球员做出更好的上杆。如何选择适用的球杆，将会在参考章节的“球具”单元中，提供更详尽的说明（请参阅第214~219页）。

青少年球具

特别为小球员所制作的球杆，比成人用的球杆短、轻。年纪小的球友使用这种球杆，才能正确地挥杆。

练习6：利用录像检查姿势与挥杆

如果拥有或可以借到，甚至租一台摄影机，就能利用录像的方式来检查自己的挥杆动作，并矫正错误的姿势。虽然下面的练习主要针对中铁杆，但是也可借由摄影机的帮助，检查其他球杆的挥杆动作。

1 开始录像前，一定要把镜头架在正确的位置上。如果你要检查的是定位瞄准、击球准备姿势和挥杆平面时，镜头要“正对瞄准线”。可假想有条铁路从目标向后延伸，内侧铁轨通过脚尖，而外侧铁轨就落在球和目标的连线上，镜头则对轨道的正中间（可在地上摆两支球杆标定“铁轨”的位置）。若要检查球位、站位、送杆和重心转移的话，镜头就要与自己面对面（在身体的正前方），镜头应该正对脚位的中间，正对着你的肚脐。镜头的位置要是稍微有点偏离，提供给你的可能是错误的挥杆信息。

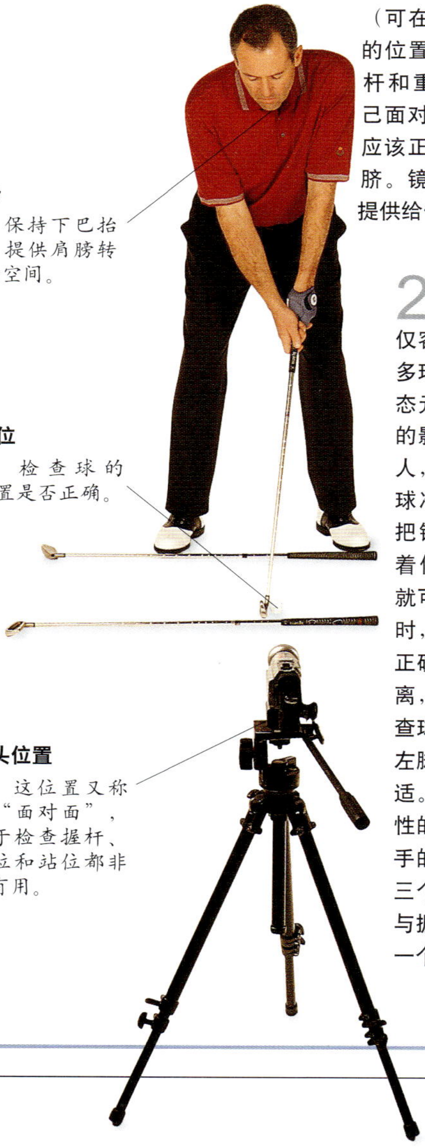

姿势

保持下巴抬高，提供肩膀转动的空间。

站位

检查球的位置是否正确。

镜头位置

这位置又称为“面对面”，对于检查握杆、球位和站位都非常有用。

2 先从检查击球准备姿势开始，这是最容易拍到的部分，这不仅容易拍到，同时也非常重要。很多球友都不相信，挥杆中唯一的静态元素，居然对击球成绩有决定性的影响。然而这个原则适用于所有人，不论是初学者或职业球员，击球准备都是挥杆最关键的一环。把镜头架在身体的正前方（面对着你），手上握着中铁杆，然后就可以开始录像。当你在看录像带时，首先要检查双脚间的距离正不正确：你的双脚脚跟内侧之间的距离，大约要与肩膀一样宽。接着检查球位：以中铁杆来说的话。距离左脚跟内侧两颗球的宽度就相当合适。此外，也要检查握杆是否是中性的。理想的状况下，可以看到右手的两个指关节，左手则是两个或三个指关节。如果你的站位、球位与握杆都非常正确，你的挥杆就有一个好的开始。

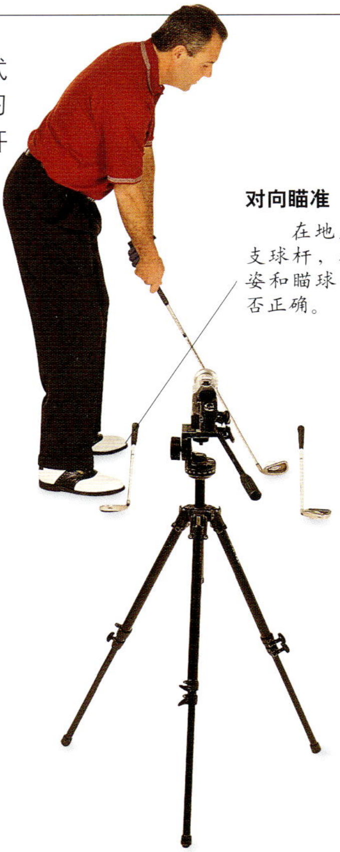

对向瞄准

在地上放两支球杆，检查站姿和瞄球动作是否正确。

3 接下来同样保持击球准备的姿势，不过这次要检查你的对向瞄准是否正确。将镜头移到自己的右侧放好，让镜头“正对瞄准线”。当你在看录像带时，检查肩膀、臀部和脚尖，是否都位于瞄向旗杆左侧的并行线上，同时杆面直接瞄准旗杆。双手和大腿顶端之间要有足够的空间，身体的姿势既不会太过前倾，也不会过于直挺。此外，也检查几个良好击球准备姿势的指标：包括右肩要在右脚尖的正上方，膝盖也要稍微弯曲。

上杆

检查自己是否做出了完全的肩膀转动。

4 现在将镜头放回你面前，并做出几个上杆动作。在看录像带时，先检查上杆时你的重心是否转移到右脚，另外看看头部是否水平地向右边移（观看自己的动作时，就是反方向），大概在5~10厘米，都算是适当的范围。

5 再次更换镜头的角度，让它“正对瞄准线”。接着再次做出上杆动作，到左臂和地面平行时暂停。若手腕正确地弯曲，球杆就会落在理想的上杆平面上。杆身的末端会指向球位和脚尖之间的一个点上。

6 现在，开始击球，然后使用摄影机画面停格搜寻的功能，来检查上杆是否保持在正确的平面上（如上面所述）。你也可以同时检查下杆动作，当左臂与地面平行时让画面停格，杆身的末端应该会指向球，或者稍微偏向外侧。

送杆

你的右肩应该在左脚之上。

7 最后，来分析你的送杆动作。将镜头放在你的正前方，然后开始击球。在看录像带时，检查你的右肩，是否在收杆时超过左脚。这表示你的身体重心已经完全转到左侧，就如同它应该在的位置上。

❍ 观看自己挥杆的录像带画面时，通常会让自己吓一跳。因为看到的结果，通常会跟平常感觉到的差很多。但是请千万不要因此而气馁，找出自己的错误，便知道如何对症下药，所以用这个方法，能为自己搜集适当的信息，更有助于长期进步。家里要是没有摄影机，也非常值得去借一台，来检察自己的挥杆进展。

关键要点

草痕产生的时机和原因

虽然每记铁杆都应该要打得干净利落，杆面和球间不能有任何阻碍。然而，有些铁杆会打出草痕，有些则不会。产生这样的原因是，良好的长铁杆击球需要的是扫击的击球角度，杆头则会以浅平的挥杆平面将球扫出去。

也因为这种扫击的击球角度，所以使用长铁杆击球后，在地上不会留下任何草痕，顶多擦过草皮罢了。但是对角度较大的铁杆，理想的击球点会在向下的挥杆轨迹上，如6号球杆，最佳球位是在站位偏后的位置（请参阅第41页的练习2），杆头才能在向下的路径中击中球，所以杆头会先打到球，然后再往下挖起草皮，并在击球点的后方产生草痕。角度越大的球杆，球的相对位置会越偏向站位的后方，同时也需要更向下的击球角度。因此，像9号铁杆造成的草痕，就比6号铁杆大很多。

先球后草的击球模式，是扎实击球的证据。草痕则是在球被击出之后才会出现在原本球位的前方。如果在击中球之前，就先打出了草痕的话，被挖起的草皮会夹在杆面与球之间，就会出现我们一般所称呼的“厚击”球。使用长铁杆没有产生草痕，是属于正常的击球模式，然而在使用5号铁杆以上的球杆时，若在击球点的后方没有出现草痕，就表示你并没有让杆头以正确的方式将球击出。“劈起球”章节的练习9（请参阅第72~73页），会提供相关说明，告诉你如何借由草痕的检视，来改善挥杆动作。

练习7：让所有正确动作停格

为了让挥杆落在正确的轨迹，利用几分钟的时间握住球杆做空挥杆，并练习挥杆中几个关键的位置，能让你正式击球的效果完全不同，同时让你的挥杆不至于走样。因此，若平常无暇练习击球，这个“维持”挥杆练习可以在下次下场之前，让你的球技不会过度生疏。这个练习就可以帮助你发展出肌肉记忆，以及良好挥杆技巧的感觉。

1 以慢动作做出“分解”的挥杆动作，并在几个关键的位置上暂停。

2 利用职业球员帕乌瑞克·约翰森（Per-Ulrik Johansson）的挥杆连续照片（请参阅第62~63页），一一检查自己的每个动作是否正确。

3 试着将看到的动作融入自己挥杆的感觉，这能渐渐引发在挥杆中几个关键点的“肌肉知觉”。

❍ 虽然正常的挥杆动作会快很多，但是你重复操作这个练习的次数越多，你的身体会越自然而然地找回精确的位置。要是能在落地镜前练习，这个练习的效果会事半功倍，只要能反射自己的身影，甚至是对着落地窗也可以。

练习8：强调差异找出理想挥杆速度

尝试各种极端的方式来打球，有助于发掘出适合自己的平衡点。以下的练习，就是印证这个理论的最佳范例。应该能帮助你在使用铁杆时，找出控制和速度间的完美平衡点。

1 拿出6号铁杆和3颗球，尽可能用你所有的肌肉力量打出第一球。

2 试着想象你要让球的距离只有第一球的一半，并用这样的力道挥杆，尽量缓慢而放松。

3 最后一球则取中间值，做出一个刚好介于你过度用力和过度缓慢之间的挥杆。

❍ 完成这个练习，找出自己的速度极限，介于太过与不足之间的中庸之道，就是控杆和力道最完美的平衡点。最好能多花个10~15分钟，尽量熟悉这样的挥杆节奏，很快地你会发现，这对于你的铁杆技术的提升非常有效。

练习9：把每次试挥当做正式击球

戴维斯·拉弗是非常出色的高球好手，典型的挥杆型打法无人能出其右，他的击球节奏异常顺畅，感觉一点都不费力，让人忍不住想一看再看。他的表现会如此杰出，主要在于一直伴随他度过漫长的职业生涯的击球想法：“把试挥练习当做接下来击球的演练，当杆头正式放在球后的那一刻，我要做的就是重复刚刚练习试挥时的动作。”这个练习将会告诉你如何把这个概念应用到自己的球技中。

1 下次要练习铁杆时，在你要打球之前，先拿出铁杆练习顺畅的挥杆动作。让整个注意力集中在挥杆节奏，并建立加速通过击球区的感觉。

2 接着开始做出击球准备动作，融入刚刚挥杆练习的感觉，让杆头顺着轨迹加速直到触球，也就是向下平稳加速的击球点。要想象你并不是在打球，只是在做出挥杆的动作，杆头刚好是通过球。

❍ 大部分业余球友的空挥练习，远比正式击球的动作流畅，所以运用这种方法，对提升打击稳定度非常有效，最后的结果绝对会令人很惊讶，原来自己也可以扎实击球，轻松就可以把球打得很远。

关键要点

适当时机用木杆取代铁杆

若对长铁杆感到力不从心，可以试着用其他球杆。把最长的两支铁杆，如3号和4号铁杆，换成大角度的木杆，像是5号、7号木杆。参加过8次莱德杯（并担任2001年队长）的山姆·托伦斯（Sam Torrance），就会在球袋中放一支7号木杆。

木杆误差容忍度也比铁杆大。以杆面正中心击中球时，球的飞行路线绝对会又高又远。如果挥杆时略为失误，结果也不会太过糟糕。杆头较小的大角度木杆，功能非常多样化，可用于开球区、球道，或使用铁杆时，杆头容易被卡住的半长草区。“开球”章节的练习27（请参阅第35页）有更详尽的说明。

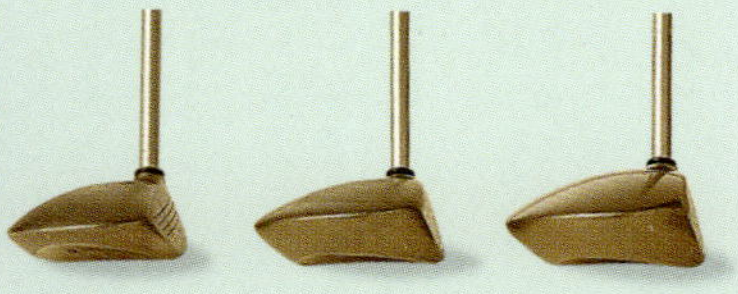

球道木杆

由左到右分别是7号木杆（图左）、5号木杆（图中）和3号木杆（图右），数字越小，杆面的角度也越小。

重新自我测试

进入第二阶段之前，务必要再进行一次第38~39页的测试，要是没有改善，最好先回归第一阶段再次练习。若是评分表上显示铁杆成绩已有所进步，你便可以开始进行第二阶段的进阶练习。

练习10：让绳子教你挥杆

在英国最值得尊敬的高尔夫大师之一，吉姆·克里斯汀（Jim Christine），曾大力提倡绳子对挥杆练习的好处。球友们可能会质疑，采用这种方式要如何提升球技。然而下面的练习，绝对能让你一扫之前的疑虑，用一条短绳就能改善挥杆的节奏和效率，并用更省力的方式增加杆头速度。如此有效的方式，非常值得你花时间进一步尝试。

1 准备一条约90厘米（3英尺）长的粗绳。

2 采用平常的握杆和准备姿势，绳子要刚好碰到地面。

3 让双手和手臂做出上杆，并引导上半身转动。若平常上杆的平面是正确的，绳子应该会落在左肩。要是太过扁平，身体转动幅度太大，手臂挥杆的动作太小，那绳子的高度就会比较低；相反，若挥杆平面太挺直，手臂摆动太高，身体倾斜却没有转动，绳子就会打到头部或颈部。

4 从上杆顶点转换方向成下杆的瞬间，是挥杆过程最重要的一刻（请参阅第52页练习15）。这项绳子练习将会教导你一个非常重要的课程，那就是开始下杆动作时千万不要太仓促。花点时间感觉一下上杆顶点的几个重点：当你开始将重心转移到左侧时，会感觉到稍微的停顿；手和手臂开始往下摆动时，绳子也会有所反应。当你开始继续下杆，如果是顺畅的加速，绳子也会赶上双手和手臂的动作，并在你挥杆的最低点“啪一声”伸直，像鞭子抽打的感觉，这也表示绳子是在最佳的时间点达到最大速度，换句话说，也就是通过击球区的时候。

❍ 在这个练习中，若绳子的反应与步骤3和步骤4所描述的截然不同，则可以发现自己挥杆中的几个错误动作。举例来说，若上半身转动的幅度过大，绳子就无法通过击球区，这是因为动作太大，造成右肩将绳子往身体外侧甩，落到理想挥杆平面的外侧，绳子就会由外向内摆动。如果是重心的转移不正确，绳子的摆动也会不如预期。仔细观察绳子的位置，你会发现与挥杆动作非常类似。将绳子练习的感觉融入正式挥杆中，不但动作会更顺畅，击球表现也会更好。基于这些好处，不妨把这套动作排入练习课表，绝对会让球友们获益匪浅。

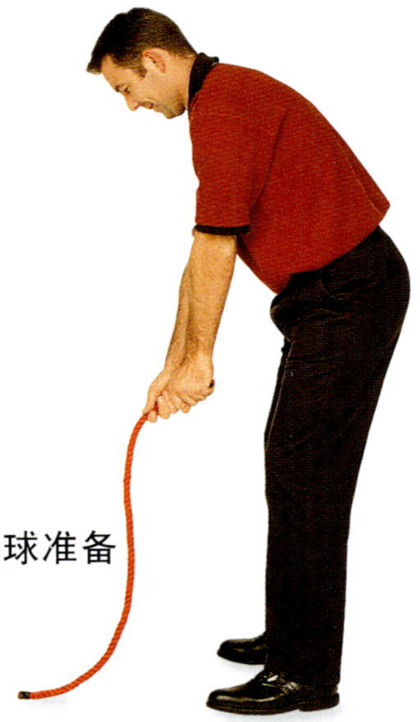
击球准备

上杆顶点

通过击球区

练习11：每次练习都要注意击球姿势

用铁杆练习时，最好选择草地，效果会比在练习场的垫子上好。这会有助于监控你的击球质量，在仔细割过的草皮上进行以下的练习，就能找出最明确的结果。

1 把球放在草皮上的理想球位，在目标线外侧约两颗球宽度的位置，摆上第二颗球，并且与第一颗球呈一条直线。

2 拿出8号铁杆，用平常的挥杆方式打第一颗球。

3 将击球后出现的草痕，与第二颗球的位置做比较，检查草痕是从哪里开始产生的。中铁杆的理想击球，草痕会从击球点之后开始出现。

❍ 发生触球的瞬间其实非常短暂，即使是世上眼力最好的人，都无法一眼看清所有细节。然而，用这个方法却能提供有价值的信息，让你在改善挥杆技巧时能够有效地运用。

关键要点

拟定进攻果岭的范围

很多旗杆位置的设计，是为了要让你落入陷阱中。例如非常靠近果岭两侧，或刚好在果岭前沙坑的后面。瞄准旗杆时要非常小心，要是不幸失手，下一球就会非常难处理，或者在救球时只有很少的果岭空间可供运用。因此，最好先决定哪支球杆是“直攻旗杆”，哪支球杆则是“攻上果岭正中央”。比如说，如果你对从挖起杆到8号铁杆的准确度深具信心，当你想使用7号或更长的的铁杆时，应该将策略改成“攻上果岭正中央”，让球更不容易落到你可以处理的范围之外。

事实上，如果球友们在一场球赛中完全忽视旗杆位置，而瞄准果岭正中央来打的话，很可能就能够让杆数降低了。

铁杆攻击

要让自己心里很清楚，哪支球杆可以让球直攻旗杆，另外那些较长的球杆则用来“攻上果岭正中央”。

关键要点

下杆速度要与上杆一致

巴比·琼斯（Bobby Jones）这位杰出的高球名将，虽然一直维持业余选手的身份，却在20世纪二三十年代引领风骚，30岁前已赢得7次高球大赛的冠军。此外，他也是高球教学的大师，在20世纪早期创造提出新式击球法，他所提出的概念不但与高球发展息息相关，至今仍被许多顶尖好手奉为圭臬。他的诀窍之一是，开始下杆的速度，应该与开始上杆的速度一致。这能避免过于仓促的下杆倾向，而破坏任何的击球。如果双手、手臂、球杆和身体有充足的时间同步运作，击球动作自然会更加协调。这个概念非常简单，但是却非常有效，这也是高尔夫教学大师巴比·琼斯宝贵的智慧传承。

相同速度

如果你开始下杆的速度，与开始上杆的速度一致，这样才有机会做出不急不慢的挥杆，并让身体的各个部位一起运作，借此获得有效的进步。

练习12：用影子学挥杆

借由下面这个简单的方法，你可以解读自己的挥杆动作。不过，这需要另一个关键要素的配合：阳光。实在很令人惊讶，从自己的影子中，居然可以得到那么多的信息。也因为这只是挥杆练习，不需要击球，所以视线要从球上移开，并转移到自己的影子上。

1 摆出击球准备动作，让阳光直接从背后照射过来，并让球落在身体影子正中央。拿出长铁杆，摆出上杆到顶点的姿势。理想的状况下，影子会向你的右侧移动，球也会暴露在阳光之下。这显示出重心已转移到身体右侧，这也是成功上杆的要素之一。

❍ 这个方法非常值得一试，因为挥杆时很难用眼睛观察自己的重心转移和头部位置，若能借由影子来解读挥杆动作，绝对能为你的球技提升擦出新的火花。下一页的练习（右方）也是针对检查头部动作而设计的。

2 让身体还是维持同样的方位，再一次做好击球准备，并在影子的最高点放一支球杆，上杆时仔细观察影子中头部位置的变化。良好的挥杆动作，头部不会上下晃动，从击球准备到触球之前，几乎维持在同样的高度上。

检查重心转移

检查头部动作

练习13：头部随重心往后移

这个练习需要一个助手来帮忙。这能帮你测量出在上杆的时候，你的头部到底做出了多少移动。这对那些相信头部绝对定住不动的球友们来说，绝对深具启发性。

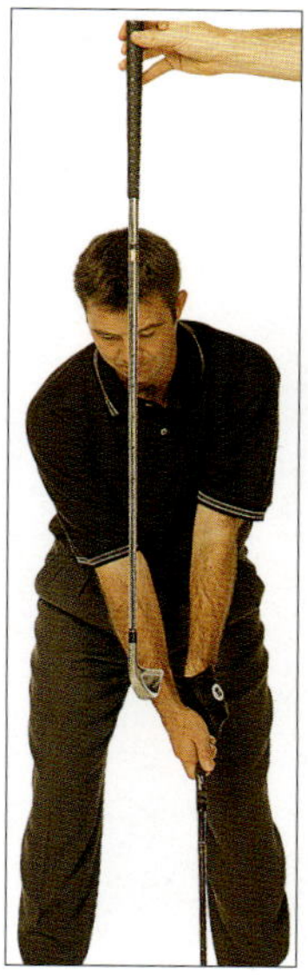

1 摆出平常的瞄球姿势，请助手站在挥杆者的正前方。

2 让助手手上拿着一支球杆，并垂直地悬在自己身前。从助手方向往挥杆者看时，挥杆者的头部会被杆身分成两半，此时就可以透过球杆，来监控挥杆过程中的头部动作。

3 若挥杆动作正确，上杆时的重心会转移到右侧，头部也会整个移动到助手手上球杆的左侧。头部的位置若是没有移动，或移到助手的右侧，这两种情况都不对，表示上杆的重心没有转移到正确的位置。

4 可一再重复上述步骤2、3，直到助手确认上杆时，挥杆者的头部已确实移动到球杆的左侧为止。

❍ 头部位置也是挥杆动作中重要的一环，然而，自己在击球过程中却很难察觉到头部的动作，当你努力想要提升自己球技时，这是一定要注意的环节。

练习14：避免头部上下摆动

之前两个练习，都是针对头部的侧向移动所设计的，而下面的练习方法，则是为了避免头部大幅度上下摆动所设计的。这也是非常重要的，因为在下杆时，如果你的头部位置会提高或者降低，都会使你很难干净地击中球。

1 身体正对着一堵墙，摆出正常的击球准备动作。

2 枕头放在墙上，并让头部顶住枕头使之固定。

3 开始上杆练习，并让头部不会上下移动。

4 现在开始下杆，在到达击球点之前，头部都应该维持在原有高度。这表示你的脊椎倾角，在挥杆中也都没有改变。如果平时挥杆时也能做到这一点，就可以更自由地挥杆让球杆打在球的后方，不需要因为头部的上下移动，而做出其他的补偿与调整。

❍ 在上杆过程中，头部会向右侧移动5~10厘米（2~4英寸）以配合重心转移。下杆击球时，头部实际上会稍微往目标方向移动。虽然这个练习方法，能确保头部固定不动，甚至看起来有些不正确，不过练习时的重点，是要消除头部大幅度的上下摆动。

练习15：停一下再开始击球

从上杆到下杆间的转换，是挥杆的关键之一，改变方向的时间非常短暂。通常结果有两种：良好地做出开始下杆的第一个动作，并成功蓄积挥杆的能量。或者，脑袋一片空白忘了要产生的好球，只是急急忙忙地想用力往下打。以下这个练习，能让你在每次下杆时形成前面提到的第一种状况。

1 摆出平常的击球准备姿势，并请助手在到达上杆顶点时帮忙抓住球杆。

2 以重心往左侧转移，并使臂部以稍微回转的方式开始下杆。因为助手已经先将杆头牢牢抓住，你会感觉到手腕有一些压力，前臂和杆身的夹角也会变得尖锐。

3 接下来开始练习挥杆，并试着模拟出步骤2所产生的感觉。记住，当你从上杆转换成下杆时，要让杆头稍微停顿几分之一秒。

握紧球杆

握住杆身的上半部。

上杆顶点

手腕压力

因为球杆固定不动，所以手腕上会产生一些抵抗的力量。

开始下杆

○ 这个从上杆到下杆间的动作，是蓄积挥杆能量中非常重要的一个点。这能使你在释放曲腕时，将积蓄的力量释放到球的后方，就像挥动鞭子发出“啪”的一声（请参阅第56页的练习20）。若能掌握正确的时间点，挥杆到最低点时，杆头的速度将会十分惊人。

练习16：用左眼瞄球让击球更扎实

如果你在一开始下杆时，上半身就会往目标方向滑动，这种情况称为“提早超过球”。若是出现这种情况，击球时身体会没有支撑点，丧失杠杆作用的平衡，力道也会一并被抵消，造成软弱无力向右飞的球。在这样的状况下，想要以杆面正中心触球也会相当困难。以下的练习方法，能矫正下杆时身体超过球的倾向。

1 把球放在地上，让球上商标与地面平行。接着转动球，让商标转到球的中线，这样在击球准备时，眼角刚好可以看到标志的边缘。

2 上杆到顶点，让左眼注视着球上商标的后方（闭上右眼会有帮助）。

3 下杆过程持续注视球上的商标，直到杆头碰到球为止。

❍ 这个练习能帮助你在击球时，让头部在击球瞬间自然落在球的后方，身体当然也不会超过球。如果在下杆时眼睛无法持续注视球的商标，头部可能会不知不觉朝目标移动。可反复练习上述步骤，直到左眼能持续注视球上的商标，这个秘诀也可以在实际下场时使用。

练习17：抛足球改善释放

这个练习非常有趣，能够让双手做出击球瞬间所需要的释放杆头（请参阅第11页）动作，并让杆头充满力量地通过击球区。练习的场地最好选择在室外，只需准备一个足球，以及一点想象力。

1 用双手抓着足球，接着摆出使用中铁杆时的击球准备姿势。

2 双手和手臂向后摆动到臀部的高度，接着挥动足球通过击球区。试着让足球向目标线左侧旋转30度，所以在通过平时会击中球的区域时，右手会超过左手。如果球是直直地在你面前通过，表示当你在挥杆时，双手也是用这种方式运作，并没有适当地释放杆头。

❍ 当然不需要随身携带足球上练习场，只要在挥杆练习时，让脑海浮现抛足球的影像，你会发现这样能够帮助你更容易地做出自由的释放。这实在很令人惊讶，想象模拟的力量，居然能启动正确的身体反应，并借此改善击球表现。

练习18：起杆时保持方正

当你在上杆时，杆面应该与挥杆轨迹保持垂直。若非如此，就势必得做出补偿的修正动作，好让杆面在触球时回归方正（这是打出直球的关键）。利用这个简单的练习，就可轻松检查挥杆时的杆面位置。

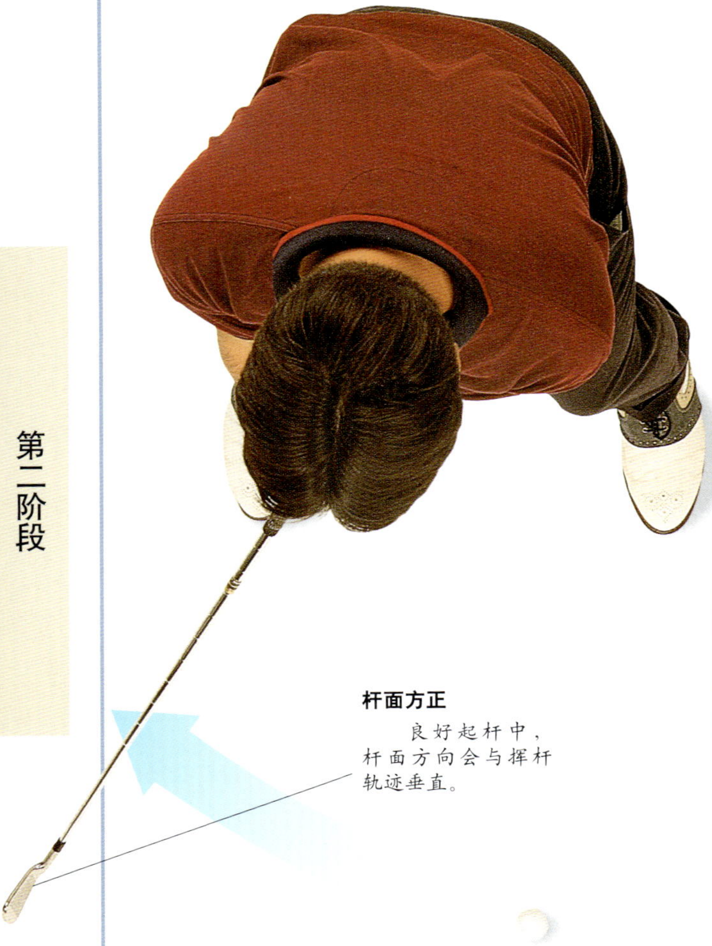

杆面方正

良好起杆中，杆面方向会与挥杆轨迹垂直。

1 做出正常的起杆动作，但是在手刚超过大腿的高度时停住。

2 将此时自己的杆面位置，和本页的3个图像加以对照。

✔ 正确位置

起杆时，如果双手和手臂正确地摆动，杆面会稍微偏向球的右侧。牢记这个位置，你应该把它融入到自己的挥杆动作中。

✘ 杆面封闭

双手和手臂转动的幅度不够，因此杆面还是会面对球的，相对于挥杆轨迹来说，杆面是关闭的。由于这样的起杆会很难让杆面重新回到方正，因此这类型的起杆，都常会导致形成左拉球或左曲球。

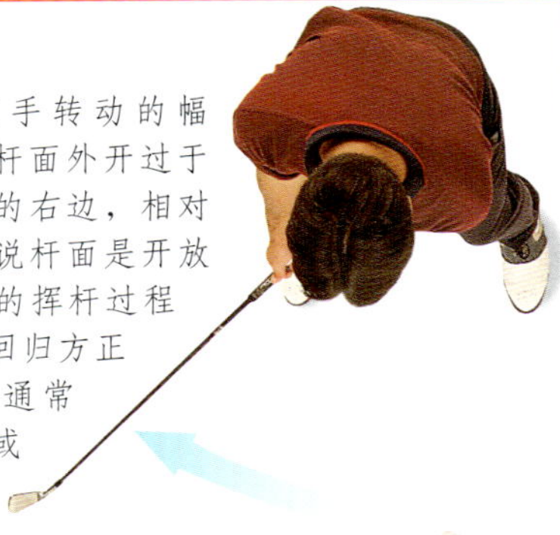

✘ 杆面外开

起杆时双手转动的幅度太大，造成杆面外开过于偏向挥杆轨迹的右边，相对于挥杆轨迹来说杆面是开放的。在接下来的挥杆过程中，要让杆面回归方正是很困难的，通常会造成右推球或右曲球。

❍ 最好定期进行本页的练习，这样你就能时时在起杆时让杆面保持在正确位置。记住，杆面必须与挥杆轨迹保持方正，开放或封闭都不对。这个练习还有一个好处是，因为这个动作随时都可进行，就好像“预演”一样，因此在正式挥杆前，能先帮你找回做实际动作的感觉，让球杆在起杆时就落在正确的轨迹上。

练习19：挤压手肘保持连贯

这个练习的基本概念，就是强化挥杆的同步性，让身体各部分互相配合，效果会比各自为政好。这个练习特别强调上杆时，如何维持手臂摆动和身体旋转之间的关系，许多球友在这两者的动作之间，常会无法连贯。

1 手肘间夹颗足球，或大小外形类似的东西，然后摆出平常的击球准备姿势。

2 现在开始上杆，将双手手肘往内挤，防止足球掉落，直到球杆平行于地面时停住。

❍ 从1到2的步骤非常简单，但是能让你的起杆保持“连贯”，使双手挥动和身体转动的动作能够同时进行，这会让挥杆维持一定宽度（杆头会在较宽挥杆圆弧上向外伸展），上杆到顶点时，也会使得身体左侧往后转。在练习击球间的空当，偶尔采用这种方式挥杆，更能把正确的动作融入正式挥杆，你将会变成更好的击球者。

关键要点

学会往前看

每个人的铁杆都会失误，好的球员会抛下击出坏球的懊恼情绪，尝试着弥补错误。然而差劲的球员却无法跳脱，通常会用另一记坏球让情况更加恶化，在这种情况下，只要一失手就会酿成一场灾难。因此要牢记一点，那就是下一球才是关键。打出坏球时，你可以用各种言语来咒骂自己，不过到此为止就好，继续往前迈进，不要让这个失误造成连锁反应。

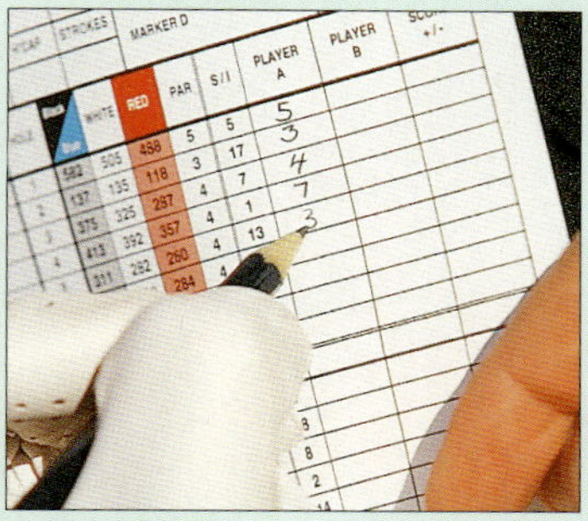

学会健忘

好的球员要忘记每一洞失常表现，并专心地把下一洞打好。

重新自我测试

进入第三阶段之前，务必要再进行一次第38~39页的测试，要是没有改善，最好先回归第二阶段。铁杆成绩要有所进步，才可开始第三阶段的进阶练习。

练习20：在正确时机击球

在所有好球员的挥杆中有个相同特征，那就是所谓的“延迟释放”。这不属于意识性的动作或技巧，只要抓准下杆的时间点就会产生。从上杆顶点一直到下杆的后半段，要让手腕和杆身间维持的夹角维持不变，最后再松开手腕，在击球瞬间让杆头达到最大速度。然而，这只是挥杆中的短暂瞬间（不可能让动作“定格”），试着模仿这个动作是相当危险的。这里有个非常有效的练习方法，协助球友将“延迟释放”融入挥杆动作，掌握正确的下杆时间点，在击球瞬间让杆头达到最大速度。

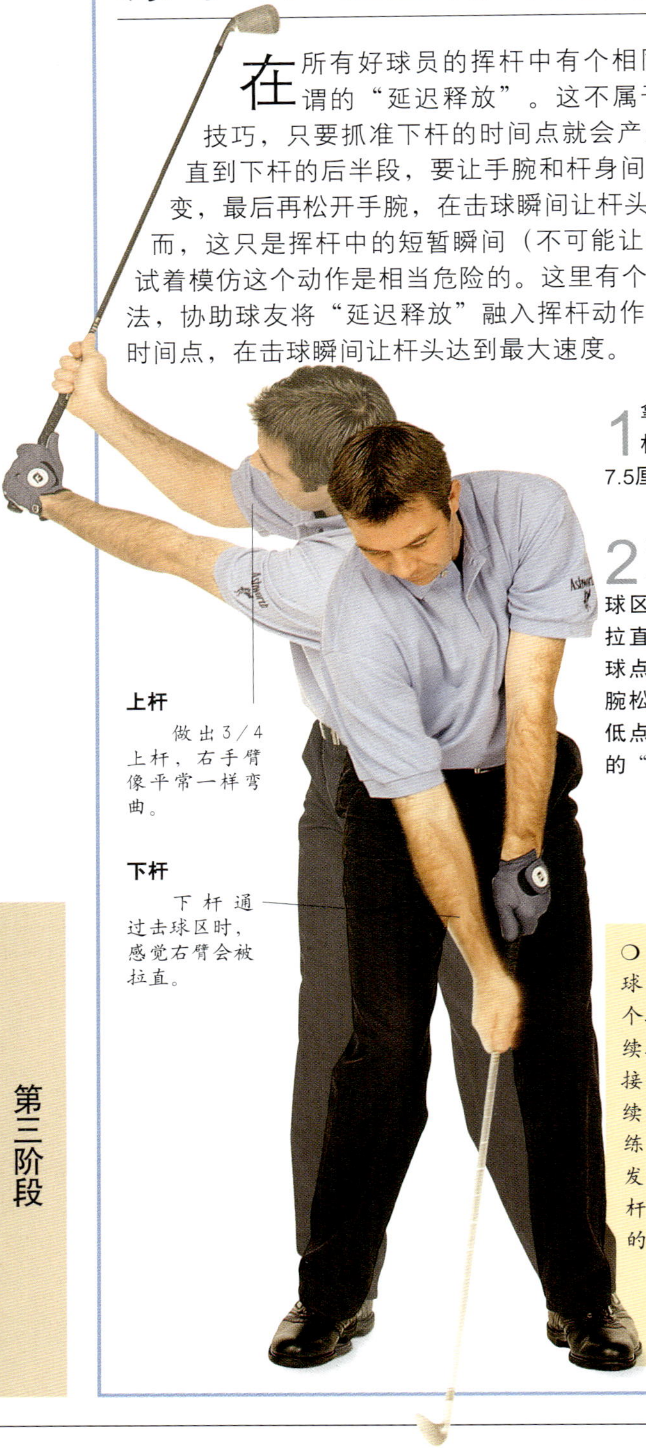

上杆

做出3/4上杆，右手臂像平常一样弯曲。

下杆

下杆通过击球区时，感觉右臂会被拉直。

1 拿出6号铁杆，握住球杆，双手间的距离至少7.5厘米（3英寸）。

2 开始练习挥杆，让动作尽量顺畅。在你通过击球区时，要感觉右手臂被拉直。在往下加速到达击球点的过程中，渐渐让曲腕松开。这样在挥杆到最低点的位置，会发出明显的“嗖”的声响。

❍ 不要急着想要去击中球，花点时间来熟悉这个技巧。你该做的是持续地以上述方法练习，接着以正常的握杆法继续练习，然后才是击球练习。若能将练习所激发的感觉应用到正式挥杆动作中，前后所击出的球将会判若两人。

关键要点

左手臂要伸直吗？

过去几十年的高尔夫球教学，留下一些珍贵的至理名言，至今仍在世界各地高球俱乐部传颂。然而，并非所有观念都是正确的。例如“左臂在上杆时要保持伸直”，这种说法造成了一些负面影响，要做出良好挥杆时，这方法有时既不实用，也没有好处。世界排名前五十位的顶尖好手中，也许只有少数人会让左臂维持完美的伸直。若要做出完全的上杆，需要适当的转身和重心移转，如果左臂还要像棒子一样伸直，那身体的柔软度绝对是异于常人。大部分职业球员会让左臂稍微放松，让肘关节有点弯曲，这样上杆动作才能完美且不紧绷。除非身体的柔软度非常好，上杆的整个过程左手才能保持挺直。球友们也应该采用同样的方式，左臂稍微弯曲并不会妨碍挥杆，只要能在挥杆的最高点让球杆不超过水平面即可。

左手臂

大部分业余球员对热门的教条可以不必盲从，在到达上杆顶点时，左臂稍微弯曲是绝对可以接受的。

练习21：双脚并拢击球

挥杆动作非常复杂，必须让身体的很多动作一起运作。然而，可以将整个挥杆过程区分为两个主要核心元素：手臂的挥动和身体的转动。其中手臂挥动部分通常会被忽略，原因在于大部分球友在挥杆时，都太过依赖肩膀和身体的肌肉。下面的练习，能够协助你在挥杆时，让手臂扮演适当的功能角色。

1 拿出6号铁杆，做出击球准备动作，双脚间的距离不要超过15厘米（6英寸），轻轻握住球杆。

2 用送杆的动作将球扫出去，在这样的挥杆中，你的手臂和双脚将会扮演比身体更重要的角色。

3 若无法保持平衡，表示身体转动的幅度太大，同时手臂的动作不够。不断练习，直到能维持平衡为止。

❍ 可以稍微调整练习的内容，再另外准备12颗球，进行双脚并拢的击球练习。提醒自己要让手臂发挥适当的功能，采用这种方式，球杆通过击球区时也会更顺畅，在最理想的时间点让杆头加速。若球友们有上半身动作太多的困扰，也许可以模仿前美国公开赛冠军哈尔·伊文（Hale Irwin）的做法，偶尔花个几天练习双脚并拢的铁杆击球，甚至不需要准备球的空挥练习。

练习22：球位高于脚位击球

在内侧的轨迹挥杆击球（请参阅第10~11页）是高尔夫最大的挑战之一，难度不亚于网球的发球直接触地得分。若击出的球大部分呈现从左到右的弧度，表示杆头不是在正确（内侧）轨迹击球，借由下面的步骤矫正这个失误，让挥杆动作更正确。

1 在球场选定一块斜坡处，把球放在高于双脚的位置，尽可能调整落差为30厘米（12英寸）。

2 用6号铁杆从这个位置击球，不但上杆的弧度会更圆，转体动作也会非常顺畅。

3 从斜坡击出约12球之后，回到平坦的地面，试试看把刚才步骤2所经历的感觉再找回来。

❍ 较圆的上杆轨迹，会比较容易在内侧击球，击球瞬间也能更顺畅地释放球杆（请参阅第11页）。经过这些练习之后，球友们会非常惊讶而愉快地发现，轻易打出直球甚至左弧球，已经不再只是个梦想。

练习23：让大拇指朝上

正确转动双手和手臂，对挥杆非常重要，若非如此，就无法以适当的速度，把杆面方正地送到球的后方。球友们要是有上述问题，在上杆时只要想象让“拇指朝上”，问题便可迎刃而解。下面会进一步说明拇指朝上的含义，以及如何应用在铁杆击球上。

1 手上不要拿球杆，摆出平常的击球准备姿势，把左手放入口袋或背后。

2 像上杆一样举起右臂，身体往后转，并在前臂跟地面平行时停住，这时拇指会指向天空，手背会面向身体的后方，这表示前臂和腕关节的转动幅度都非常正确。

3 向下挥动通过击球区，当前臂与地面第二次平行时，再度停住。此时右手拇指还是会指向天空，手背会面对身体的正前方。

❍ 这两个“拇指朝上”的位置，就像在球的两侧做出招手搭便车的动作。只有适当释放球杆，才会出现这样的姿势（请参阅第11页），对好球员而言，这几乎是本能反应，然而在成为第二天性之前，当然还要花点时间练习。经过几次练习之后，试着把这个感觉融入挥杆，马上就能提升击球的流畅性。

练习24：手掌朝下将球挤出去

在使用短铁杆时，所有的高手都会在击球瞬间减少杆面角度，这表示触球时杆身会倾向目标，让球更具威力并飞得更远。另一方面，技巧较差的球员反而会在触球时提高杆面角度，让杆身朝目标的反向倾斜，就会打出一记很软的高飞球。如果杆头在击中球之前就已通过挥杆轨迹的最低点，可能产生“厚击球”，或“薄击球”（球会沿着地面飞）。这两种情况基本上的差异，在于球杆进入击球区时，右手掌位置不同所造成。由于右手掌代表着杆面，下面的方法会模拟挥杆时右手掌的动作，包含正确及错误的姿势，球友们可相互对照，让右手掌更习惯正确的位置。

1 错误的位置。摆出平常击球的姿势，让右手掌做出上杆，然后往下通过击球区。在应该会击中球的瞬间，将右手掌开始往上抬，很多业余球员都是用这种方式，把杆面往球上送。

✔ 正确的手部位置

✘ 错误的手部位置

2 正确的位置：重复步骤1，然而在右手掌到达击球区时，让手掌面对着球，手腕背面会稍微弯曲，与步骤1完全不同。

○ 虽然正常的挥杆动作其实非常迅速，无法刻意做出这个动作。不过多练习上述步骤，让自己渐渐熟悉正确的挥杆姿势。挥杆时右手掌要是位于适当的位置，击球也会更为有力，而杆面也才能把球挤出去，把所有能量传递到球上，这也是职业水平的打击方式。

关键要点

起杆时维持在直线上

挥杆的协调性不足，通常是由错误的起杆动作所造成的。理想的击球准备位置中，左臂和杆身要呈一直线，朝下指着球（请参阅第23页“开球”章节的练习14）。起杆时，杆头刚开始往球的反向移动的前60厘米（24英寸）这一段，要让这个直线维持住，这样也能让起杆保持同步性，让手臂挥动和身体转动更为协调。

转动手腕

杆头移动60厘米（24英寸）之后，才开始转动手腕。

保持直线

在起杆的过程中，左臂和球杆会呈直线。

60厘米（24英寸）

同步化的起杆

起杆时，刚开始大约60厘米左右（24英寸）的区间，左臂和杆身要呈直线，这样将会有更多机会做出同步化的挥杆。

关键要点

找出适合个性的韵律

具有正确击球韵律的好手，能在掌控球杆时，产生足够的力道，同时在整个挥杆过程中，都维持完美的平衡。但是，击球节奏会因人而异，有些人挥杆速度很快，有些人却可能很慢，你可以自行选择适合自己的挥杆方式。

其实，这并没有绝对的标准，建议你可以利用个人的个性作为参考指标，若是天生精力充沛，可以很快完成每一件事，相对而言，适合比较轻快的挥杆节奏，像尼克·普莱斯、欧拉查宝（Jose Maria Olazabal）就是非常典型的快节奏名将。相反，如果生活方式比较沉稳，最好选择慢速挥杆的方式，如厄尼·艾尔斯和弗莱德·卡波斯等名将就属于这一类型。

慢速挥杆

卡波斯是个天生的“慢郎中”，这样的个性也反映在其挥杆动作上，上苍赐予的礼物就是完美的慢速挥杆节奏。

练习25：屈膝来增加挥杆阻力

对大部分球友而言，在上杆时让右膝维持弯曲，能够避免臀部转超过45度。这能提供上半身转动时形成阻力的点，让上半身形成“扭紧”的状态。下面的练习非常简单，能轻易让右膝维持弯曲的状态。

1 拿出任何一支铁杆，采用平常的击球准备姿势，检查有没有适度屈膝（请参阅第8页），接着将左手从球杆上拿开。

2 接着做出像平常一样的上杆动作，将重心转移到右脚，让膝盖保持弯曲。在上杆顶点时，头部应在弯曲右膝的正上方。

3 重复做几次步骤2的动作，把注意力放在上半身的转体和重心转移到右膝这两个动作。

4 用双手握住球杆，试着把同样的感觉融入正常的挥杆动作。上杆时若膝盖打直，会造成反向转轴，重心不会转移到右侧反而落在左侧。膝盖要是滑向右侧，则会让身体太靠近球。上述两种情况都要尽量避免。

上杆顶点

头部位于右膝的正上方。

❍ 整个上杆过程，都要让右膝保持在弯曲的状态，才能避免臀部转动幅度太大，上半身能够像弹簧一样适度地扭紧。在上杆时，身体的转轴越紧，下杆回转的速度就越快，所能产生的能量也将更大（注意：较年长或身体僵硬的球友柔软度不够，无法做出完全的上半身转动。所以臀部需要转超过45度，才能适度达成扭紧的动作）。

铁杆的要诀

使用铁杆的目标，是将球精准地送到预定的目标。下面的4个关键点能

练习26：由起飞角度判断弹道

现在球友们对每支铁杆打出去的球，应该飞高或飞低，已经有了基本的概念。不过你是否注意过球飞出去的角度？球最初18米（20码）左右的飞行距离一闪而过，头部都还来不及抬，球已从视野消失。然而，建立铁杆飞出的角度数据库，作为选用球杆的基准，这个重要性远超过预想。举例来说，若是有突出的树枝挡在目标之前，或在起风的天气下，就需要调整球的飞行弹道。下面的练习正是为这些情况预做准备。

1 在球场选定一个适当的区域，而在击球目标的前方，刚好有树枝的阻挡。

2 在树枝后方约18米（20码）的地上，放12颗球。

3 各挑出一支长、中、短铁杆，交替使用3支球杆把球朝目标打，注意观察哪些球杆打出的球会穿过树枝下方。

❍ 从练习中所取得的信息，会让自己对铁杆的飞球角度较有概念，这些数据在实际下场时非常有用。在“击球艺术”章节中（请参阅第180~195页）会提供更加详细的说明，如何才能塑造特定的球路，若在特殊的环境下，便可用多样化的击球方式一一破解。

关键要点

定期检查个人击球距离

完成这个章节的所有练习课程后，再重新进行练习1（请参阅第40页），铁杆的表现绝对会更好，因为击球技巧的改善，用每支球杆打出的“个人距离”也会更远。最好能定期进行测试，特别是在差点和杆数持续下降的时候。如此可避免一时大意选错球杆，因而付出惨痛的代价。记住，打出最远、最近的几球要忽略不计，因为这并不能代表平常的击球距离，只会增加误差。所以，只要记录大部分球的落点即可。

检查击球距离

定期检查个人的击球距离，这会花一小时左右，但这些数据可作为选用球杆的参考。

第三阶段

劈起球

劈起杆的使用范围约距离果岭35米（38码）到110米（120码）之间，职业球员从这个位置打球时，通常会让球的落点在旗杆附近，之后再补上一记推杆。然而，大部分业余球友的目标，则只想攻上果岭。在此不需要讨论一般球友与顶尖球员的实力差距，因为实在有很大差异。不过值得探讨的是，面对劈起球，距离真的不是问题，根本不需要烦恼如何才能产生足够的能量，因为挥杆幅度较小，精确度和控制才是关键要点。

劈起球的艺术

理论听起来总是非常理想，但是还要付诸于实践，让自己的劈起球达到

因
定
续
棒
行
确的击球准备姿势和瞄准，这两者会让
击球者拥有非常有利的优势。

练习26：由起飞角度判断弹道

现在球友们对每支铁杆打出去的球，应该飞高或飞低，已经有了基本的概念。不过你是否注意过球飞出去的角度？球最初18米（20码）左右的飞行距离一闪而过，头部都还来不及抬，球已从视野消失。然而，建立铁杆飞出的角度数据库，作为选用球杆的基准，这个重要性远超过预想。举例来说，若是有突出的树枝挡在目标之前，或在起风的天气下，就需要调整球的飞行弹道。下面的练习正是为这些情况预做准备。

1 在球场选定一个适当的区域，而在击球目标的前方，刚好有树枝的阻挡。

2 在树枝后方约18米（20码）的地上，放12颗球。

3 各挑出一支长、中、短铁杆，交替使用3支球杆把球朝目标打，注意观察哪些球杆打出的球会穿过树枝下方。

❍ 从练习中所取得的信息，会让自己对铁杆的飞球角度较有概念，这些数据在实际下场时非常有用。在“击球艺术”章节中（请参阅第180~195页）会提供更加详细的说明，如何才能塑造特定的球路，若在特殊的环境下，便可用多样化的击球方式一一破解。

关键要点

定期检查个人击球距离

完成这个章节的所有练习课程后，再重新进行练习1（请参阅第40页），铁杆的表现绝对会更好，因为击球技巧的改善，用每支球杆打出的“个人距离”也会更远。最好能定期进行测试，特别是在差点和杆数持续下降的时候。如此可避免一时大意选错球杆，因而付出惨痛的代价。记住，打出最远、最近的几球要忽略不计，因为这并不能代表平常的击球距离，只会增加误差。所以，只要记录大部分球的落点即可。

检查击球距离

定期检查个人的击球距离，这会花一小时左右，但这些数据可作为选用球杆的参考。

完美的铁杆击球

帕乌瑞克·约翰森（Per-Ulrik Johansson）是欧巡赛中挥杆最标准的球员之一，他的稳定性也很高。强森每次使用铁杆时，几乎都维持一定的击球节奏，就像叫球杆替自己工作一样。维持挥杆节奏是非常值得学习的课程，也是铁杆的关键之一。观察强森铁杆的挥杆动作，绝对会获益良多，也能再度提醒自己，这个章节所提出的关键要点。

1 理想的准备动作

约翰森的击球准备姿势很完美，因为击球准备的各个角度，对挥杆有决定性的影响，所以绝对能促使正确的后续动作跟着发生。此外，他的瞄准也很棒，双脚、臀部、肩膀等部位都各自平行，挥杆更容易落在正确的轨迹上。正确的击球准备姿势和瞄准，这两者会让击球者拥有非常有利的优势。

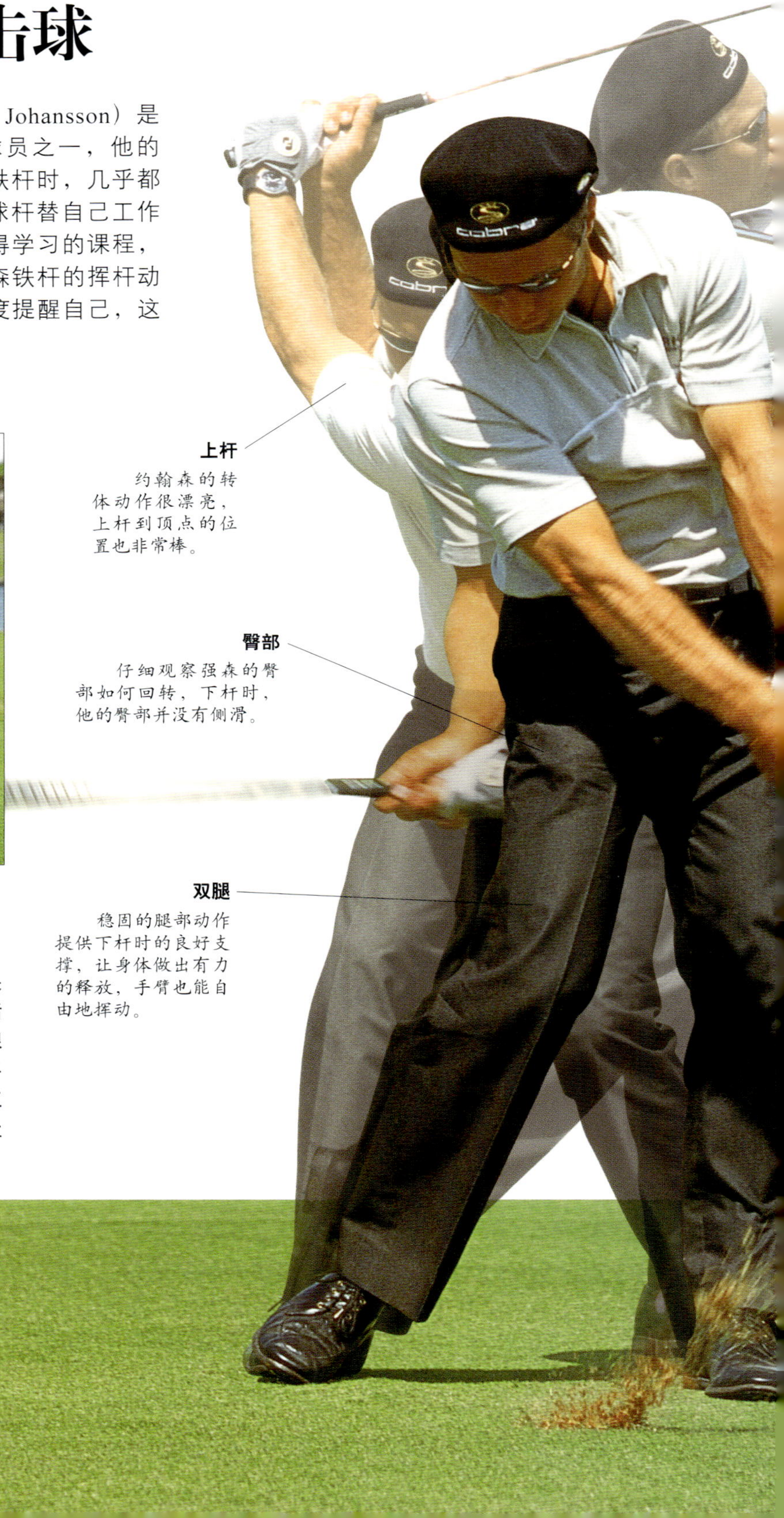

2 完美的挥杆平面

这里是一个完美身体转动，结合双手和手臂挥动的表现，产生出完全位于理想平面的上杆。在上杆顶点球杆没有平行于地面，不过这并非挥杆的必要条件，因为约翰森的转体动作已经非常完整，手腕也已经完全地曲腕。

3 固定的脊椎角度

挥杆进入击球区时，脊椎的角度和准备时完全相同，不需要在中途调整高度，让杆面回到击球准备时的位置，有助于让击球点落在杆面的正中央。

4 让左侧净空

因为约翰森在下杆的前半段就先让身体左侧净空，所以有足够的空间顺畅挥杆，以正确的轨迹通过击球区。如果没有做好这一点，手臂和球杆会太靠内侧，而强森绝对不会有这样的困扰。

5 完全的控制

不管是2号还是8号铁杆，强森使用80%左右的力道挥杆，平稳加速通过击球区，让球飞出预定的距离。完美而平衡的送杆动作，证明他对自己挥杆具有绝对的控制，球友们也应该试着把这么漂亮的送杆平衡，转化成自己挥杆的特色。

触球

挥杆动作产生的离心力会把手臂拉直。

铁杆的要诀

使用铁杆的目标，是将球精准地送到预定的目标。下面的4个关键点能够再次提醒自己几个重要的动作，让自己能够达到这个目标。

❍ 为了在球场上建立信心，借由练习精准地建立每支铁杆的距离数据库。

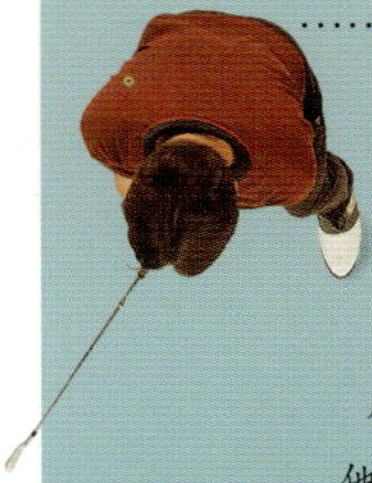

❍ 起杆时，先确认杆面垂直于挥杆轨迹。为了击出直球，这个步骤可以让你接下来不需要做其他的调整动作。

❍ 上杆时，右膝保持弯曲，避免臀部转超过45度，让上半身有效地扭转。

❍ 以相同的节奏挥杆来打每支铁杆，让杆面的角度发挥作用，来打出需要的弹道和距离。用力挥动较长的铁杆，并不会让球飞得更远，事实上这样容易造成失误，同时也会失去准确度。

劈起球

劈起杆的使用范围约距离果岭35米（38码）到110米（120码）之间，职业球员从这个位置打球时，通常会让球的落点在旗杆附近，之后再补上一记推杆。然而，大部分业余球友的目标，则只想攻上果岭。在此不需要讨论一般球友与顶尖球员的实力差距，因为实在有很大差异。不过值得探讨的是，面对劈起球，距离真的不是问题，根本不需要烦恼如何才能产生足够的能量，因为挥杆幅度较小，精确度和控制才是关键要点。

劈起球的艺术

理论听起来总是非常理想，但是还要付诸于实践，让自己的劈起球达到

上述目标。虽然劈起杆和铁杆有很多相似性，然而技巧和击球方面，劈起杆还是有其独到之处的，这个章节会教球友们如何掌握这些技巧，不过首先还是要进行最重要的基本测试，才能准确评估你目前劈起杆的实力。

劈起球测试

距离果岭35米（38码）~110米（120码）之间，应该使用劈起杆（对于像老虎·伍兹这种职业好手，距离可能要稍微提高些），不过暂时先忽略这个最大值，找个介于中间的位置测试自己的实力。因此，在做劈起杆测试时，就以75米（82码）为基础标准。

1 找一块中等大小的果岭，旗杆最好位于中央，顺着球道往回走，距离旗杆约75米（82码）。

2 把球放在理想的球位上，用劈起杆（左图）打出15球，然后走上果岭，检查有几颗球落在洞口附近7步以内的距离。（注意：若在练习场进行测试，当然无法走上果岭检查击球结果。不过你还是可以依照大概的距离计算一下，大约有多少颗球落在球洞附近的7步之内）

3 再进行两次测试，每次各15颗球，然后计算平均分数，借由下面的评分表，确认自己目前的击球实力。

❍ 精准的劈起球能在每一次下场时帮你救回一些杆数，不仅会在4杆或5杆洞中，提供抓下博蒂的绝佳机会，当你的全挥杆发生失误时，也能帮你救回几个很有价值的平标准杆。

评分表

❍ ❍ ❍ ❍ ❍
1~5 = 第一阶段
（第66~73页）

❍ ❍ ❍ ❍ ❍
6~10 = 第二阶段
（第74~81页）

❍ ❍ ❍ ❍ ❍
11~15 = 第三阶段
（第82~87页）

练习1：考虑距离而非方向

许多球友在攻进果岭时的最大问题，在于没有精确了解要用多少力量才能打出不同的距离。在“铁杆”这个章节的练习1（请参阅第40页），已经讨论过如何测试每支球杆的个人距离，练习时也务必要牢记这些信息。

1 下一次在练习场上，若想进行劈起球的练习，先找出一个特定目标，并且知道自己和目标间精确的距离。不需要瞄准太远的目标，只要在轻松击球的范围即可。

2 朝目标打出几记劈起球，测量每一球的距离。不论击球结果是太远、太近或完美，都能借此来调整挥杆时你应该使用多大力量的感觉。

❍ 劈起球的关键在于能够判断目标的远近，并配合适当的挥杆幅度，产生让球落到预定落点的飞行距离。若球朝不同的方向飞，当然要改善击球技巧。不过对短杆而言，方向应该不成问题，正确的距离才是首要考虑的，相关技巧会在练习13中更加详细地进行说明。

练习2：让脚位开放

在使用大部分球杆时，理想的脚位要让脚尖、臀部和肩膀彼此平行。然而如同章节的引言所说明（请参阅第64~65页），劈起球和其他的铁杆都不一样，要把劈起球打好，脚位需要稍微打开，这个练习会协助球友做出适度的调整。

1 摆出正常的铁杆准备姿势，让脚平行于目标线，同时在地上放两支铁杆辅助，找出最完美的平行瞄准。

2 左脚后移5厘米左右（2英寸），使脚位开放，同时肩膀要保持方正。这个准备动作的要素必须维持不变。

开放脚位

左脚后移5厘米左右（2英寸）。

❍ 这个微细的调整对劈起球有两个好处：可以让双脚和臀部能产生较大的阻力，来缩短上杆的幅度，因此在上杆顶点时球杆不会平行于地面，这比较适合劈起球，因为劈起球的挥杆幅度较小，会更容易控制；此外，由于挥杆幅度较小，在下杆时比较难让左侧净空，而采用开放的站姿就简单多了，击球点也会更理想。

练习3：找出挥杆最低点 让击球更利落

稳定地用杆头的甜蜜点击中球，才能控制好劈起球的距离。因此，球的相对位置必须落在挥杆弧的最低点，也就是杆头和草皮的第一个接触点。除了这个位置之外，都需要做出不自然的修正，才能避免球打得太厚或太薄。下面的练习非常简单，能帮你找出挥杆圆弧的最低点，也就是最理想的球位所在。

1 站在球位良好的草皮上，做一个符合规范的挥杆。无须放慢速度挥杆，而是模拟真实挥杆时的动作。

2 记录杆头最早接触到地面的位置，这也是你站位最理想的球位所在。

❍ 只要养成固定的检查球位习惯，你将可以同时借由这个方法，找出所有铁杆挥杆的最低点，并从中找出每一支铁杆的理想球位。

检查球的位置

将球放在挥杆圆弧的最低点，草痕会在这一点的前方开始出现。

草痕

开始出现草痕的位置，就是最佳的球位。

关键要点

像牵小孩一样握杆

在所有击球当中，短杆最容易令人紧张。这会导致身体紧绷，特别是握杆会特别明显。然而，要用多大力气握杆才算理想？赢得最多职业冠军的纪录保持者山姆·史尼德（Sam Snead）曾经说过“你应该用如同抓住一只活生生的小鸟的力道，来握住球杆”。

还有其他类似的比喻，如握着球杆就像牵小孩的手过马路，力气要足够，蹒跚学步的小朋友才不会一下子就跌倒，但是也要非常温柔，不会让他觉得不舒服。这就是最理想的握杆力道。要够紧才能稳固地握住球杆，同时也提供适当的柔软度，让手腕具有足够的弹性，从而做出流畅挥杆。正确的握杆力道绝对会改善劈起球的成绩。此外，也可参阅第3页的关键要点，用另一种方法找出正确的握杆力道。

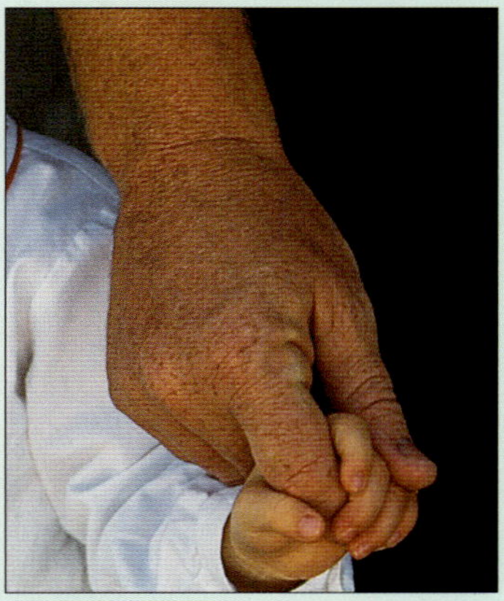

温柔的握杆

想象一下，握住小孩的手要用多大的力气？这和劈起球的握杆力道非常相似。

练习4：双手放软让挥杆更流畅

如果要找出某个保证让你无法做出良好挥杆的东西，那绝对是紧绷。即使只是握杆时一点点额外的紧绷感，也会慢慢延伸到手臂和肩膀。这会让起杆变得不顺畅（请参阅第41页的练习3），整体挥杆动作都会缺乏流畅性和节奏感，最后导致一记可怕的劈起球。职业生涯中曾赢得过6场四大赛的名将李·屈维诺（Lee Trevino）以前常说起自己的习惯，在起杆之前，会有意识地放松左手的握杆力道，让手、手臂、上半身不会太过紧绷，若没有这么做，便会警觉挥杆动作变得僵硬，上杆幅度也会小。很多球友所采用的方式，则刚好和屈维诺相反，在起杆前反而握得更紧。

握杆力道

轻松地握住球杆，能让双手保持放松。

1 摆出劈起球平常的击球准备姿势。

2 在起杆之前，让左手减少10%的握杆力道，并将这个放松的握杆力量的动作，作为开始上杆的信号。

❍ 在放松和紧绷的状态下，双手和手臂的表现会完全不同，柔软的肌肉能做出比紧绷的肌肉更好的挥杆。所以让准备动作适度放松，起杆就会变得顺畅，在朝球反方向摆动时左手臂会更正确地伸展，右手臂也会做出该有的弯曲。此外，同时在上杆时把球杆送进正确的轨迹，曲腕动作也会更自然地产生。

练习5：找出个人的速度限制

全挥杆的劈起球击球力道究竟要多大才正确？如同高尔夫的其他方面，答案会因人而异。以下的练习能够通过发掘出个人的速度极限，来找出正确的挥杆力道，同时也可以应用在实际击球上。你的每一记劈起球都要配合实际需要的距离，来使用适当的上杆幅度或合适的球杆。

1 这项劈起球测试每次要打3颗球。一开始先轻松地挥杆，大约使出50%的力道。

2 在打接下来的3球时，便依序加重挥杆力道，依次慢慢增加力量。

3 接着你会开始失去控制，不但无法保持平衡，同时也不容易掌握击球的稳定和精确度。若3球飞向不同的方向，或以怪异的弹道飞出，这表示已经超过你的速度限制。如果有这种情况，就往下降一级，在失控前那一组击球力道，就是理想的全挥杆劈起球力道。

❍ 没有任何人能告诉你个人的挥杆速度极限在哪里，必须要经由自己不断的测试来发掘。借由这个练习就能找出个人的速度限制，利用这个信息，便能轻松找出劈起球的实际距离。有了个人的劈起球速度限制和击球距离的数据库，将有助于实际击球时的掌握，应该能够让你打出更低的杆数。越了解自己的挥杆动作，劈起球就会打得越好。

练习6：以上杆的路径下杆

最简单的概念能够让你的想法更单纯，同时让挥杆的目标更清楚。以劈起球为例，很容易因为过于执著于目标，一心想把球朝目标打，因而忘记挥杆该注意的事项。下面的练习非常简单，提供一个非常清楚的概念，来改善劈起球的表现。

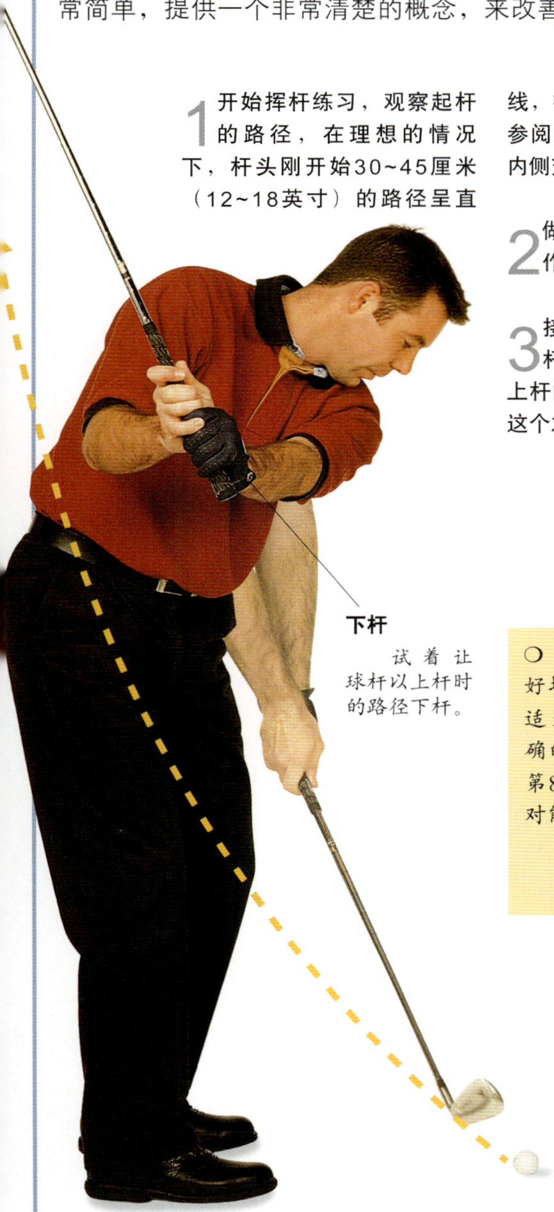

1 开始挥杆练习，观察起杆的路径，在理想的情况下，杆头刚开始30~45厘米（12~18英寸）的路径呈直线，接着响应转身的动作（请参阅第10~11页），会渐渐往内侧变成弧形。

2 做几个"预演"的上杆动作，让视觉印象更为深刻。

3 接着将注意力集中在下杆，专心让球杆经过刚才上杆的路径下杆击中球，除了这个之外什么都不要想。

下杆

试着让球杆以上杆时的路径下杆。

❍ 挥杆路径是决定劈起球好坏的关键之一，若能在适当的挥杆路径上，以正确的角度击中球（请参阅第85页的关键要点），绝对能让你起球更为精准。

关键要点

找出启动挥杆的扳机

大部分球友在离旗杆越近时，就会变得越紧张，这常常导致过度紧绷和挥杆失误，所以最好能采用特殊的启动机制，让动作更为顺畅。很多高尔夫名将都很依赖这种"启动挥杆机制"，以盖瑞·普莱耶(Gary Player)为例，他在起杆前一定会先将右膝往前压一下。尼克劳斯则是会把头稍微转向右侧。虽然动作不一样，原理却相同。下一次练习劈起球时，可以花点时间找出属于自己的挥杆扳机。你可以试试上述的两种动作，或在击球准备时前后摆动球杆。也可以将双手稍微往前推，或者采用如前一页的练习4（请参阅第68页）提到的放松右手的方式。球友们可持续尝试，直到找出适合自己的启动机制，让身体不要在面对球时变得僵硬。

转头

要开始起杆前，让头稍微向右移来启动挥杆，这是一种很有效的启动方式，也会促进完全的转身动作。

练习7：以正确角度上杆

劈起球失误的原因，可能是上杆时曲腕的动作太多，这是指双手把球杆举起的动作太多。或者，也可能是曲腕的幅度不够，这是指当球杆已经往后挥动，手腕却还没转动。不管哪种情况，都会妨碍击球，若无法以正确方式上杆，杆头进入击球区的角度就不会理想。借助下面的练习，让你在上杆时，能够正确地曲腕到适当的位置，同时也能精确地掌握时机。

✔ 直角

手腕在正确的时机做出理想的曲腕，杆身和左前臂会形成直角。

○ 这部分的技巧是值得你花点时间练习的。上杆时若能正确做出曲腕，下杆的击球角度会更为理想，这样才能充分地掌握好劈起球。

1 拿出劈起杆，采用平常的击球准备姿势。

2 开始上杆，当左手臂和地面平行时停住，并将自己的动作和下面3幅图片加以对照。

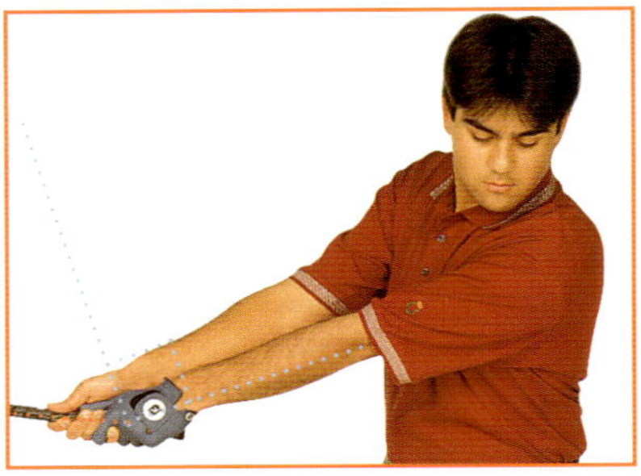

✘ 钝角

左前臂和球杆之间的夹角太大，挥杆动作也太宽：表示曲腕做得不够（常见的失误）。起杆时，手腕要早一点转动。

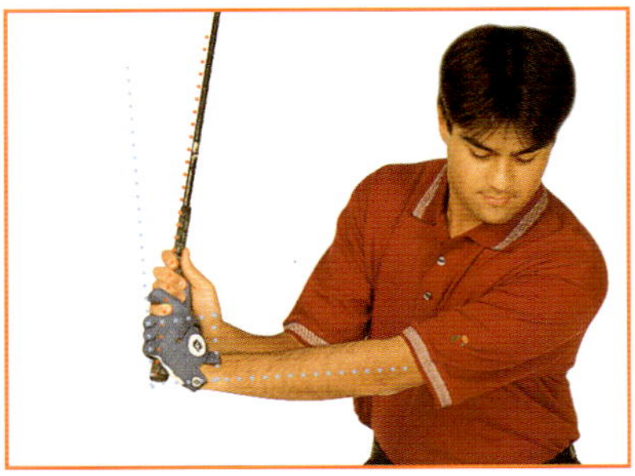

✘ 锐角

手腕转得太多太快，身体的旋转动作也不理想：试着让手腕被动些，不要太早曲腕。此外在转动上半身时，让球杆稍微往外拉。

练习8：在上杆中途检查挥杆平面

这个练习与左页的练习7相同，都要让挥杆动作“暂停”在相同的位置。这是一个很简单的方式，能够检查上杆是否落在正确的平面上。这是想要做出正确的挥杆动作时，不可或缺的要素。

1 在你的右侧放一面镜子，或请一位助手帮忙，摆出击球的准备姿势，如同要把球往镜子/助手的反方向打。

2 开始起杆，当左臂平行于地面时，在这里暂停。

3 看着镜中的自己，或请助手帮忙检查。若做出了适当的曲腕动作（请参阅左侧的练习7），握把的末端会指向地面，落在球和脚尖之间的某个点上（跟脚尖相比，会稍微偏向球），这就是完美的挥杆平面。然而，如果握把所指的位置太过偏离这个点两侧，差不多超过10厘米（4英寸）的话，就需要调整挥杆姿势。

手腕

正确曲腕是良好挥杆的要素。

❍ 上面这个练习和练习7（左侧）对劈起球的球技精进极为重要。如果能正确地做好挥杆的前半段，接下来的动作自然比较稳定。当然，若能多花时间让上杆动作更趋完美，要达到第二、第三阶段练习所设定的目标，将会变得容易许多。

挥杆平面

如果你沿着正确的平面挥杆，握把的末端就会指向脚尖和球之间。

关键要点

球杆握短增加控制

任何能强化劈起球控制的机会，当然都不能错过，方法之一是降低握杆的位置，约5厘米（2英寸）。虽然没有很大的改变，但是将球杆握短（请参阅第19页“开球”章节的练习9）时，双手会较为接近杆头，因此更容易控制球杆。当你越能控制杆头，也就越能够控制好球。试着将挖起杆握短看看，你的劈起球表现绝对会有所改善。

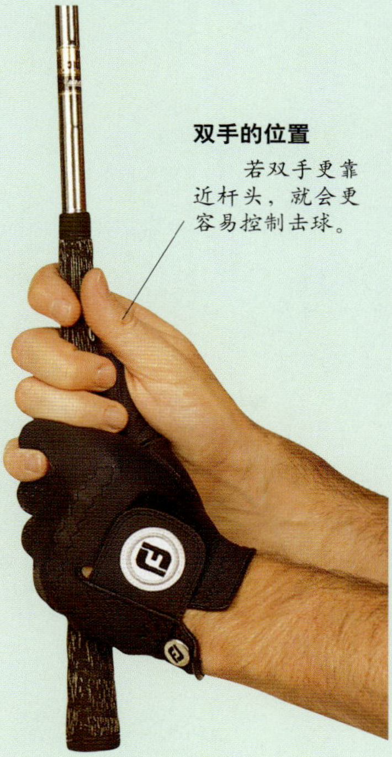

双手的位置

若双手更靠近杆头，就会更容易控制击球。

球杆握短

当你将挖起杆握短时，右手会几乎碰到杆身的金属部分。这能增加对球杆的控制。

第一阶段

练习9：从草痕找出挥杆信息

从劈起球在地上留下的草痕（或者根本没留下草痕），可以解读挥杆的动作和质量。草痕就像指纹一样，能显示击球的特征，解读草痕不但会有一些充满戏剧性的新发现，也可作为改善劈起球的线索。可利用这个练习提供的信息，来帮草痕解码。

草痕过深和厚击球

虽然草痕是短铁杆正确击球的证据之一，但出现太深的草痕（右图）时，打出的球就会不稳定，当然就有问题。这些状况显示挥杆动作太窄，杆头的击球角度过于陡峭，同时也向下挖得太深。若上述问题与你的情况很相似，这个简短的练习将会大幅度改善你的击球质量。

1 检查球位是否太偏站位的前方，过于接近或正对左脚跟，这样会很容易打到球后面的地上。

2 要让击球的角度变浅，同时产生更干净的触球，在上杆时要延迟曲腕的时间点。

❍ 击球角度变浅之后，会让挥杆弧度更宽，杆头接近球时，不会出现急速下降的角度，虽然还是会挖起一块草皮，不过草痕却没那么深。而更重要的一点是，草痕会出现在击球点的后方。

没有留下草痕

若击球后没有在地上留下草痕（左图），偶尔会打出太厚的球，同时距离只有一般人的一半，可能由在触球时，以捞球的动作试图协助球飞进空中所造成。上述问题显示，杆头已超过挥杆弧的最低点（请参阅第67页的练习3），击球点落在朝上的轨迹，这也是劈起球最差的击球角度。这个练习简短而容易，轻松就能矫正失误。

1 检查球是否放在正确的位置，也就是站姿的中间，单单这个改变，就能让杆头在向下的角度击球。

2 检查挥杆的重心转移，若击球的位置偏向球的上方，可能在下杆时重心重新转回到右侧。要矫正这个失误，在下杆通过击球区时，务必让重心转移到左侧。只要随着球杆移动的方向，来改变重心的位置，就可用向下的方式击中球。

❍ 借助上述的诊断和姿势调整，你会很快发现击球之后会挖起一块草皮，这就显示你已经回到正确的轨道上了。

草痕指向目标左侧

若你的劈起球最后落在目标左侧，草痕通常也会指向那个方向（右图），因为杆头是从正确路径的外侧接近球（请参阅第10~11页），同时在击球之后继续往目标的左侧移动。

1 将你的站位缩减约5厘米（2英寸），较窄的站位能让手臂发挥更大的功能（参阅第57页“铁杆”章节的练习21），这样的调整能促使一个更正确的挥杆路径产生。

2 上杆到最高点时，让双手和手臂先往下摆动来主导下杆。应该要感觉到下杆时，能稳定做出双手和手臂的动作，身体转动的幅度则会少一些。这样能让球杆以稍微内侧的路径击中球（请参阅第10~11页），产生比较理想的结果。

❍ 当你通过这个练习进行调整之后，应该会发现球已经比较不会朝左边飞，并开始落在正确的路线上了。

草痕指向目标右侧

草痕指向目标右侧（下图）的情况较少，特别是业余球员。这种状况的起因，在于下杆时臂部并没有做出该有的顺势向外转动作，让杆头卡在目标线内侧，形成严重的由内而外的挥杆路径（请参阅第10-11页），因此杆头接近击球点时，正在往右侧移动，所以球才会往目标的右侧飞，下面的练习将会消除这种倾向。

1 先检查球的位置，是否偏向站位后方（以双脚来说较接近右脚）。因为这种球位容易形成过度由目标线内侧击中球的状况，而球也会往目标的右侧飞。记住，劈起球最完美的球位，就是站位的中央。

2 让脚位稍微打开，使脚尖的连线稍微指向目标左侧（请参阅第66页的练习2）。

3 在上杆到最高点时，让转动臂部的动作来启动下杆，这样双手和手臂才有足够的空间，在正确的路径上挥动球杆。

❍ 这些调整会让身体的前方挪出更多的空间，让你可以用比较正确的路径下杆。

重新自我测试

进入第二阶段之前，务必要再做一次第64~65页的测试，要是没有改善，最好先回归第一阶段。劈起球的表现已经有所进步时，才可开始第二阶段的进阶练习。

练习10：把球切向捕手

对业余球友而言，把球劈过沙坑是最可怕的状况之一。严格来说，若没有沙坑存在，这就只是一记劈起球罢了。然而，要以这么从容的态度面对并不容易。从心理方面来说这是令人害怕的一球，担心球会落进沙坑的恐惧感，而造成莫大的心理压力。然而，实际击球的结果，球最后通常会落在一开始最不想去的地方。因此，借助正面的心理想象方式，能协助你消除对这种状况的恐惧，使你能以正常的方式打球。这意味着越过沙坑的劈起球，将不再是太大的问题。

1 在球场上选个适当位置，大概距离旗杆40米（44码），同时有个沙坑横越在自己和果岭之间。

2 与其烦恼把球打进沙坑，或者落在沙坑的前面，倒不如想象某人正站在果岭上，也就是球预定的落点上，等着接你打来的球。

3 在击球时，运用百分之百的想象力，将球尽量高高地打向果岭上的那个人，好让他可以更容易地将球接住。

❍ 或许面对这种球时，不去考虑技巧问题似乎是不明智的做法。然而对于这种“令人畏惧的球”，心理力量非常有用。只要专心想正面的事情，不要被负面想法困扰，你的身体就能像根本没有沙坑一样以平常的方式击球。

练习11：用篮子提升准确度

在练习场上打劈起球似乎很容易，同时也很容易被松散的落点分布状况感到满意。事实上，这样还不够好。劈起球要求极度的准确，你应该要求自己每次都能让球靠近旗杆，而不只是攻上果岭而已。试试看下面的练习，将会让你面对劈起球的击球态度完全改变。

1 在击球范围内放一个大篮子，大约距离30米（33码），把它当成假想的目标。在这么近的距离，角度最大的挖起杆非常实用（请参阅第75页的关键要点），因为杆头的角度能增加自信，不用担心球会打得太远。

2 接着打几记劈起球，试着让球直接落进篮子里（不是让球先碰到草皮反弹进去），强迫自己注意目标，同时也会下意识地提升对准确度的期望。

❍ 利用这个方法挑战自己，能激发更多的潜能，让劈起球打得更好。下一次在球场上，试着把旗杆想象成大篮子，你的劈起球就会越来越靠近球洞。

练习12：在掌控内发动攻击

劈起球是面对特定距离时，必须由触感来主导的击球方式。这表示很多球友在面对这种球时，会显得犹豫。千万不要这样想，没错，劈起球是比较注重控制的，不过还是需要使用足够的力量击球，看看一些劈起球高手，如欧拉查宝、尼克·佛度等，他们的击球方式就是最好的证明。如果你还需要多一点的信心，那下面的简单练习将能帮助你击出更有威力的一球。

1 拿出劈起杆，并选一块粗草区。

2 先做出几个顺畅的空挥，让球杆在下杆时慢慢加速，同时要让杆头从长草之间扫过去。你必须很有信心，并习惯这种杆头迅速通过击球区的感觉。若你显得犹豫，杆头就会被草卡住。无论如何，只要正确地做出挥杆动作，杆头就会划过草皮，并做出完整的收杆。

○ 下一次打劈起球时，试着重新做出这种杆头确实扫过击球区的感觉。只不过这次并非让杆头通过厚重的长草，而是要把一颗球打出去。这种控制中的积极态度，将使击球更具攻击力。

关键要点

带3支挖起杆

如果有机会看看职业球员的球袋，会发现里面至少有3支挖起杆，甚至可能有4支。以他们的水平来说，还需要用这么多挖起杆，来打距离果岭35米（38码）到110米（120码）之间的球，自己当然也不例外，我们会在参考章节中再进一步讨论挖起杆（请参阅第218页）。不过现在也是强调多带几支挖起杆重要性的好机会，因为在正式的球赛中，需要使用各种不同种类的挖起杆，杆面角度从标准劈起杆的46度开始，往上还有中继挖起杆、沙坑挖起杆、高吊挖起杆等，而后者的角度约62度，有这么多种挖起杆，表示要使用适当的球杆应付各种情况。练习24（请参阅第86页）会提供非常有用的方法，找出这些球杆的个人距离。

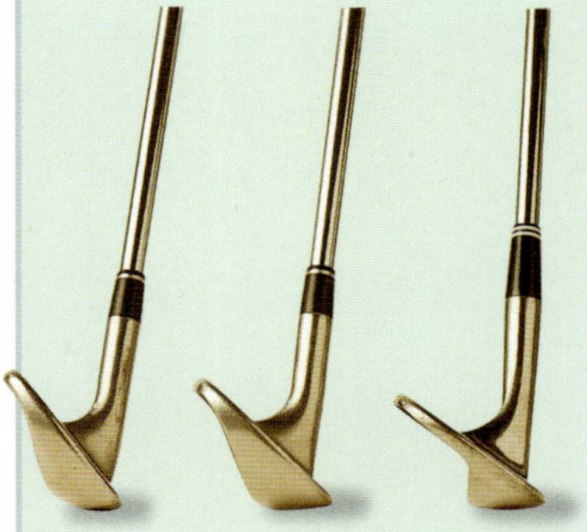

球杆选择

所有职业球员都会随身携带至少3支挖起杆，自己当然也不例外。针对不同的情况，选用适当的挖起杆，其中包括标准劈起杆（图左）、沙坑挖起杆（图中）、高吊挖起杆（图右）。

练习13：留下最舒服的劈起球距离

若把高球当做纯科学看待，如果每次都可以留下你个人最擅长距离的劈起球，那就应该不会打出坏球。然而，实际上这项运动并不是那么回事。在打一场球时，无可避免需要从各个距离击出劈起球。这不仅是高尔夫的迷人之处，也是最大的挑战。借助下面的练习，能够改善你面对各种不同距离的技巧，通过调整适当的挥杆幅度，来让球落在不同的距离。练习23（请参阅第85页）也会提供另一种方式，协助你建立合适的劈起球距离，遇到各种不同的状况时，就用适当的挥杆幅度加以处理。

1 带着一篮球，和你球袋中的所有挖起杆（至少有3种：劈起杆、另一支角度较大的挖起杆，以及沙坑挖起杆）。

2 找一块无人的果岭，从距离旗杆35米左右（38码）开始放一球，每往后5米（5.5码）再放一球，以此类推，大约距离果岭110米（120码）就可以收手。

3 从最近的一球开始练习，之后朝目标反向走，用挖起杆把每一球往果岭送。因为每球间的距离是5米（5.5码），所以每打一球时，都需要稍微调整你的挥杆动作。如果需要的话，可能也得在适当的时机更换球杆。要打较远的距离时，可换成角度较小的挖起杆。

○ 在球场上，每一球只有一次击球机会，这个练习无疑是模拟正式比赛（这个想法在第87页练习25中有更详细的说明）的理想方式，同时也能帮你找出最适合的劈起球距离。在这条由球铺出来的延长线上，应该可以让你找出感觉最舒服的击球距离。
这个击球距离就是你下场时的最佳帮手，会让自己更容易打出好球。例如，如果得打两球以上才能上果岭，像标准杆5杆的长洞；或者，在4杆洞开球发生失误，那么首要考虑应该是把第二球打到适当的定点，然后留下个人最理想的距离，用挖起杆将球打上果岭。职业球员对这个都很拿手，这也是他们常常可以打出和旗杆距离接近的劈起球的原因。一旦对这个练习顺手之后，没有理由做不到相同的表现。

练习14：用一种挥杆打出3种劈起球

在前面第75页的关键要点中曾经说明过，球袋中放3支或4支挖起杆的好处是什么。球友们可借助下面的练习，学习用相同的挥杆技巧，打出不同距离的劈起球。同时，也能从中体会到上场时多带几种挖起杆，真得非常实用。尽管整个步骤都非常简单，对球场上的表现却能起很大的作用。

1 先用杆面角度最大的挖起杆打出10球。

2 采用同样的挥杆方式，打出另外10球，不过这一次要使用杆面角度介于中间的挖起杆，大约56度。

3 再打出另外10球，还是采用同样的挥杆方式，不过这一次是使用标准劈起杆。

4 走到这3组球的落点旁边，记录每一组球所击出的平均距离。劈起杆可能落在90米左右（98码），中间的沙坑挖起杆差不多70米（77码），角度最大的高吊挖起杆，打出的球则不会超过45米（49码）。

❍ 尽管每支挖起杆的距离与步骤4建议的不太一样，然而球友们已拥有3种挖起杆的个人距离，却不需要调整挥杆动作。练习23和练习24（请参阅第85~86页）则是另一种应用方法，那是使用同一支球杆打出3种不同距离。

第二阶段

关键要点

你该使用哪种球？

高尔夫球有3种主要的类别，如果能对其中的差异有所了解，就不会在做出完美的劈起球挥杆时，却因为使用了不适当的球，而无法达到理想的结果。参考章节（请参阅第219页）中也会进一步讨论球的种类。

控制型高尔夫球

大部分球友在使用控制球时，会获得较多的好处。因为开球时所损失的距离，会被果岭附近较好的控制性所弥补。此外，你也会发现打出一记漂亮的劈起球时，球比较容易产生后旋。在你击球正顺手时，能让你在进攻果岭时更有信心。这种球的缺点，则是在打出坏球，甚至是正常的沙坑球时，由巴拉塔（一种人工合成橡胶）所制成的柔软表皮会比较容易磨损。然而，如果你对价格并不是那么在意的话，这种球的表现绝对会让你感到值得。

距离型高尔夫球

当你从距离球获得较远的开球时，相对地就得牺牲一些控制。这表示若是在果岭附近，在控制性上就会比不上控制球。球道干燥时，可以把球打短一些，让球用滚动方式来靠近旗杆。如果情况不允许，那就尽可能把球打高，尽量让球产生后旋，来使球更容易被掌握。只有当果岭的草皮比较柔软而潮湿时，才可以开始把球直接朝着洞口进攻。

中性型高尔夫球

这种球的特性，介于控制球和距离球之间，当然中性球的后旋程度，无法与控制球比拟。然而，即使在较硬的推杆表面上，还是可以产生后旋，同时取得较好控制。但是，除非果岭像海绵般柔软，否则即使使用了角度最大的球杆，还是无法让球直接在落地时停住。使用这种球开球，较不会牺牲距离，几乎可和距离球一样远。这种在距离球和控制球之间取得平衡的款式，比较适合那些对这两种不同特色都不想牺牲太多的球友。

练习15：职业球员的挥杆路径

劈起球的理想站位，应该要稍微外开（请参阅第66页的练习2），然而，要注意不要做过头而妨碍到挥杆的动作。有些球友在上杆时，会有把球杆过于向内拉的倾向，这样一来在上杆顶点时，挥杆平面就会太过扁平，同时落于身体的后方。这会造成下杆时，杆头从正确路径的外侧击中球（请参阅第10~11页），形成一记左拉球甚至斜飞球。以下这个练习，会将劈起球的挥杆做得稍微夸张。不过以练习来说，能以由内而外的挥杆来消除这种伤害。

1 找一支旧球杆的杆身，也可用雨伞代替，将它固定在地上，距离后脚尖右侧约60厘米（24英寸），倾斜角度则与击球准备时的球杆杆身一样（可以请助手帮忙确认）。

2 先做几次挥杆练习，让杆头在上杆时，雨伞的上方通过；下杆时，则通过雨伞的下方。不要过于急躁，让自己渐渐熟悉杆头通过这个轨迹的感觉。虽然起初会觉得有点奇怪，不过每种调整在刚开始时总会不习惯。

3 持续挥杆练习，慢慢加快到平常的速度。然后将雨伞拿开，试着把刚刚从步骤2得到的感觉，融入实际的挥杆动作。

❍ 完成这个练习之后，你会注意到劈起球的击球质量和准确度跟以前不太一样。练习16（右侧）则针对挥杆太扁平的问题，提出另一种解决方法。

练习16：强迫球杆在上杆时举高

在练习15（左页）中曾经说明，为何过于放开的脚位会导致挥杆过于扁平，使球杆偏离正确的路径。有别于练习15只能在练习场上做练习，接下来的练习法几乎可在任何地方进行。这项练习主要是训练上杆时，如何让球杆保持在正确的平面上，这能增加下杆时让球杆回到正确路径的机会。

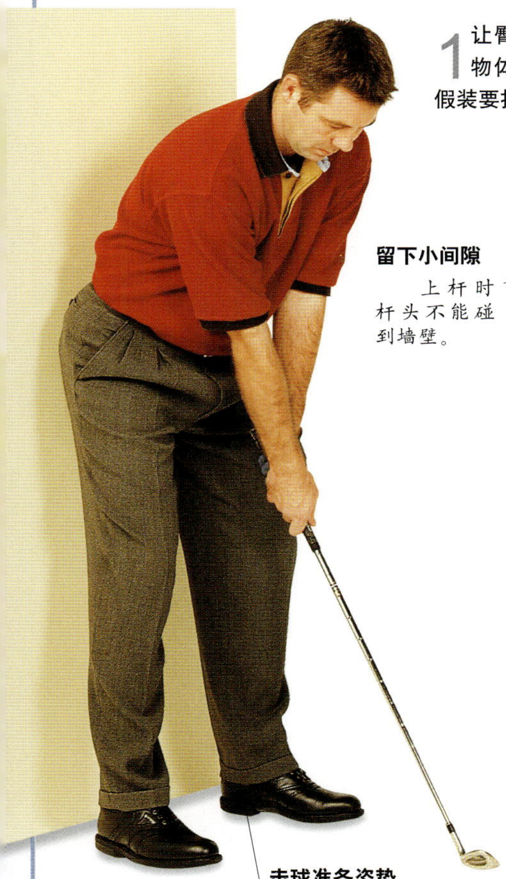

1 让臂部轻轻靠着一面墙，或类似的物体（如很高的栅栏或篱笆），并假装要打出一记劈起球。

留下小间隙

上杆时杆头不能碰到墙壁。

击球准备姿势

让双脚和墙壁平行。

2 开始上杆，确认你在上杆时杆头不会碰到墙壁。如果你能让球杆到达最高点时不会碰到墙壁，而杆头离墙壁的距离，也不会超过8~10厘米（3~4英寸）的话，表示你是在正确的路径上挥杆。如果你以前上杆时有太靠近内侧的习惯，此时就会觉得不太自然。不过通过练习你就能习惯这个正确的挥杆路径，同时也能协助你做出良好的肩膀旋转动作。

3 离开墙壁边，再次进行劈起球的练习，并在实际击球中，假装身体还是靠着墙壁。

上半身

这时候要做出完整的转身动作。

膝盖

在整个挥杆过程中膝盖要保持弯曲。

❍ 定期进行这个练习，可确保上杆时的挥杆路径不会太过扁平，更有助于正确的手臂挥杆和身体转动，这也是挥杆动作最需要平衡的一个环节，这个练习对劈起球绝对是帮助良多。

练习17：练习挥杆的核心——转动身体

在打短击球时，双手和手臂的动作，比较容易独立于转身动作之外。这很容易打乱挥杆的时间点。不管是在110米（120码）还是35米（38码）的距离，每一记劈起球，双手和手臂的挥动，必须和身体转动互相配合。在每次练习劈起球之间，你可以随时通过这个练习方式来强化动作，只要准备一支球杆即可。

1 将一支球杆横在胸前，并用双手将其固定住。

2 摆出劈起球的准备姿势，膝盖要弯曲，并让脊椎维持在正确的角度（请参阅第8~9页）。

3 模拟上杆的转体动作，左肩要转到下巴的下方，持续转身直到看到杆身的末端移动到球后方为止。

4 接着如平常一样下杆，让身体回转直到胸口面对目标为止。因为瞄球时脊椎会稍微往前倾，上杆时左肩会低于右肩，所以下杆时右肩也会比左肩低。

5 在之后练习击球中，试着将步骤3和步骤4的转体动作，融入正常的挥杆动作中。

❍ 就算是短击球，还是要正确地做出转体动作，把上半身当做挥杆的核心，让双手和手臂的挥杆与身体的转动协调一致。

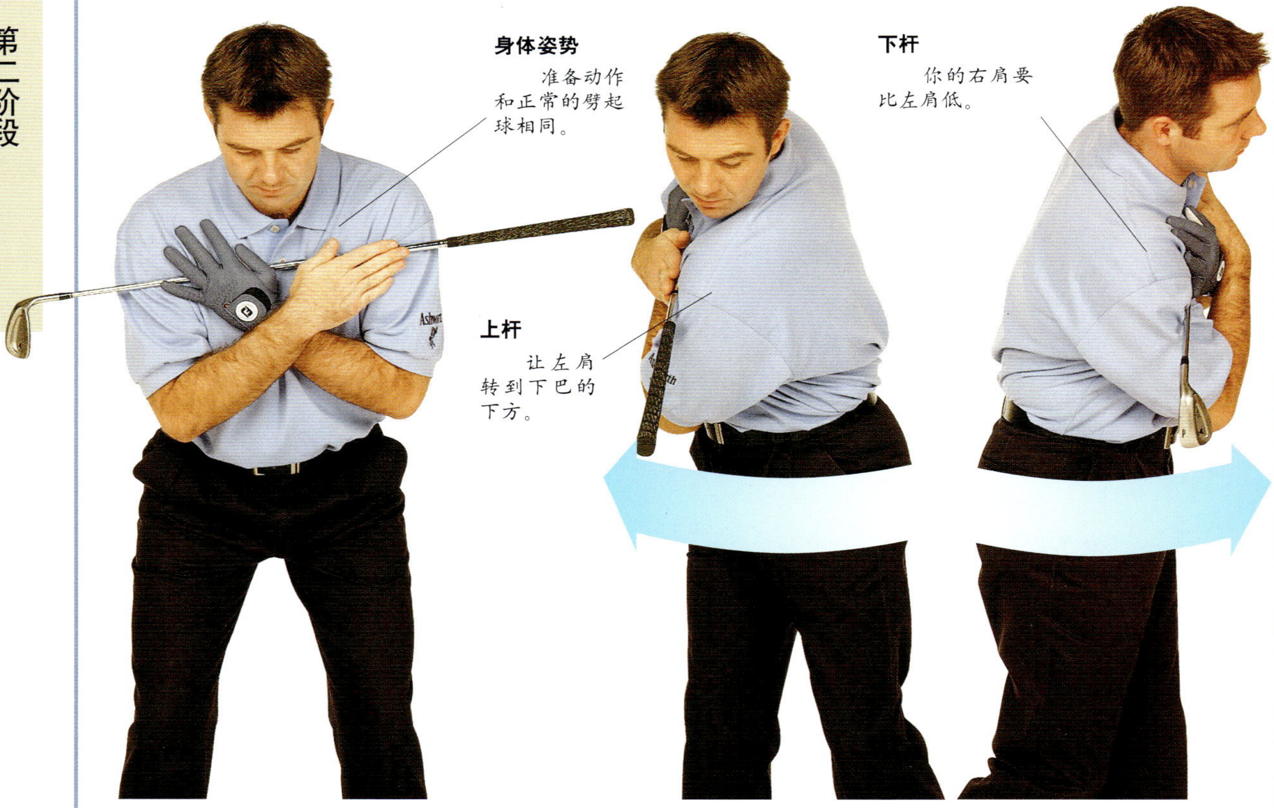

练习18：做好利落击球的准备

稍微向下的击球角度，对精准的短铁杆非常重要（请参阅第85页的关键要点），这会形成正确的触球模式，也就是先碰到球，然后才是草皮，能够让球产生大量的后旋。而后旋就等同于良好的控制。试试看下面的练习，对正确的击球角度非常有帮助。

1 用平常的方式做好击球准备，然后先摆出击球瞬间的动作，也就是臀部稍微打开，右脚跟抬起，稍微离地，双手位置在球的前方，杆身往前倾。

2 接着做出挥杆动作，试着在击球瞬间回到方才步骤1的位置。由于是从标准的击球瞬间位置开始上杆的，所以很容易就能做出正确的击球瞬间动作。

3 多进行几次步骤2的练习之后，试着用这种方法打几个球看看。

击球准备位置

击球瞬间位置

❍ 对初学者或高差点球友来说，对这类练习可能会有些困扰。若是有一些击球经验的球友，则会因这个预先做出动作设定的练习而获益良多。

重新自我测试

进入第三阶段之前，务必要再做一次第64~65页的测试，要是没有改善，最好先回归第二阶段。当你劈起球的表现开始进步，才可开始第三阶段的进阶练习。

关键要点

软金属提供更好的触感

在本书后面的章节，会更深入地讨论各种球具（请参阅第214~219页）。不过现在也是认识各种挖起杆制作材质的适当时机。有些杆面会用铁以外的其他合金制成，让你在果岭附近击球时更有感觉（不同角度的挖起杆详述请见第75页的关键要点）。目前最热门的替代品，是铍铜合金，因为它比铁更软（也比较赏心悦目）。这种额外的柔软能让球更容易后旋，配合使用表皮材质较软的高尔夫球（请参阅第77页的关键要点），劈起球几乎就能在任一块果岭上，在落地后马上停住。因此，最好能在球袋中准备至少一支的替代金属挖起杆，也许是角度最大的挖起杆，遇到最棘手的情况，可能就要用这支球杆来解决。

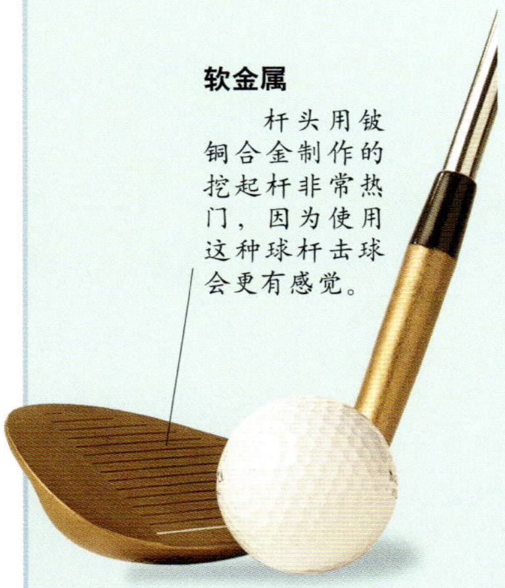

软金属

杆头用铍铜合金制作的挖起杆非常热门，因为使用这种球杆击球会更有感觉。

感觉与控制

短击球最关键的就是触感，所以若能拥有软金属杆头的挖起杆，绝对会非常有利，因为这种柔软的表面，会让球产生更多后旋。

练习19：让挥杆动作更流畅

若不知如何让挥杆有个顺畅的开始，可借助这个练习，来舒缓挥杆时的紧绷感，同时也能更顺畅地挥动球杆，并能改善击球瞬间过于用力的问题。太过积极的挥杆方式只会造成负面影响。

1 将6颗球用球梯排成一列架好，每球距离约10厘米（4英寸）。

2 瞄准最靠近的第一颗球。为了达到练习的目的，最好使用劈起杆或9号铁杆。

3 开始打球后不要停顿，一球接一球打。采用1/2的上杆，同时要平缓地加速。从打第一球开始，到最后一球飞出去之前，杆头都不能停下来。

❍ 一开始可能无法顺利地用杆面中央击中球，不过多练习几次，以流畅而单纯的节奏来击球，挥杆节奏就会越来越平顺，同时更加自然。当你的挥杆不会因为一开始就过于紧绷时，你会发现每次杆头通过击球区时，会更自然地释放。一旦将这种感觉融入平常的挥杆动作后，试着在下场时，用同样的方式打劈起球。

第三阶段

练习20：下杆时要逐渐加速

堪称是史上最伟大高球女将的米琪·莱特（Mickey Wright）曾经说过："你不可能将一部停着的车子，在一瞬间飙到时速70英里（约112.6千米）。不管车子的引擎多有力，还是必须经过加速的过程才能办得到。所以，也把这个理论应用在高尔夫球挥杆吧！"莱特这番话点出下杆时让杆头逐渐加速的重要性。也可从另一个角度来说，以云霄飞车为例，当它开始突然往下冲时，速度比较慢，然后逐渐加速，等到达最低点时就会达到最大的速度。虽然劈起球的重点在于控制，但是在下杆时逐渐加速这一点还是必要的。就挥出一记适当的击球来说，云霄飞车的比喻就是这个练习的基础，它对挥杆将会有许多帮助。

1 先抛开目标和距离的问题，只要单纯地在练习场上做出击球准备，并使用劈起杆以最舒服的距离做出上杆即可。

2 把自己的双手、手臂与球杆，想象成云霄飞车上的小车厢，当到达挥杆顶点时，就是云霄飞车轨道的最高点，而球位就是轨道的最低点。一开始"云霄飞车小车厢"会以较慢的速度开始往下冲，然后渐渐加速。当到达轨迹的最低点时，杆头会达到最大速度，之后双手、手臂和球杆（云霄飞车的小车厢）就只需按照惯性来完成收杆动作。

❍ 这个练习的重点并不在于如何击中球，所以触球的准确度并非重点，而是要让挥杆能平稳地持续加速（请参阅第75页的练习12）。

开始下杆

双手和手臂要顺畅地转成往下的方向。

下杆途中

球杆应该要渐渐地加速。

击球区

球杆应该在这里达到最高的速度。

送杆

双手、手臂与球杆因为惯性作用到达收杆位置。

练习21：提起球杆让起杆更流畅

若是在粗草区打劈起球，起杆时球杆很可能会被长草卡住。为了避免这种情况，在击球准备时可让杆头悬在球的上方。这个技巧是由两届美国名人赛冠军柏哈德·蓝格（Bernhard Langer）提出的。能确保起杆既平稳又不会被打乱，同时也能强化挥杆的节奏。此外，只需要一点练习就能做得到。

1 将球放在粗草区，拿出劈起杆，用平常的方式做好击球准备，并把杆头放在地上。

2 把杆头举起，让杆头差不多和球的中线等高。这个动作必须通过稍微调整脊椎，让身体稍微站高些来将杆头举起，并非单单用手来做。

3 这个位置非常理想，能够顺畅地让杆头开始上杆。

❍ 这个练习也有助于更干净地击球。因为挥杆的最低点已稍微提高，所以能避免长草区经常发生的失误：厚击球。此外，球后方没有杂草的干扰，上杆动作会既平稳又不会被打断。

练习22：右臂挥杆掌握球杆释放

在打缩短上杆幅度的击球时，通常会产生想要刻意将球往目标送的倾向。然而，这样的结果通常是悲剧，因为当你刻意想将球送到目标去时，通常也很难有足够信心和把握击中球。想要获得更好的准确度的念头，往往只会让球偏离果岭。要打出一记漂亮的劈起球，必须要适度释放杆头（请参阅第11页），并且信任自己的挥杆技术和设定方式，这个练习可以协助球友在通过击球区时，自然地做出杆头释放。

1 握住握把的下半段，并把左手从握把上抽走，塞在口袋中或放到身后。接着不需要使用球，开始进行练习。

2 做出3/4的上杆，就像正常的挥杆动作一样，让左肘弯曲。

3 下杆时将杆头往下丢，让杆头靠惯性通过击球区。

4 当你习惯这个单手挥杆的动作之后，试着把球摆在球座上（较容易打出干净的一球），打几球看看。同时把步骤2和步骤3的动作，融入正常的挥杆动作中，你将会对自己所打出的球质感到惊讶。

❍ 当你通过单手挥杆动作，了解正确的自由释放动作之后，你会发现，右手臂在通过击球区时会完全伸直。因为这种离心力是来自于挥动球杆的动作，这也是你在实际打劈起球时，应该要做出的感觉。

练习23：利用钟面上杆法调整距离

要让劈起球飞出特定的距离，需要有一定的上杆幅度，才能以稳定的加速向下挥杆通过击球区（请参阅第83页的练习20）。想要知道不同的挥杆幅度可以打出多少距离，可以利用接下来的这个练习。这需要你利用钟面上的3个数字，来做出3种不同的上杆幅度。

1 像平常一样做好击球准备，发挥一点想象力：将头当做时钟的正中央，球的方向则是钟面上的6点钟的位置。打第一球时，让手臂上杆到双手到达9点钟的位置，然后下杆，同时平稳加速通过触球。接着把球的飞行距离记录下来（整个练习的过程中都要使用同一支挖起杆）。

2 打第二球时，要上杆到双手到达10点钟方向，然后采用跟步骤1相同的加速方式，开始下杆，之后再测量球飞出的距离。

3 接着打最后一球，上杆时要让双手到达11点钟的方向，并记下这一次球的距离有多远。

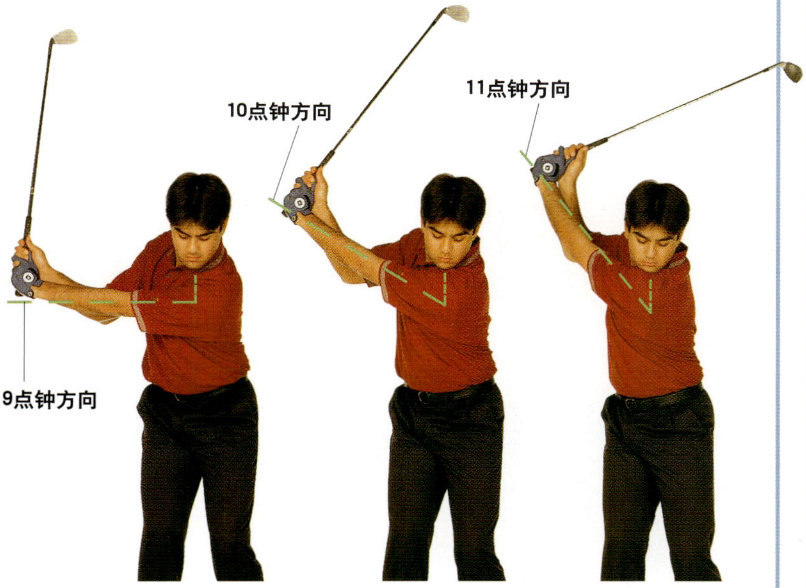

❍ 在打这三球时，下杆加速的方式要一致，这样才能做到由上杆幅度来决定距离。带着这个练习所获得的资料，就可在下场时，把面对的每个劈起球，以调整挥杆幅度的距离公式来处理。不要去衡量该使用多少力量来击球，只要单纯地判断到底是9点钟、10点钟，还是11点钟的挥杆即可。

关键要点

良好劈起球的几何学

一记漂亮的劈起球，需要以非常陡峭的角度击出。不过这个部分并不用特别单独做练习，只要遵守第一阶段练习（请参阅第66~73页）所提出的基本概念，就可确保正确的击球角度。特别要注意的是，脚位要稍微打开，球要位于站位中间，上杆时手腕也要正确地曲腕。若是正确地做到这些动作，就能产生必要的向下击球角度，击球不但非常干净，也会产生足够的后旋。如同“铁杆”章节所提出的说明（请参阅第45页的关键要点），草痕会出现在击球点的后方，要是在击球点之前，草皮就会影响击球的效果；如果没有打出草痕，可能就没有以正确的角度击中球。参考练习9（请参阅第72~73页）中所提到的，如何用草痕解读自己的挥杆动作。

草痕

向下的击球角度理所当然会产生草痕，草痕要刚好出现在击球点的后面，这表示击球动作是正确的。

练习24：用相同球杆打出3种不同距离

练习14（请参阅第77页）是以相同的挥杆动作，利用不同的3支球杆，来打出3种不同距离的劈起球，这是最简单的方式。然而，球技精湛的高手还可采用另一种方法，只要调整杆面和球位，就可用相同球杆，打出弹道和距离不同的劈起球。如果你也想试试看，接下来的练习中，会提出一些当你下次回到练习场时，就可以加以练习的原则。

1 先用标准的劈起杆方式打个几球，并记录球的弹道和距离。

2 现在，试着打出弹道较低的劈起球，这在遇到刮风时会非常有用。为了打出低飞球，得将球位摆在双脚之间偏后方的位置，双手稍微往前，让杆身稍微向前倾斜，这会让杆面角度变小。为了要在通过击球区时维持这个角度，双手和手腕要保持稳固，因此在上杆时不用做出像平常那么多的曲腕动作。此外，握杆的力度也要比平常稍微大一些，才能限制双手和手腕的动作。整个挥杆动作，感觉上比较像以肩膀和手臂挥杆，而非双手和手臂挥杆。最后，让双手和球杆做出较低的收杆。

3 接下来要用挖起杆打出较高的球路，若是有障碍区横跨在球位和目标之前，就可采用这种击球方式。要打出这种球，把球位放在站位偏前方的位置，面对左脚跟的内侧，这样杆头能以较浅的角度击中球。在击球瞬间形成较大的杆面角度，球就会飞得比较高。相较于低飞劈起球比较紧的握杆方式，要将球打高需要更轻柔的握杆力度，来产生一个幅度更大、更流畅的挥杆，就像低飞球一样，让送杆动作反映自己的击球意图，让双手停在较高的收杆位置。

❍ 用同一支球杆打出3种球路，属于比较进阶的技巧，需要一些基本的技术和练习。如果有一支惯用的挖起杆，也就是较顺手的球杆，就可用相同球杆应对各种情况。

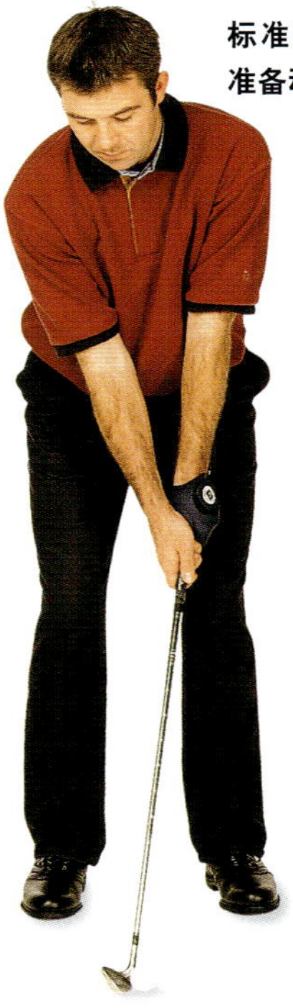

标准劈起球的准备动作

球位

要打低飞劈起球时，球要放在站位偏后的位置。

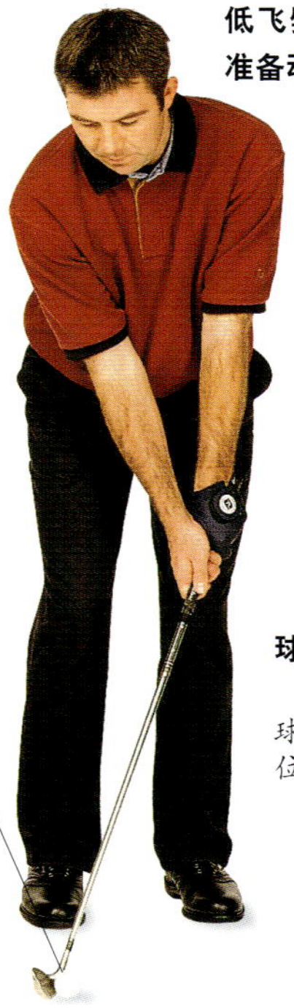

低飞劈起球的准备动作

球位

要打高飞劈起球时，球要放在站位偏前的位置。

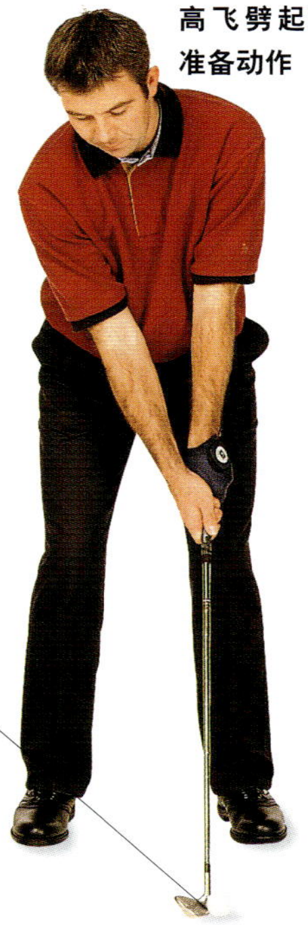

高飞劈起球的准备动作

第三阶段

练习25：以不同目标做练习

在下场打球时，每次击球都只有一次机会，一旦把球打出之后，通常就没有机会在相同的位置打出第二颗球。以所有击球而言，劈起球或许是压力最大的一种，因为瞄准的地方，通常会有层层严密的防护网，因为球场上几乎所有障碍区，如沙坑或池塘，都分布在果岭附近。将下面的（不同目标）练习列入你的练球课程中，当你在球场上时，就有能力接受一次就把球送到定位的挑战。

1 在劈起球的击球范围内，尽可能找出多个目标，约五六个。若是只有3个也可以，各目标的距离最好都不一样，同时位于不同的方向。

2 在身边摆一堆球，把第一球朝第一个目标打，第二球朝第二个目标打，依次类推，不要太过急促，每一球都要像正式击球一样。这种练习的关键在于不要连续打出两个相同的球。

❍ 针对不同的特定目标练习，每次都只有一球的机会。如果朝同一方向打出几打的球，绝对无法从一成不变的挥杆动作中得到真正实用的练习效果。这样的练习方式更接近正式下场时的击球要求，若能在这样的练习中击出很棒的劈起球，在球场上自然也可以做得到。

关键要点

避免球过于后旋

第85页的关键要点曾提到，如何运用陡峭的击球角度，来击出干净的一球，并且因为杆面的角度，让球产生很多后旋。在良好的果岭上，这种击球方式不仅可以让球落地后很快停住，甚至可以让球落地时很快地“往后退”。然而在很多情况下，过度后旋的缺点可能比优点还多。

举例来说，像面对上坡的果岭，球落地后就可能因为过多的后旋而滚落斜坡。若旗杆位于果岭后方，后旋较多的球就很难接近球洞。因此，有时使用角度较小的球杆，可能是较明智的选择。例如9号铁杆，就可以把球打得更软更低一点，产生的后旋也比较少。如果是相同的果岭，而旗杆是在果岭前方的话，那就适合用挖起杆，把球打到果岭的中央，这样球就会因为斜坡与反旋而往后，向洞口滚过去。

更柔软的挥杆

若希望球能在果岭上滚一段距离，不会马上就停下来，可选用角度较小的球杆，做出比较柔软的挥杆，这样产生的后旋也会比较少。

完美的劈起球

尼克·佛度向来以精准的全挥杆著称，不过他优秀的劈起球功力却常常被人忽略，这真是遗憾，因为佛度所打出的每记劈起球，都跟他的全挥杆一样精采。在20世纪90年代压力最大的一记劈起球，就是在1995年莱德杯，佛度与寇帝斯·史传奇(Curtis Strange) 的个人赛中出现的。当时佛度在第18洞一记75米（82码）的劈起球，精准地飞到球洞旁1.2米（4英尺）位置停住，随后一记推杆入洞，几乎当场为欧洲队保住奖杯。这记漂亮的劈起球，除了绝佳的击球点之外，还有出众球技的配合，让身体转动与手臂挥杆在完美的协调性下合而为一。相信所有球友都能从佛度劈起球的打击方式学到不少东西，你可以在下面的连续照片中习得一二。

1 击球准备

这里可以看到佛度的劈起球击球准备姿势中，站位打开的幅度非常小，脚尖连线几乎是平行地指向目标的左边（遇到更短的距离时他的站姿会更开放一些，如果是较长的劈起球则需要站姿收紧些，以符合全挥杆的需要）。注意观察杆头的位置，只碰到一点点的地面，好像佛度要把杆头放在蛋壳上一般，这有助于舒缓击球准备时的紧绷感。可以看出他的双手和手臂非常放松而柔软，让起杆动作更为顺畅。

手腕

杆身和前臂的夹角成90度，表示上杆时做出完美的曲腕。

身体位置

佛度的转身动作和手臂挥杆动作都非常协调，有助于控制球的距离。

双腿

佛度双脚的动作异常稳固，他在20世纪80年代中期经过李德贝特的指点，使挥杆动作获得最大的改善。

2 上杆

仔细观察佛度的双手和手臂，是如何与身体的转动配合的。转动身体时双手和手臂也跟着一起动作，手腕也在适当时机曲腕，把球杆带到最完美的位置。下半身保持比较被动、双膝弯曲、臀部正抵抗着躯干的转体动作。

3 击球瞬间

有看过像这样轻松掌握的击球吗？上杆时，佛度的身体随着双手和手臂上杆的动作而扭转，之后身体回转，配合手臂和双手往下摆动，通过击球区，下杆的过程完全以协调动作支配，这顺畅且在掌控中的加速，将杆头带到最理想的击球位置。

4 送杆

佛度送杆动作的幅度和上杆相同，表示稳定加速并在击球瞬间很快将能量转移到球上。职业球员在触球时，会在球上制造很多后旋，这是杆面用力划过球时所造成的结果，之后球会以完美的弧度飞向天空，而像陨石一样落到地面，同时在落地后很快地停住。

加强劈起球的要诀

虽然控制对劈起球而言非常重要，但还是要记得如何才能把球打远，下面这些有用的提示能够再度提醒球友们，如何让这两个关键要素完美结合。

❍ 将球杆握短约5厘米（2英寸），握杆的力度要轻一些，这能强化对杆头的掌握度。

❍ 站位稍微打开，避免向后摆动的幅度过大，击球时也能完全清除左侧的障碍。

❍ 每一记劈起球的下杆加速要一致，要打出不同的距离时，可以用上杆幅度来调整。

❍ 必须向下击球，才能让劈起球飞得够高且产生足够的后旋，以先球后草的击球模式，来产生理想的触球。

起扑球

职业球员都是短球的佼佼者（他们知道这是提升赢球机会的重点），选手们在果岭四周必须要能处理任何状况，因为就算世上的顶尖高球好手，也不见得每次都能攻上果岭，一回合下来，错失五六次也很平常。但以一般的业余水平来说，平均值应该不只这个数字，所以更突显出起扑球的重要。一记漂亮的起扑球，不但提供“直接切进洞”博蒂的大好机会，更能让你以充满活力的步伐，轻松挺进下一洞。就算不能直接切进，也应该尽可能靠近洞口，减轻推杆压力，这也是环绕在压力下时，改善成绩的关键之一。总而言之，犀利的起扑球技巧，一回合能替球友们省下5~10杆。

小心处理起扑球

要把起扑球打好，必须掌握4个关键要素，才能把球安稳地送上果岭，分别是球的高度、飞行路线、后旋程度及滚动距离，下文除了会提供进一步的

说明外，也包含各种起扑球所需具备的技巧，球友们只要能完成所有练习，绝对能增进不同球杆的短球实力。

起扑球测试

果岭周围可以使用的球路众多，虽然下面只测试其中一种，却是针对最重要的关键点所设计的，同时能很快测验出一个重点：你在果岭附近有多高明？

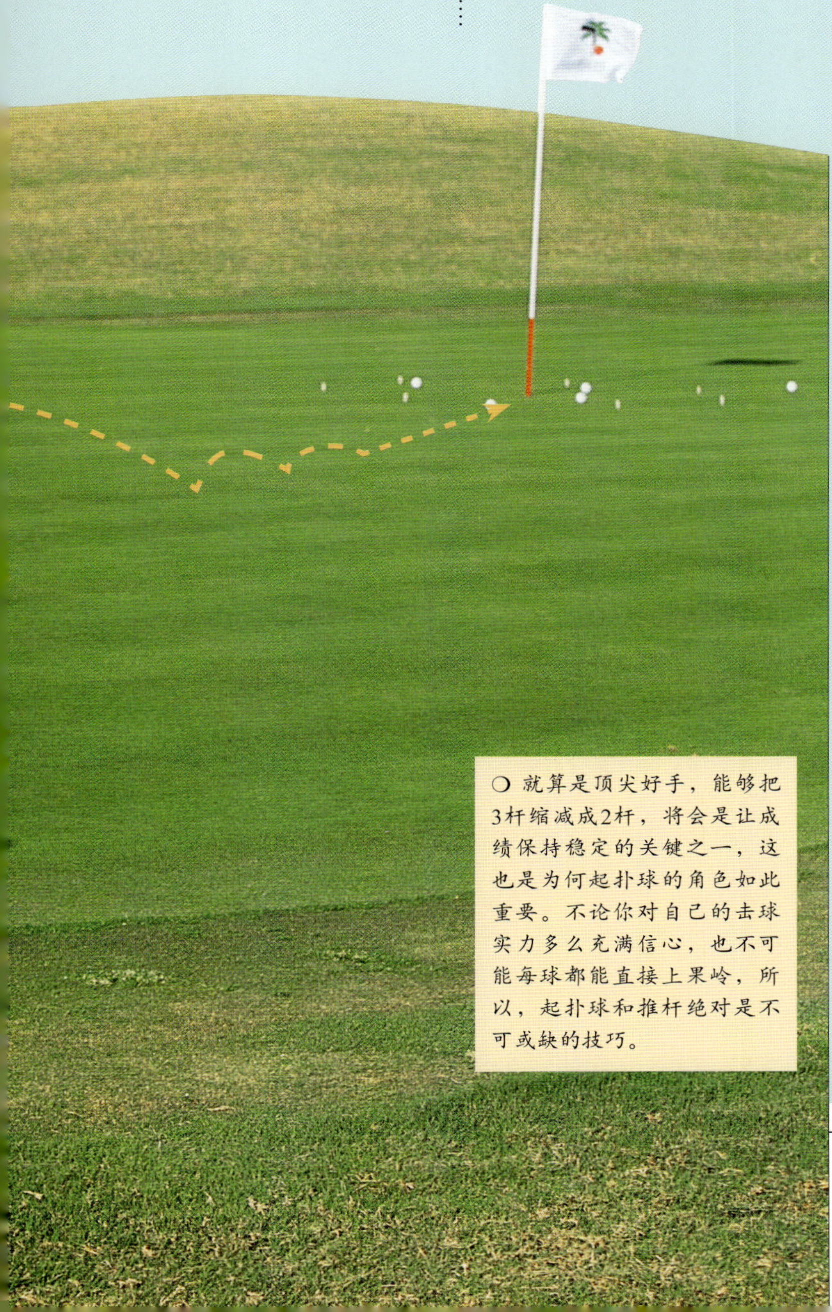

1 找一块果岭，适合约10~20米（11~22码）的起扑球，确认在你和旗杆之间，果岭范围要比球道还多，同时所处的位置也不需要越过沙坑。

2 在球洞周围用球梯排成一个圆圈，半径约1米（1码），可用挖起杆作为测量距离的工具，球梯数量约五六个即可，数量若太多，会阻碍球的前进路线，无法准确反映起扑球实力。

3 准备9号铁杆或劈起杆，朝旗杆打15球（左图），尽量让球落在球梯的范围内。重复测试3次，取其平均值，将结果与评分表比对，界定自己目前的起扑球水平。

❍ 就算是顶尖好手，能够把3杆缩减成2杆，将会是让成绩保持稳定的关键之一，这也是为何起扑球的角色如此重要。不论你对自己的击球实力多么充满信心，也不可能每球都能直接上果岭，所以，起扑球和推杆绝对是不可或缺的技巧。

评分表

❍ ❍ ❍ ❍ ❍

1~5 = 第一阶段

（第92~99页）

❍ ❍ ❍ ❍ ❍

6~10 = 第二阶段

（第100~107页）

❍ ❍ ❍ ❍ ❍

11~15 = 第三阶段

（第108~113页）

练习1：调整击球准备动作，让起扑球更容易

如果因为基本动作的问题，让你无法切出干净的一球，那么在处理果岭附近的球时，应该会对心理造成不少压力，而这种情况很可能只是因为击球的预备动作出了问题。各种球路的失误都可以回溯到开始挥杆前的准备姿势，甚至那些对起扑球深具信心的球友，也可趁此机会重新检查自己的基本动作。下面这个简单的练习可以在家里、花园或球场上进行，借助例行检查，让你拥有正确的击球准备姿势。

1 对着目标，让双脚、臀部和肩膀稍微打开（把目标想成12点钟方向，身体则平行于11点钟方向），双脚之间的距离，只要15~20厘米左右（6~8英寸）。

2 把球放在站位偏后方的位置，正对右脚内侧。

3 重心稍微偏向前脚，身体重量约有四成落在右脚，六成在左脚，这样就是最适合标准起扑球的准备姿势。

4 把杆头放在球后，双手往前，让左臂和杆身成直线往下指着球，杆面则要正对目标。

❍ 正确的起扑球准备动作可归纳成几个要点：球位后移、双手和重心往前。只有少数几种球路，打击的姿势会和击球准备时一模一样，起扑球就是其中之一。所以这个练习不仅改善准备动作，也会提升击球的质量。

练习2：上杆放低，接着释放并维持

练习1（上一页）是针对正确的击球准备姿势的，这个单元则跨入完美的挥杆。虽然这个练习所描述的技巧，是以一记约12米（13码）的中距离起扑球来说明的，若是不同距离的起扑球，还是可以运用一样的方式，唯一需要调整的，只有上杆的幅度（长度较短，击球距离会比较近；而长度越长，越能把球送到更远的落点上）。

1 拿出劈起杆，摆出练习1的击球准备姿势（上一页）。特别要注意是否已做好准备动作中的所有细节，而这个练习刚开始时，先不要使用球。

2 往后摆动杆头上杆，主要由双手和手臂的力量来带动，同时身体的动作也要跟着配合。杆头在刚开始起杆的30厘米（12英尺）内都要放低，手腕也要保持柔软，带动球杆往上。当双手到达8点钟位置时，就是上杆的最高点（请参阅第85页“劈起球”章节的练习23）。

3 从上杆转换成下杆时，应该要感觉到双手和手腕的柔软，这指的是一种“延迟”动作。这能在你朝着球下杆时，让双手居于主导地位。“延迟”的动作能有效避免杆头在接触到球之前就先超过双手的位置。

4 当你已经熟悉上述动作之后，就可以实际拿球开始练习，只要试着重复步骤2和步骤3的动作即可。

❍ 千万要牢记，即使是这么小的挥杆幅度，身体也要配合做动作。随着手臂往后摆动，让身体跟着往后转，而手臂往前时，身体也要跟着回转，让所有动作协调一致。若上杆时身体完全不动，杆头在击球之前，就会超过双手的位置，导致球杆以向上的轨迹击中球，球飞行的结果将会与预期有所落差。练习3（请参阅第94页）和练习13（请参阅第101页）会以其他方式，说明打起扑球时身体应如何转动。

练习3：用两支球杆体验正确身体动作

这个练习方式，与正常的挥杆会稍微有点不同，需要同时握住两支球杆，来让你体会起扑球的转身动作。球友们从练习过程所获取的心得，绝对会加深对正确和错误动作之间的感受。

1 拿出劈起杆和另一支球杆，以握把相对的方式握住球杆，第二支球杆的杆身，应该位于你身体的左侧。

2 接着练习起扑球的挥杆动作。如果转身动作不正确，下杆时杆头超过双手位置，那么第二支球杆在通过击球区时，会打到你的肋骨。唯有让双手保持在球杆前方，并做出正确的转身，第二支球杆才不会碰触到身体左侧。

❍ 持续练习前后摆动的动作，当第二支球杆不再碰触到身体，仔细观察手臂和身体的姿势，这就是正确起扑球的动作，然后将这种感觉融入正常的挥杆。

练习4：刷过草皮找出理想球位

令人惊讶的是，居然有这么多球友，在打起扑球时球位都放在前面，甚至连高手偶尔也会犯下这种错误。虽然这样的设定会令你觉得似乎比较好打，实际上却造成了击球的困扰，不管杆头是在向上的轨迹中打到球，或在击球前先碰到草皮，都会发生惨剧。然而，借助下面的练习，就能为你的站姿，找出理想球位。

1 找一块干净的草皮，摆出预备击球姿势，在这个阶段不要放球。

2 做出几个练习挥杆的动作，要注意练习1、2、3所描述的各项技巧（请参阅第92~94页）。

3 记录杆头第一次和地面的接触点，也就是你必须要放球的位置，在这个球位才能干净地击球。

4 把球放在步骤3找出的理想球位，然后像平常一样挥杆，让球落在挥杆轨迹上，你应该会先打到球，再碰到草皮。若草皮很柔软，会在地上留下小小的草痕。如果地面太硬，就只留下轻微擦过的痕迹。

❍ 练习1（请参阅第92页）曾说明过，起扑球在击球瞬间的姿势会和击球准备时一模一样，所以在找出理想的球位之后，试着在击球瞬间回想击球准备姿势，来做出先球后草的击球模式。

练习5：向下击球让起扑球更利落

起扑球最大的失误之一，是在通过触球时，试图用捞球的动作，希望帮助球朝空中送。然而，对短击球而言，必须要向下击中球，球才会往上移动。以下的练习将能让你体会这种技巧的好处。

1 把球摆在正确球位，并且在球后方约20厘米（8英寸）的位置，放个杆头套。

2 拿出劈起杆，摆出击球准备动作。双手位于杆头前方，球则在站姿偏后的位置，正好面对右脚内侧（请参阅第92页的练习1）。

3 打出一记约18米（20码）的起扑球。为了要避免在下杆时碰到杆头套，因此必须向下击中球才行。这会产生先球后草的击球，球的飞行路线不但非常理想，落地时也会稍微后旋。如果有用捞球的动作把球往空中送的意图，在下杆过程就会先碰到杆头套。

4 重复练习步骤3的动作，然后将杆头套拿开，再继续进行起扑球练习。

❍ 若你的起扑球技巧一直无法提升，这个练习会非常有用。一旦击球角度不对，马上就能修正动作，让挥杆回到正确的轨迹上。

击球准备姿势

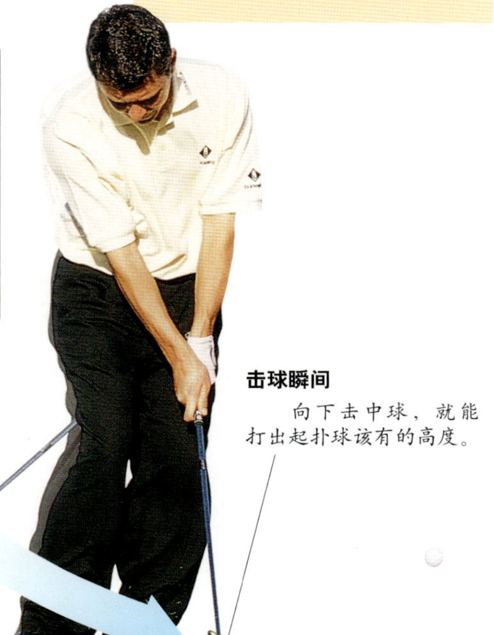

下杆

向下挥杆击球，这样杆头才不会碰到杆头套。

击球瞬间

向下击中球，就能打出起扑球该有的高度。

关键要点

不戴手套提供额外的触感

你在“推杆”章节（请参阅第142~167页）将会学到，多数球友会在推杆时不戴手套，让击球的感觉更细致。不止如此，很多顶尖高手也发现，这同样也适用于起扑球（打长杆时戴手套，是为了强化握杆，而大部分短杆则不需要）。当然，你也可以考虑试试不戴手套的好处，不过还是要先找出个人的“距离限制点”（这要依照个人偏好决定），一旦超出限制，就把手套戴上。只要按照这个界限，就能避免在面对起扑球时难以下定决心，不知到底该不该戴上手套。不戴手套打起扑球，说不定表现会更好。

不戴手套

很多球友在打起扑球时，都会把手套拿掉，用这种方式强化控制，增加双手的触感。

练习6：利用不同球杆来改变球路

想象力是短击球的重要关键之一。在脑海中先行浮现球的行进路线（模拟球在空中和地面上的前进路线），然后再选定适合的球杆，让想象出的影像具体化。球友们借助下面练习，将会更清楚地了解球杆角度和飞行路线之间的相对关系。

1 选一块平坦的草地，约距离果岭5米（5.5码），旗杆和果岭外围，则相距5~7米左右（5.5~7.7码）。

2 准备9颗球，品牌款式和构造都要一样。把9支球杆并排，范围从3号铁杆到沙坑挖起杆。

3 从3号铁杆开始进行起扑球练习，注意观察球的高度（不会很高）和滚动距离（很会滚）。依次使用不同球杆，直到用沙坑挖起杆打出最后一球，球的飞行路线会很高，却只滚动一小段距离。

❍ 在整个练习过程中，都要使用完全一样的标准起扑球打法（请参阅第92~95页的练习1~5），每次更换球杆时，不需要改变挥杆方式，因为球杆上的角度会让球产生不同的行进路线。随时要注意球的高度、飞行路线、旋转和滚动等特性，正式上场时，就能针对每记起扑球，挑选最合适的球杆。

关键要点

“德州挖起杆”有时比起扑球更好用

尽管有些球友误以为这是懦弱的表现，然而，如果在适当的情况下，在果岭边缘使用推杆（又称为德州挖起杆），确实能有效取代起扑球。

如果球停在离果岭很近的球道上，球位和果岭表面之间的草皮也相当平整，想把球敲进球洞60厘米（2英尺）的半径内，绝对不是件难事，这样能马上减轻下一记推杆的压力。部分原因在于，多数球友会发现长推杆的距离，比起扑球更容易判断，此外，你也不会完全打不到球。如果使用大角度的球杆，挥杆时会比较优柔寡断，可能只打出不到一半的距离。然而，要是直接拿推杆出来，只需稍微调整推杆的站姿（请参阅第142~167页的“推杆”章节），让身体站挺一点，双手和手臂更容易大幅度摆动即可。

但是有一些情况则不适合使用这种方式：当球落在粗草区（无法用推杆让球往上飞）、球位和果岭之间有粗草区（无法让球滚过长草），或者可能清晨的露水或雨水让草地潮湿（球会因表面潮湿而急遽减速）等。此外，若是距离推杆平面超过18米（20码），也不适用果岭外的推杆（即使球道草皮很短，还是会因为击球力度过大而难以控制）。

果岭外的推杆

若情况允许，可用德州挖起杆取代起扑球。你可能会很惊讶，自己的击球居然会如此精准。

练习7：削过球梯产生顺畅挥杆

全挥杆时杆头的速度非常快，球杆在击球瞬间不会忽然停顿。然而，起扑球的挥杆短而灵巧，杆头就很容易在碰到球后方地面时卡住，原本要传递到球上的能量，结果被草皮吸走。下面的练习会教球友如何用积极的方法来打起扑球，让杆头可以更顺畅地摆动。

1 把球放在球梯上，距离地面约1厘米（约0.4英寸），拿出劈起杆，摆出正常起扑球的准备动作。

2 让球杆自然顺畅地摆动，将注意力集中在击球瞬间同时把球梯推倒（左图）。用这种方式能促进杆头加速通过击球区。试着忽略球的存在，如果你成功地将球梯推倒，就可以打出一记漂亮的起扑球。

3 重复几次步骤2的动作，之后再将球梯拿开。

❍ 要是你可以把使用球梯练习时的流畅性，融入正常起扑球的挥杆动作，杆头就不容易“停住”（这通常也是造成厚击球的原因），你也会发现自己能够流畅地通过击球区，而所有的动作又能在掌控之下。

练习8：用倒置的雨伞提高准确度

如果想把起扑球打好，你必须能控制球的高度、飞行路线、后旋和滚动。下面练习是由另一个热门的练习所演变而来的，不过稍微有变化，主要针对四项关键要素中的两项设计，并强化球友对球的高度和飞行路线的判断。此外，这个练习还有一项优点，你不需要上球场就可进行，在家里的花园，就能获得相同的效果。

1 准备两把伞，把伞打开，倒立放在地上，相距约5米（5.5码）。

2 把一些球放在距离其中一把伞约5米（5.5码）的位置。

3 使用劈起杆，交替瞄准两把伞，先近后远，尽量让球直接落到伞内（球最后没停在伞里面没关系）。可尝试使用角度更小的球杆，来进行较高难度的挑战。

❍ 这个练习不但有助于提升特定距离的起扑球实力，并且在刚开始的时候，也能经由不同的距离，帮助你找出自己的击球范围，这也是下场比赛时所要具备的判断能力，因为场上的每一球，都只有一次击球机会。

第一阶段

练习9：预见、瞄准，然后击球

很多球友因为不善于充分利用自然的（触感）和手眼协调能力，导致起扑球打不好。借助下面的起扑球练习，你就能利用这些优势，改善果岭四周的击球表现。

1 在距离旗杆约10米（11码）的位置，摆出起扑球的准备动作。

2 开始挥杆练习，但是要让视线看着目标，而不是看着地面上的球。试着感觉一下，挥杆长度和力度要如何配合，才能把球送到正确的位置上。

3 然后做好击球准备动作，再看球洞一眼，随即将球打出去。不要犹豫不决，只要像刚刚挥杆练习一样，唯一的不同点，是这一次球会跟着滚到定位点。

❍ 练习挥杆的同时，眼睛也注视着球，你的双眼就会把信息传送到大脑，之后大脑再下达适当的指令到手和手臂。这个信息必须要在击球前再一次更新，所以多看球洞一眼就够了，如果你花太久的时间，就会消磨掉挥杆练习时手眼间的协调关系。这个方法对正式下场的起扑球非常有用，先练习挥杆、专注瞄准，然后击球，才可以让本能发挥最大的效用。

练习10：看见起扑球的挥杆轨迹

比起铁杆的全挥杆，起扑球的挥杆长度小，且杆头在击球瞬间的速度也慢很多。尽管如此，还是很难准确看见击球瞬间的击球轨迹，不过借助下面的方法，你就能取得这个重要信息。

1 从球袋任意取一支球杆，放在球的外侧，约一个杆面的距离，并且要平行于目标线。

2 拿出劈起杆，摆出击球准备姿势。记得要让站姿稍微打开，双手和重心往前，球则位于站位偏后方的位置（请参阅第92页的练习1）。

3 然后开始起扑球练习。如果挥杆动作正确，从上杆、下杆到送杆的过程，杆头都不会碰到放在地面上的球杆。上杆时，球杆应该沿着内侧的挥杆圆弧移动，通过击球区则平行于地面上的球杆，最后送杆回到内侧的挥杆圆弧上，这也是“由内而内”的挥杆轨迹（请参阅第10~11页）。

❍ 这个方法能够马上反映出你的挥杆失误。若是上杆时碰到球杆，表示杆头偏离正确轨迹的外侧，要矫正缺失，必须在上杆时把球杆往内带。如果在送杆时才碰到地面上的球杆，则表示通过击球区时是由内而外的挥杆轨迹，也就是起杆时杆头太偏内侧。所以，只要试着让球杆回归直线的挥杆轨迹，击球时杆头朝向目标的左侧摆动，就能改善失误。这个练习可以让起扑球拥有更好的方向性。

练习11：用抛球来了解滚动方式

本章节中有很多单元，都是为了击球前的想象模拟所设计的，这个练习就是其中之一。利用简单的抛球动作，让你能够轻松理解球的高度和滚动之间的关系。球友们越能体会这些重要观念，对起扑球的表现越有帮助。

1 在距离旗杆约27米（30码）的地方站好，随身带着至少10颗球和几支球杆，范围从7号铁杆到沙坑挖起杆。

2 以低手方式抛出一球，让球最后停留的位置，尽可能靠近旗杆。使用较低的弹道，让球滚远一点，你应该只要练习几次，就能马上提升自己的准确度。

3 然后试着用低手抛出较高的球，让球在旗杆附近弹跳，同时不要滚太远。但你会发现，这种方式难度很高，球不太容易停在旗杆附近。不只如此，通常散落在各处的“高球”，也可能会造成更大的失误。

4 持续抛球练习，随时变换球的高度和滚动距离。

5 最后，再进行起扑球练习。试着回想刚才抛球时的弹道和滚动距离，选用不同角度的球杆，打出类似的球路。你将再一次体会，如果采用低飞的策略，球较容易停在靠近目标的位置。

❍ 下场时，尽可能把球路压低，并且让球越早开始滚动越好（不过第一次的落地弹跳点应该落在果岭表面上），除非遇到障碍区迫使你必须采用飞行方式，这时候才考虑打出高飞的起扑球。

关键要点

起扑球类型的解读

关于起扑球，首先要知道如何选用球杆，不同球杆打出的球，飞行路线和滚动轨迹也会各自相异。依据一般通则，杆面角度越大，球会飞得较高，且容易产生后旋，因此而缩短滚动的距离。换句话说，球袋中像挖起杆这种大角度的球杆，球的飞行距离会较长却不会滚太远。然而，中铁杆这类型的球杆则刚好相反，甚至于长铁杆就只能打出滚地球，球几乎不会在空中多做停留。

如果你想要取得更为精确的数据，可参考下面简单的列表，为模拟出的球路找出合适的球杆。这些数据是非常有用的指引，不过在面对特殊的地面状况时，像结霜或潮湿的球场，就必须调整这些百分比。

球 杆	飞行距离	滚动距离
7号铁杆	25%	75%
9号铁杆	50%	50%
劈起杆	65%	35%
沙坑挖起杆	75%	25%

重新自我测试

进入第二阶段之前，务必要再进行一次第90~91页的测试，要是没有改善，最好先回归第一阶段。起扑球成绩有了显著进步之后，才可开始第二阶段的进阶练习。

练习12：利用钟面数字练习加速

在汤姆·华生（Tom Watson）的全盛时期，以卓越的起扑球技术独领风骚，他认为最严重的起扑球失误，莫过于在上杆时幅度拉太长，然后在击球之前忽然减速，就好像拳击手硬生生把挥出的一拳拉回。球友们可试试看这个练习，就如同“劈起球”章节的练习23（请参阅第85页），都是用假想的钟面数字决定挥杆的长度的，这对起扑球的加速也非常有用。

1 拿出劈起杆，做出上杆的动作，让手摆动到7点钟的位置，然后向下加速通过击球区，同时送杆到4点钟的位置，这样才能确保送杆的幅度大于上杆。此外，也要注意观察击球距离。

2 现在将上杆拉到8点钟的位置，随着上杆幅度的增加，所以送杆也要减少1小时，让手到达3点钟位置，才能使送杆幅度大于上杆，因为挥杆长度增加，球也会飞得更远。

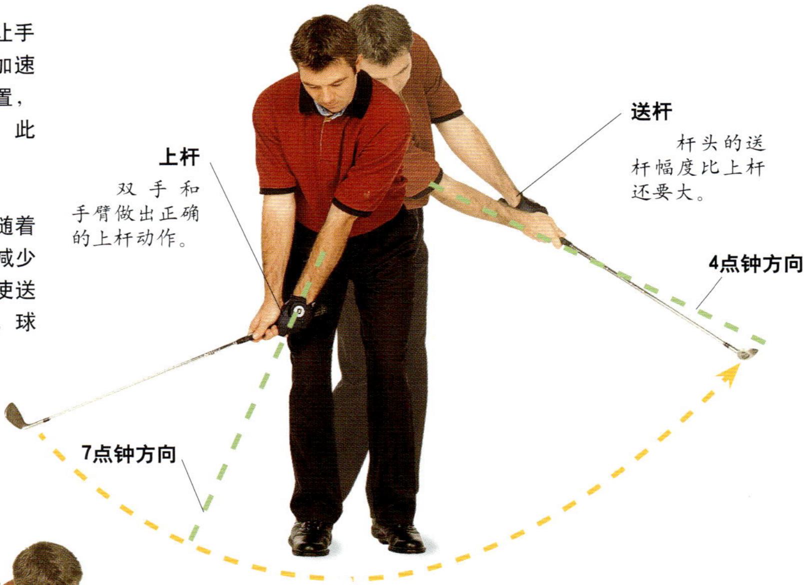

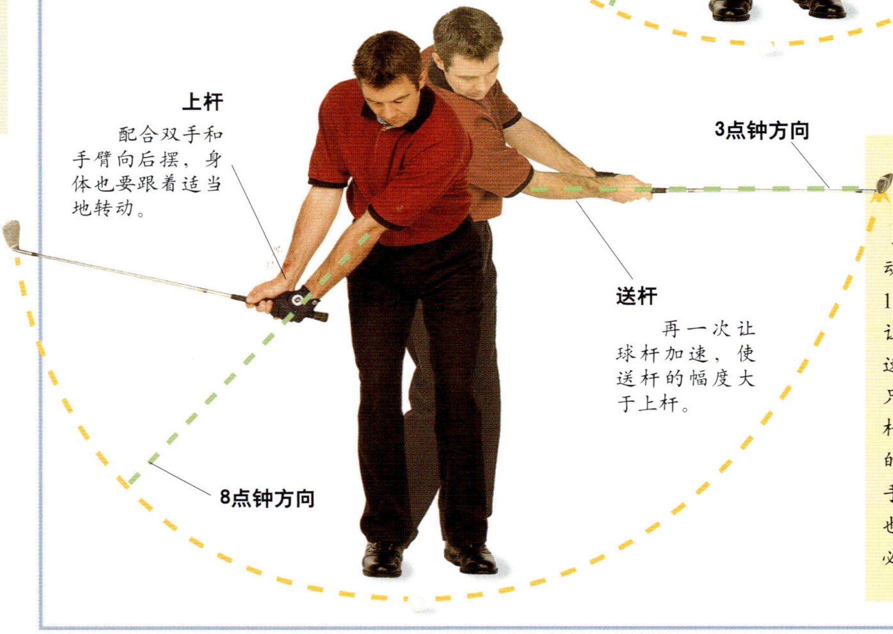

○ 你会感觉通过击球区的加速过程几乎完全一样（虽然实际上较长的挥杆圆弧会加快杆头移动的速度）。如果上杆幅度增加1小时，送杆也要跟着减1小时，让送杆幅度大于上杆，才能以加速状态击球。当你练习挥杆时，只需要牢记这个公式，注意观察杆头的摆动，试着把眼睛所看到的及自己所体会到的结果，融入手和手臂的动作。若你在击球时也能运用同一套模式，自然没有必要“收回拳头”。

练习13：摆动杆身使身体和手臂一致

不管哪种球路，上半身和手臂的相互关系都非常重要，甚至起扑球也不例外。这两项挥杆的关键是绝对要协调一致，才能让击球扎实而稳健。如果你在挥杆过程中，都能维持身体的协调性，每次击球的模式也会相同，这样会更容易判断起扑球的距离。球友们借助下面的练习，就可让身体和手臂的动作更为协调。

1 在腋下夹一支球杆，让杆身水平横过胸部。然后拿出9号铁杆或劈起杆，摆出正常的击球准备姿势，不过还是要让水平球杆维持在定位位置上。

2 身体顺畅地向后、向前转动，使水平的杆身上下摇摆。而手臂也要响应这个动作，让手上握住的球杆在固定的轨迹往后、前移动。同时，杆头在通过击球区时会擦过地面。至于水平的球杆，则会在整个过程中紧紧抵住胸部。如果球杆松脱，则表示手臂和转身动作并不协调，对击球造成负面影响。

❍ 当你已经习惯这种摆动，就把球杆拿掉，然后在不要预设目标的前提下，打出一记18米（20码）的起扑球。如果你能把这个练习的体验融入正常的挥杆动作，绝对能降低起扑球失误的机会。

关键要点

根据球款选择球路

参考章节（请参阅第219页）将会进一步讨论如何选用适合的球款，这对果岭四周的球路，会有直接的影响，有些球可以打，而另一些就不行。

控制型用球：如果你使用表皮是巴拉塔的类型，大概所有的起扑球都适用。这种球比较容易旋转，也不像距离球那么会滚，当果岭能运用的范围很小时，你就能用这种球解除危机。然而还是有一些限制，举例来说，要是球洞位于长距离果岭的后方，又使用大角度的球杆，打出一记会产生很多后旋的利落起扑球，反而容易让击球距离过短。若是这种状况，为配合控制球的特性，最好改用小角度的球杆，才不容易产生后旋，像8号铁杆就是非常明智的选择，利用一记滚动的起扑球，就能让球停在球洞附近。

距离型用球：这种类型对滚动打法的起扑球不会产生太大问题，球的设计就是以距离和耐久性为考虑的，所以很难让球产生足够后旋。千万不要想模仿职业选手的击球模式，以为自己能够让球咬住果岭表面并且减速，甚至第二次弹起时也会稍微后旋。当果岭可运用的范围较小时，打距离球的问题就很多。例如要起扑球越过沙坑，这时候就要有心理准备，球应该不会停在旗杆附近。

平均型用球：这种球有很多类型，构造也不太一样，主要的特性都介于控制球和距离球之间，不但耐久性高，并且提供一定程度的控制性。

练习14：上坡球位使用小角度球杆

如果你想要琢磨短杆的技巧，只挑最佳的球位练习，并不足以应对下场时会遇到的各种状况。若要增进处理问题球位的能力，最好多挑战棘手的球位，而这个练习就是要让球友们学习如何打好上坡起扑球。

❍ 这种调整的理由非常简单，因为上坡会增加杆面在击球瞬间的角度，如果你使用56度的挖起杆，击球瞬间球与杆面的角度可能会高达70度，造成球飞出的弹道会很高，距离也会太短。

1 把球放在果岭旁边的上坡上。

2 选定一支适合的球杆，先假设如果球位于平坦地面时，在这样的距离要配合哪支球杆。接着把球杆号码减两号。举例来说，要是在平地上选用挖起杆，这时就以8号铁杆替代。

3 使用平常的起扑球技巧将球打上果岭，并且观察球朝球洞滚动的模式。

练习15：练习下坡球位提升技巧

相较于下坡起扑球，上坡球位（请参阅上述练习14）就显得比较简单。想要在下坡球位切出漂亮的一球，必须具备相当的技巧。因此，一旦回到平地上，起扑球的难度自然会下降，也会让自信提升。只要经过下面的磨炼，不单只是下坡，所有起扑球的表现绝对会大幅度地改善。

1 把球放在果岭旁的下坡球位上。

2 球位的相对位置，要比正常球位还要往后5厘米（2英寸），手也要更往前。这两项调整会让触球更为干净，不过会降低击球瞬间的角度。所以最好选用杆面角度最大的球杆，也就是沙坑杆。这样虽然是在陡坡上，还是可以保持在45度角把球送出，足以产生一记落地柔软的起扑球。在不脱离掌控的前提下，球也能飞出一定的高度。

3 把身体大部分的重量放在位置较低的那只脚，这样才能确保向下挥杆时，双手可以保持在杆头前方。不要刻意把球朝空中打，把注意力集中在通过击球区时向下击球。要相信自己的技术，绝对能把球送到预期的高度。

❍ 下坡球位自然会降低杆面击球时的角度，所以球飞出的弹道也比平常低，因而让这种球的难度更加提升。当你能从下坡干净地击球，然后再回到平地，这些球就会显得非常容易。

练习16：在硬地练习干净击球

练习14和15（左页）都是强调高难度球位的练习，来提升整体技巧的。这个单元也是基于同样的理论，虽然刚开始会觉得挑战性很高，不过最后一定能改善你的起扑球表现，并且让平常的起扑球更为容易。利用上述方式提升在果岭附近的自信，这是非常宝贵的资产。

1 把球放在坚硬、光秃的地面上，如柏油路面、瓷砖、水泥或石板，只要表面光秃的就可以。准备一支旧的劈起杆，这样你才不会因刮伤球杆而心疼不已。

2 把球放在偏向站姿后方的位置，双手往前，且重心稍左移，请参考练习1（第92页）所提出的几项重点。

3 打几记短起扑球，距离不要超过18米（20码），此时不用担心目标，这个练习的目的，只是练习在低失误容忍度的硬地干净地击球。双手在击球前，都要超过杆头，才能有效避免球杆在碰到球以前，就先碰到光秃的地面。多练习几次之后，你应该就能抓到要领，所以下一次回到草地上时，绝对会觉得享受良多。

❍ 这个练习不能使用沙坑挖起杆，因为反弹角（杆头的圆弧型的底部）会让杆面前缘高于地面，因此实际上杆面根本无法碰到球的底部。宽厚突起的底部会先碰到光秃的地面，使杆头弹起，杆面前缘会打到球的中线附近，球可能往任何地方飞。因此，如果在球场上遇到光秃球位，千万不能使用沙坑杆。这时候最好选择底部较平的球杆，像9号铁杆或劈起杆，这能帮助你让杆面击中球的下方，并产生更好的击球。聪明地选择球杆，有时候会让整个情况改观。

第二阶段

关键要点

分析落地失误

练习17（右侧）的目的在于协助球友提升起扑球的精确度，训练自己把球打到果岭上选定的适当落点，然而如果你一直都无法打到定点，那么就要检讨失误原因并从错误中学习。不要在没有停下来思考就拼命练习，也不要指望在不了解为什么的情况下就能获得进步。借助下文所提供的一些线索，能帮助球友们从击球失误中学到更多。

太多球打短

这是最常发生的起扑球失误。可能是你在通过击球区时减速，造成挥杆动作不干脆。或球路的解读错误，在果岭上模拟的落点太远，而球杆的角度却不够（对短杆而言，高度越低代表飞行距离越短）。你可以尝试选择近一点的落点，或准备角度较大的球杆，从离果岭更远的地方练习。

太多球打太远

如果你常发生这种失误，可能要先检查挥杆幅度，可能是上杆过长，并且以同样的加速过程击球。这时候，你可以试着把上杆缩短，但是在通过击球区时，还是要果决地加速。此外，也要注意球杆的挑选是否正确，使用角度较小的球杆会比较明智，瞄准靠近自己的落点，并且让球在落地后，稍微滚动一段距离就停住。

太多球偏左或偏右

这种失误的问题出在基本动作，你必须重新检查击球准备及挥杆路径是否正确（请参阅第98页的练习10），最好重新复习练习1（请参阅第92页），建立标准的击球准备姿势。

练习17：击中录音带

练习6（请参阅第96页）和练习11（请参阅第99页）已提过，如何用想象力描绘出理想的球路，并配合脑海中浮现的影像，选用适当的球杆，做出正确的挥杆幅度。下面的练习会进一步加强这方面的技巧，不过必须要在球场上进行。同时你也要准备三四卷旧录音带（如果你没有不要的录音带，也可以用小毛巾取代）。

1 让录音带四处散落在果岭，同时让每卷带子间保持一定的距离。

2 在果岭边缘选定一块区域，拿出你短杆最习惯使用的球杆。

3 打出几记起扑球，试着让球落在录音带上。千万不要连续重复瞄准同一卷录音带，尽可能采用长短距离交替的方式击球。如果你能在7米左右（8码）的距离，固定让球打到录音带，五球中一球的成绩就很令人满意了。然而，球的落点要是在录音带60厘米（2英尺）的半径内，这也显示你的起扑球技术已经有所改善。

❍ 正式下场时，当你要选定果岭上的适当落点，试着想象有一卷录音带正在瞄准位置上，勇往直前把录音带敲碎。这种想象的技巧，有助于正面的击球态度，你才不会因沙坑或粗草区的存在而分心，正面的思考方式绝对能强化击球表现。

练习18：练习高抛球

虽然球场上大多数的球位，都有可以处理的对应球路，不过还是有例外的。举例而言，你可能要打一记越过沙坑的起扑球，但可以运用的果岭空间又很小。在这种情况下你必须打出高抛球，把球高高地飞越沙坑然后柔软地落地。此外这也是一种充满乐趣的练习。

1 把球放在半粗草区，在球位和果岭之间有一个沙坑阻挡。拿出杆面角度最大的球杆，也就是你的沙坑杆。

2 采用开式脚位，让双脚和身体的站位，平行于目标的左侧。同时把杆面打开，让杆面瞄准旗杆右侧。这些技术上的调整，和果岭边缘的沙坑球完全相同。

3 对于球道上的良好球位，面对同样距离所需要的上杆幅度加倍，先试挥两次。通过触球时要让杆头滑过草皮穿过球的下方，就好像练习7（请参阅第97页）把球杆挥向球梯的感觉。千万不要刻意把球朝空中打，因为杆面上的角度就足以完成任务。

❍ 这种球的最大障碍，是因为对于必须做出比想象中更大的挥杆幅度，而感到没有信心。你必须要适应杆头在触球时球位底下草皮产生阻力的感觉，这会产生高抛的弹道，球会较易柔软地落地，同时也不会滚太远。

关键要点

从粗草区击球较不容易后旋

起扑球这个章节主要针对球的高度、距离、旋转及滚动等四项关键要素，特别强调彼此相互关系的理解。所以，粗草区对起扑球的影响也非常值得讨论。从自己的经验中可以得知，在粗草区很难干净地击球。但是，当你沉浸在热烈的比赛中时，却也很容易忘记粗草区打出的球不会产生太多后旋的事。因此，相较于球道上同距离的球位，当你从粗草区打起扑球时，最好将球的滚动距离加倍计算。如果你在脑海中描绘球路时，务必要把这点纳入考虑，并试着找出最佳的落点。粗草区等于更多的滚动距离，既然无法避免这个事实，所以一遇到粗草区，就只好尽量采用滚动策略。

粗草区的起扑球

当你的球落在果岭附近的粗草区时，根本无法产生后旋，所以要将落地后较长的滚动距离计算进去。

关键要点

瞄准果岭的平坦区域

即便是万无一失的击球策略，球一旦离开杆头，在某种程度上就表示已经丧失了一些机会，很可能是球的弹跳很差（虽然不是由自己所造成）或突然一阵强风吹过。因此，如果有机会能降低这些不确定性，你当然要好好把握。对起扑球而言，最好是瞄准果岭的平坦区域，这样你才能精确掌控球的第一次弹跳，以及后续的滚动路线，降低失误的可能。这样能降低误判的几率，让球稳定停在球洞附近。只要球不是落在斜坡地或突起的地方，第一次弹跳和最后停留的位置会比较容易判断。当你在选用球杆时，尽可能把这项因素考虑在内。

避免斜坡

当你在打起扑球时，落点是考虑的因素之一，试着把球打到果岭的平坦区域。

练习19：面对上坡果岭改用角度较小的球杆

当果岭的坡度由前往后升高时，多数球友的起扑球都会打太短。然而，借由下面方法，你不但能预测坡度果岭对起扑球的影响，也能进一步把高低差转变成对自己的优势，只要经过适度练习，这种地形就不会太过可怕。

1 找一块由前往后上坡的果岭。

2 把球放在果岭前方的理想球位（介于粗草区和果岭表面之间的草皮）。

3 拿出劈起杆，把球往果岭的后方切。这时候要试着忽略旗杆位置（除非旗杆正好位于后面）。

4 然后改用其他球杆，差不多是8号铁杆，但还是要使用同样的击球技巧。

❍ 因为劈起杆的杆面角度太大，会产生很多后旋，容易导致球在斜坡上（直接停住），因此很难把球打到果岭的后方。如果改用小角度的8号铁杆，较平的飞行弹道也不会产生太多后旋，球很容易就能滚上斜坡。别忘了使用8号铁杆时，必须要缩短挥杆长度才能打出相同的距离，球才会停在预定的位置。下次当你遇到难处理的果岭打上坡起扑球，试着改用角度较小的铁杆。

练习20：小型起扑球竞赛

这个练习的好处在于，将正式比赛的紧张和压力，融入你的起扑球练习课程当中，这种想要获得比对手更多分数的竞赛，是出色的磨练球技的方式。

1 跟另一位球员组队竞赛，尽可能找一块包含各种状况的果岭，如沙坑、坡度、不同程度的粗草区等。

2 在果岭周围的指定地点，轮流用起扑球攻上果岭（使用你的沙坑挖起杆）。

3 每球只有一次机会，谁打的球较靠近旗杆，就可取得一分。试着让比赛在果岭四周不同的球位进行，这样你才不会太过熟悉相同的情况。随着比赛进行，尽可能地拿下几分。

❍ 这个练习非常有趣，而所有的练习过程就应该像这样。此外，你也可借此机会磨练短杆技巧，改善你的想象力与力道拿捏的精准度。

关键要点

记住，角度等于高度和后旋

很令人讶异的是，业余球友的起扑球常常离球洞太远，这种现象最普遍的原因出在选用球杆的角度太大，所以球在落地后只会滚动一小段距离。记住，角度等于高度和后旋（请参阅第99页的关键要点），如果你选择用大角度的球杆打起扑球，球的落点大概要在球位和旗杆之间的3/4（果岭要是很软，甚至要更远），一旦采用这种高抛的飞行路线，挥杆也要比较积极，并且扎实击球将球往上送。反之，若是选择滚动策略，就要改用角度较小的球杆，像是8号铁杆。不管哪一种方式，从球袋中取出球杆之前，就要下定决心，千万不要三心二意。

此外，也要考虑果岭表面的状况。如果是在冬天，果岭通常松弛而潮湿，所以选用的球杆，角度会比夏天选用的小，这样才能让球朝旗杆滚动。

重新自我测试

进入第三阶段之前，务必要再做一次第90~91页的测试，要是没有改善，最好先回归第二阶段。起扑球成绩要有所进步，才可开始第三阶段的进阶练习。

练习21：采用弱势握杆保持杆面开放

一些世上的顶尖起扑球好手，面对短而细微的球路，会让左手采用弱势握杆，这样的技巧会让杆面通过击球区时，维持开放的状态，让球的飞行路线比较高，并且以更软的方式落地，才能打出非常灵活的起扑球。因此，球友们也可以试试弱势握杆的技巧，并在下次的起扑球练习中试试看。

1 把12颗球放在球道上的理想球位上。

2 拿出劈起杆，打出一记标准的起扑球，同时也要观察球在空中的飞行轨迹和落地后的滚动距离。

3 然后转动左手中的球杆，让握杆形成弱势，这样在击球准备时，几乎看不到左手背的第二个指关节。

4 再打出一记起扑球。因为采用弱势握杆，有效地让杆面在通过击球区时保持更开放的状态，所以球会飞得稍微高一点，稍微轻柔一点，落地后也不会滚太远。

❍ 针对击球瞬间不同的杆面状况，这是非常好的练习方法，让你可以确实体会球会如何反应，这也是果岭周围控制球的关键要素之一。

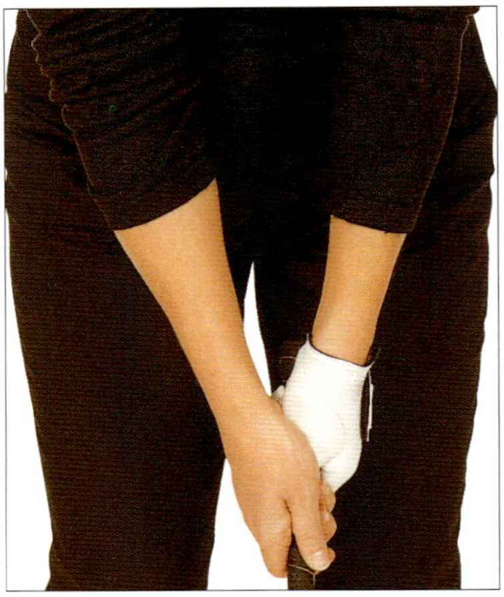

练习22：绕着果岭做练习

很多球友在练习短杆时，都是挑选相同的位置，只打几个球就仓促了事。然而，随着你的技术越来越精进，应该要赋予自己更大的挑战，才能成为名副其实的短杆好手。下面练习特别针对这方面所设计，在某种程度上模拟正式比赛的情况，完成这个练习之后，就能更从容面对真实的情况。

1 在果岭的四周随便抛出10球，让球落在好坏不一的球位，有些在果岭周围的草地，其他则是放在第一层的粗草区（几颗球被托高一点，另一些则下沉）。如果附近有斜坡，就可以在上、下坡分别放一颗球。

2 轮流在果岭四周发动攻势，试着让球尽可能接近球洞。最好随身携带几支球杆，当你在模拟球路时，就能针对不同的状况，选用适当的球杆（请参阅第96页练习6）。

❍ 在整个练习过程中，随时要评估自己的表现。有多少球停在球洞附近2米（2码）以内（之后便可轻松推杆入洞）？什么是最常发生的起扑球失误：球停的位置太近或太远？从错误中学习，才能让球技有所精进。

练习23：在粗草区交界采用（前缘切球）

当球落在护卫果岭周围的粗草区时，这种情况是球友们觉得最难处理的棘手状况之一。虽然非常靠近果岭表面，但是推杆却好像不是最合适的球杆，也因为球后方有粗草，用挖起杆也无法干净击球。这时候最佳的解决方案就是前缘切球（Bellied shot），利用杆头前缘来击中球的中线。

1 拿出你的劈起杆，采用推杆握法（请参阅第144页的练习1）和准备姿势（请参阅第145页的练习2），握短球杆，让双手更靠近杆头，并且强化你对击球的掌控。

2 让杆头悬空放在球的后方，杆面前缘和球中线等高（请参阅第113页的关键要点），这样才能确保杆头在下杆时不会被草绊住。

3 让头部和身体尽量保持不动，手腕也要固定，前后摆动球杆。确认几乎没有曲腕的动作，如同推杆时保持绝对静止的手腕。

4 用杆头前缘朝球的中线击球，球刚开始可能会稍微弹起，然后就像推杆一样往前滚，所以非常容易判断距离。只要经过几次练习，你将会很惊讶，居然能如此精确地判断球的行进路线和距离。

❍ 多数业余球友都会觉得这种球很难打，然而，如果遇到粗草区和果岭的交界，这却是非常好的击球策略。练习25（请参阅第111页）也会提供另一种方式，来教你处理这种棘手球位。

关键要点

练习让每一球都进洞

打起扑球时通常会采用稍微保守的打法，所以球还是会离球洞有一段距离。试着让自己挣脱这种思维模式，练习用正面而积极的态度处理起扑球，每次打击都要瞄准球洞。保持这种态度有两项优点，首先，如果你能让球朝着球洞的方向滚动，就有机会落入球洞（记住，没过洞口的球不可能进洞）。此外，球要是滚过球洞，也可借此机会观察滚动的路线，这个线索可以用来决定，下一记推杆究竟是弯曲还是直球。

采用正面思考的模式，才能把握每次机会发掘自己的潜力，从而提升起扑球水平。如果你过于保守，反而常常会造成击球失误。

正面的思考模式

每记起扑球都要瞄准球洞，提高期望常常是改善整体表现的有效方式。

练习24：将推杆技巧应用到起扑球

所有能让短杆好打的方法都值得一试，下面所提供的技巧就是其中之一，有几位世界排名顶尖的好手也都采用这种打法。光是这个理由就值得你一试。也可视状况需要，使用不同的球杆，不管是劈起杆或8号铁杆都没问题。把推杆技巧应用到起扑球，说不定能大幅度提升你的起扑球表现。

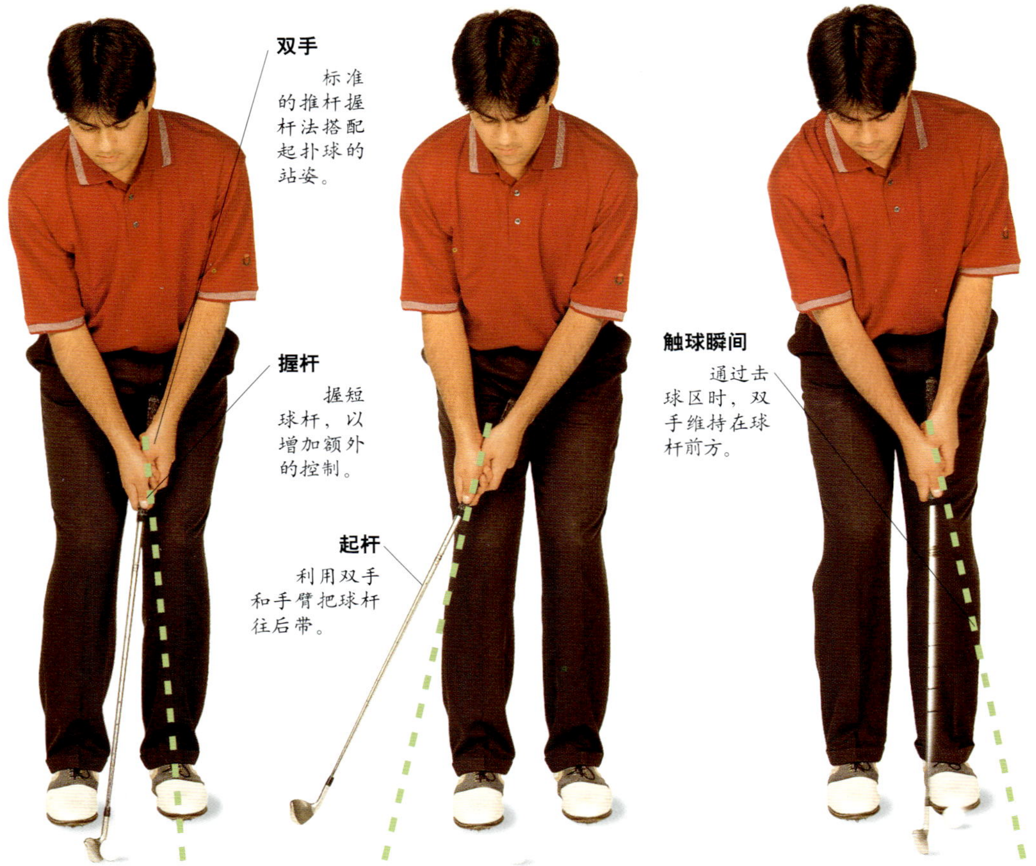

1 采用推杆的握法（请参阅第144页练习1），而不是标准全挥杆的握杆方式。

2 击球准备时双手要超过杆头和球的位置，所以杆身会明显朝目标方向倾斜。

3 然后做出长推杆的挥杆动作。当手臂上杆并通过击球区时，务必要让双手维持在杆头前方。

○ 如果采用推杆的握杆法打起扑球，会让曲腕的幅度降到最低，这有三项好处：不但能简化击球过程，提高稳定度，并且强化对距离的判断。因为这种球不容易后旋，所以一旦接触到果岭，就会像推杆一样滚动。当你面对短距离的起扑球，也就是距离旗杆7米以内的球位（7.7码），就能采用这种打法来处理。虽然调整的初期一定会不太适应，不过却会让你打出非常有“感觉”的起扑球。

关键要点

准备起扑球时先判读果岭

多数球友在推杆时，都会毫不迟疑地先判读路线和评估转折点。但是非常奇怪，推杆和起扑球之间的相关性也很高，却很少有人用同样态度处理起扑球。当你在模拟起扑球的路线时，也要一并考虑果岭坡度对球的影响。尽管这听起来好像理所当然，但是常常被忽略，让一记完美的起扑球没能停在预定的目标上。因此，要以解读推杆的态度，来判断起扑球路线。

看到行进路线

让你的行动反映出自己的企图，如果想要让起扑球进洞，或至少让球尽可能靠近球洞，事先一定要详细观察果岭的地形。

练习25：试着用推杆打出（趾部敲球）

你可能会看过在果岭周围和粗草区的交界，一些职业选手会用推杆的趾部打球，这种技巧看起来很奇怪，不过却大有名堂，一般称为（趾部敲球）。虽然球非常靠近旗杆，却因为被长草包围，而让这种球位很难处理。从这个位置打出的球，常常因为用力太轻导致距离不足。但是如果采用趾部敲球，则能有效化解危机。

1 把球摆在果岭四周和粗草区的交界。然而不需要从球袋中取出挖起杆，拿出推杆来取代。

2 握着推杆让杆头趾部悬空对准球的中线后方，而握把末端也要指着球洞的方向。

3 瞄准球的中心，做出一记幅度短、角度尖锐的敲击。你会觉得球后方的草皮并不会妨碍击球，这正是采用这种方式击球最主要的原因。此外，在正旋开始产生效应前，球就会先跳起来，并滚向果岭表面。

❍ 面对这种球位，练习23（请参阅第109页）也曾提出另一种处理方式，如果你偏好采用推杆的趾部敲球，有两项因素要先纳入考虑。要是和洞口的距离超过6米（6.6码），就不适合这种击球模式，同时也要考虑推杆的种类，相对而言，杆头的趾部要平一点，若是太圆，可能会把球送到无法预期的方位上。然而你要是能把上述限制牢记于心，这种击球模式非常值得一试。

关键要点

想要进洞就把旗杆留在洞里

从果岭外打起扑球，如果让旗杆留在原位，球进洞的几率会比较高。这个理论已被前美国太空总署的科学家戴弗·培尔兹（Dave Pelz）所证实。他选择把自己的智慧奉献给高尔夫，运用科学仪器，从击球瞬间到球停止移动的整个过程，针对所有可能球路都进行详尽分析。研究的方式是让球以不同速度朝球洞各自的部位滚动，不管是保留还是拿掉旗杆都进行测试。经过几千次的实验，最终的结论如下：打起扑球前把旗杆拿掉，可能有助于建立自我尊严，却会降低直接进洞的机会。此外也要记住，从果岭外打球时碰到旗杆，并不会有任何处罚。

让旗杆留在球洞内

一位最聪明的高尔夫球员以科学研究证实，如果旗杆留在球洞，球较有机会落入球洞。

练习26：用迷你左曲球让起扑球滚更远

这种进阶的起扑球技巧，最适合的形容方式是迷你左曲球。在你开始练习这种技巧之前，必须先要了解，产生右到左的后旋的左曲球，会让球比平常滚得更远。当你和旗杆之间的果岭范围很大，把迷你左曲球的技巧从百宝袋中取出，绝对非常有用。球友们可利用下面的击球三步骤，让表现更完美！

1 挑选一支短铁杆，如8号铁杆。把球放在站姿偏后方的位置，面对右脚尖，同时双手要维持在杆头前方（甚至比正常起扑球还要前面）。此外，站位也要稍微指向目标右侧，然而杆面还是要瞄准旗杆。

2 往后上杆时，要比标准起扑球的路径还要明显偏向内侧。

3 然后在相同的挥杆路径下杆通过击球区，所以杆头碰到球时，会向目标的右侧移动。这也是内侧到外侧的击球轨迹，并让杆面呈关闭的状态（相对于挥杆轨迹而言），导致球由右往左旋，而球的飞行轨迹会比使用相同球杆的正常起扑球还要低，而且滚更远。

❍ 采用这种起扑球模式，你只需要做出小幅度的挥杆，就可把球送上长距离果岭，也因为动作很小，所以更容易掌控。这种方式常用于必须使用6号铁杆时可以用8号铁杆取代，原因主要是杆身短，所以控杆也会比较好。刚开始球友可能会很惊讶，改用这种技巧，球居然那么会滚，然而只要经过练习，你马上就能够学会如何精确判断击球距离。

练习27：大角度木杆的起扑练习

几年前用大角度木杆打起扑球还算很少见，然而自从老虎·伍兹和诺曼开始在一些大型赛事中使用时，这种击球方式马上从默默无闻，变成触球质量的最佳保证。这个练习将会让球友们学习，如何发挥大角度木杆超强的功能，让球尽可能靠近果岭。

1 拿出3或4号木杆，握短球杆，让较低的那只手几乎碰到杆身的金属部分。

2 采用正常的起扑球准备姿势，为了配合较长的球杆，只需要稍微站挺一点。此外，比起使用挖起杆的情况，球位和站姿的相对位置也要比较远一点（否则你的双手和手臂会卡在腹部，没有多余的活动空间）。

3 接着做出标准的推杆击球姿势（请参阅第142~167页的“推杆”章节），前后摆动杆头时，不要举太高，同时只要一点点的曲腕。这种击球方式主要由手臂和肩膀带动，让杆头在击球瞬间擦过地面，所以球也不会在空中逗留太久，便迅速滚上果岭。

❍ 使用大角度木杆起扑球最主要的情况，跟果岭外的推杆很类似（请参阅第96页的关键要点），也就是球位良好，而你和推杆平面之间也没有其他障碍存在。用大角度木杆起扑球比推杆还要好用，这主要是因为杆面有额外的角度，所以球能更容易地通过不平或潮湿的地面。

关键要点

在粗草区打起扑球时让杆头悬空

在劈起球的章节中，已经讨论过击球准备时让球杆悬空的好处（请参阅第84页的练习21），对起扑球也是一样。不但起杆动作会较为流畅，也会提升触球质量。如果球落在果岭附近的粗草区，让杆面前缘悬空对准球的中线，不要把杆头放在草堆里。你会发现起杆的动作变得非常顺畅，也不容易在起杆途中卡住，比较不会打断挥杆节奏。此外，瞄球时让杆头悬空，也会稍微提高挥杆轨迹的最低点，所以通过击球区时，杆头就不会埋进球后方的草皮，触击质量也会因此提升。虽然这个技巧必须要花点时间练习，却绝对值得让自己习惯这种模式，因为确实有很多的好处。

将球杆举起

在粗草区时，让杆头在球后方悬空，杆头不会被卡住，起杆动作就会更为顺畅。

完美的起扑球

尼克·普莱斯（Nick Price）最有名的莫过于快如闪电的挥杆方式，他用铁杆和一号木杆打出的球就像子弹一样快。但是，很多人都忽略他的短杆表现和长杆一样出色。他绝佳的击球水平，不只是“好”而已。这主要来自于他所拥有的三项优势：除了完美的想象力之外（本质上，就是在最佳时间点，模拟出最适合的球路），他双手的感觉也超级敏锐，当然还要整体球技的配合。这些令人称羡的组合，让他的起扑球具有极高准确度，而多数球友却只能在中距离推杆达到这样的目标。

1 击球准备

在这个章节的开头，就已经把起扑球的准备动作浓缩成一句简单的口诀：球往后移，双手和重心往前。从这里可清楚看到如何把这些理论应用到实务上。尼克正预备使用9号铁杆打一记正统的切滚球，他让球位于站位后方，正对着右脚。双手则在球的前方，杆身倾向目标，同时重心稍微偏向前脚。这些调整都是为了促进向下的击球方式。此外也要注意观察，尼克在面对球时是如此放松，看起来非常舒适，双手一点都不紧绷，这会让他在挥杆过程充分感觉到杆头的移动，强化对球行进路线的控制。

完美起扑球的要诀

如果你能确实做好几项重要的基本动作，起扑球技巧其实非常简单。下面4个简单的关键要点，就能促进正确的击球轨迹。

2 上杆

上杆主要部分只是
简单的摆动，随着球杆
后移动，继续维持击球
备时双手和肩膀所建立
三角关系。重心也不需
转移，始终保持偏向左
，这样才能促使向下的
球轨迹产生。多数球友
打这种球时所面临的问
，都是出在无法拿捏上
幅度的长短。

3 改变方向

当手臂和身体正处于转变方向的点时，保持柔软的双手和手腕，会使腕关节稍微转动，产生杆头瞬间在双手后方延迟的感觉。这会让双手主导下杆动作，而杆头也才能在向下的轨迹中通过击球区。虽然只是非常巧妙的变化，却是利落起扑球的关键因素之一，对距离这么短的击球尤其重要。

4 击球瞬间

双手维持在杆头前方，产生稍微下行的击球角度，产生先球后草的完美触球。这种击球在柔软地面造成的草痕最小，如果是较硬的草皮只会留下擦过的痕迹。把这个姿势和第一张照片加以比对，除了推杆之外，只有起扑球在击球瞬间的停格照片，几乎跟准备时没什么两样。击中位于站位后方的球时，双手和重心还是偏向前方。

5 送杆

尼克的转身动作，和双手、手臂与球杆的摆动非常协调一致。在通过击球区时，这种高度的协调性会让双手保持在杆头前方。如果身体没有转动，杆头就会倾向超过双手，在碰到球的瞬间轻拍过球，使距离无法掌握。此外，也要注意他的双手，比起上杆，送杆摆动的幅度更大，在击球瞬间杆头才会达到所需的速度。

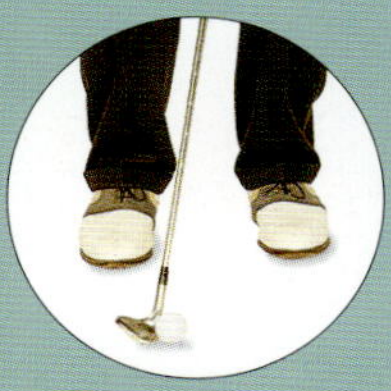

把球放在站姿偏后方的位置，双手和重心前移，确保杆头会以向下的轨迹通过击球区。

球杆上的角度只要符合需求即可。若球的飞行路线上没有任何障碍区，让球落在果岭上的位置离自己越近越好，采用这种方式，球的第一次弹跳会比较平稳，然后开始滚动。你会发现这种低飞切滚球的距离，比高抛球更容易判断。而后者是无计可施的情况下，才会选用的下下策。

做出足够的上杆幅度，让杆头平稳加速通过击球区，球才能飞出所需要的距离。

想象杆头是在下降到地面时通过触球，这会有助于向下的击球角度，避免要命的捞球动作，这是许多起扑球失误的主要原因。

沙坑球

毫无疑问，跟其他球路比起来，大部分业余球友在面对沙坑球时，都会感觉到恐惧与棘手。好消息是，这种想法和实际的击球难度并没有直接相关，因为标准沙坑球的失误容忍度其实很高，原因之一是你甚至不需要直接碰到球，只要技巧非常熟练，朝着球后方2.5厘米（1英寸）和6厘米（2.4英寸）的区间打击，结果都不至于太过离谱，其他的击球绝对没有这么高的容忍空间。如果你还是有疑虑，还有另一个好消息，那就是与高尔夫中的其他技巧相比，只有沙坑救球这个项目，只要经过短时间的练习，不但能从糟糕变成不错，甚至能从不错变成出色。

发展新技巧

随着这个章节的练习单元，你对沙坑的恐惧也会渐渐蒸发，第一次走进沙坑时乞求上苍帮忙的无助感，将会变成遥远的回忆。事实上，就算是长距离沙

坑球，也不会比正常铁杆难，甚至当你站在短距离的沙坑内时，也会开始预期在两杆把球送进洞口（除非球位很差）。虽然这听起来像是遥不可及的梦想，然而只要完成接下来的各种练习，你就会知道出色的沙坑成绩，究竟能省下多少杆数。

沙坑球测试

很多在读这本书的人，刚开始遇到沙坑时，最主要的想法只是把球挖出沙坑，但是这并不值得花时间进行测试。如同切球一样（请参阅第90~97页），沙坑实力的好坏，是以准确度作为评分标准。然而此时此刻你会因为心理作用，觉得沙坑的难度较高，所以这个测试还是把目标圈的半径放大3倍。

1 找一块果岭附近的沙坑，约距离旗杆6米（6.6码）到7.5米（8.2码）之间，因为练习场通常没有沙坑，所以只好在球场的冷门时段进行这项测试（这样你才不会被打断）。

2 以3米（3.3码）为半径，用球座在旗杆四周围一圈。可用沙坑挖起杆辅助测量，3米的长度约为球杆的3倍。

3 拿出沙坑挖起杆和15颗球走进沙坑，把球放在适合的球位，然后尽可能把球打进球座围成的圆圈（左图）。重复测试3次，取其平均值，把成绩和下面的评分表比对。

❍ 对沙坑的恐惧常会使你宁愿瞄准沙坑外侧，也不敢直接瞄准旗杆，所以每次只要进入沙坑，都会花掉很多杆数。因此，当你也可以打出好的沙坑球时，在杆数上马上就会有很大的差别。

评分表

❍ ❍ ❍ ❍ ❍

1~5 = 第一阶段
（第118~125页）

❍ ❍ ❍ ❍ ❍

6~10 = 第二阶段
（第126~133页）

❍ ❍ ❍ ❍ ❍

11~15 = 第三阶段
（第134~139页）

练习1：打开双脚、臀部、肩膀和杆面

高尔夫最难处理的情况，莫过于想要从很糟的击球准备位置打出好球，其中之最就是沙坑。下次当你在练习沙坑球时，可借由下面步骤，自己去熟悉果岭边缘沙坑的理想击球准备姿势。

1 站在果岭边缘的沙坑内，摆出标准铁杆的击球准备姿势，让站位和目标线平行，杆面正对旗杆，球位则对着左脚跟。

2 把右手从球杆上拿开，握杆的左手也放松，然后用右手握住握把，以顺时钟方向转动球杆（让杆面呈开放的状态）。如果把旗杆方向想成钟面上12点钟方向，当杆面瞄准2点钟方向时就停止转动，接着左手握住球杆，右手也重新握住握把。

3 接着将脚位调整成开放式站姿，让双脚、臀部及肩膀瞄准线对准10点钟方向（旗杆左侧）。此外，要确定杆面是维持打开的状态（瞄准目标右侧）。

4 用双脚向下踩紧。在容易滑动的沙面上，这样不但能提供稳定的基础，而且你会更清楚地感觉到沙子的质地。

❍ 如果你的沙坑球表现很糟，最容易往前跨进一大步的方式，可能只是调整准备姿势。但这除了能促进正确的挥杆动作，也可让沙坑挖起杆的反弹角发挥最大功能（请参阅第119页的关键要点）。

练习2：右手挥杆感觉沙子飞溅

下一页的关键要点会进一步说明，沙坑挖起杆的反弹角作用，这是沙坑击球的关键之一。唯有使用正确的技巧，才能让反弹角发挥功能。练习3（右侧）将会协助你了解沙坑挖起杆在沙里的移动模式，而下面的练习也很类似，同时让你的技巧更为流畅。

1 带着沙坑挖起杆走进沙坑，先不用考虑球的问题。

2 采用正确的沙坑击球准备姿势（请参阅上述练习1），不过只用右手握住球杆。

3 利用单手摆动球杆，将杆头“丢”进沙里面，让右手臂要伸直，同时做出释放手腕的动作。试着让杆头滑过沙子（利用球杆的反弹角），而不是往下挖。你应该会在沙上留下浅浅的痕迹，约30厘米（12英寸）长。

❍ （沙坑球）这个章节的前几个练习单元，都不需要击球，因为这几个练习着重于基本动作，为正确挥杆提供稳固的基础。学会跑之前，当然要先知道如何走路。

练习3：倾听好的沙坑球声音

如果你很难一杆就从沙坑中脱出，这时候最好先回归基本面。这个练习则是借由聆听的方式，在果岭边缘的沙坑，利用声音判断杆面的位置是否正确。

1 摆出正常的击球准备姿势（请参阅左侧练习1），先不使用球。刚开始先不要将沙坑杆的杆面打开。

2 做出几个挥杆练习，就好像击球一样朝着沙打，并且要让杆面正对目标。你会发现因为向下打的关系，杆头会整个埋进沙里，同时带起大量的沙。如果这是正式的击球，只有极少的能量会传递到球上，当然就无法飞出沙坑。

3 接着，采用开放式杆面来挥杆。当沙坑杆底部突起的部分击中沙的表面时，会发出完全不同的声音。由于反弹角的作用，所以杆面能够顺畅地从沙子间滑过（请参阅本页的关键要点），并留下浅浅的痕迹。如果这是一记正式击球，将会有更多能量传递到球上，所以球马上能摆脱沙坑的纠缠。

❍ 重复进行几次练习，交替使用开放杆面（理想击球模式）和方正杆面（错误的方式），仔细聆听感觉其中的差异，这二者的落差绝对远超过你所想象的。一旦能够辨别正确挥杆的声音，就表示你已做好万全准备，即将成为更好的沙坑球好手。

✓ 杆面朝目标方向打开

✗ 杆面方正对着目标

关键要点

关键的“反弹角”

一直到20世纪30年代早期，球杆并没有特别针对沙坑做任何设计，就像杆袋里的3号铁杆，球杆底部通常太薄，这表示杆头会在击球瞬间切得太深。因此，以前沙坑的难度比较高，只要陷入沙坑，就要奋战许久。然而色拉森（Gene Sarazen，首度完成高球生涯大满贯的名将）却认为，沙坑的难度不应该那么高，他自己设计出独特的沙坑挖起杆，球杆的底部更圆，同时让底部更宽（就像现在的沙坑挖起杆），他的发明让沙坑球打法彻底改头换面。

当杆头圆弧形的底部（反弹角）和沙接触时，不会像老式球杆一样埋到沙里面。杆头会弹回，并在原来球的位置上留下浅浅的痕迹，这也是所谓的杆底弹力效应。举例来说，圆弧形底部的作用，就像把网球以低抛物线投向沙坑，球并不会埋到沙里面，却以跟入射角对称的方式从表面弹起。如果你的技术够好，沙坑杆当然就能发挥这样的效能。

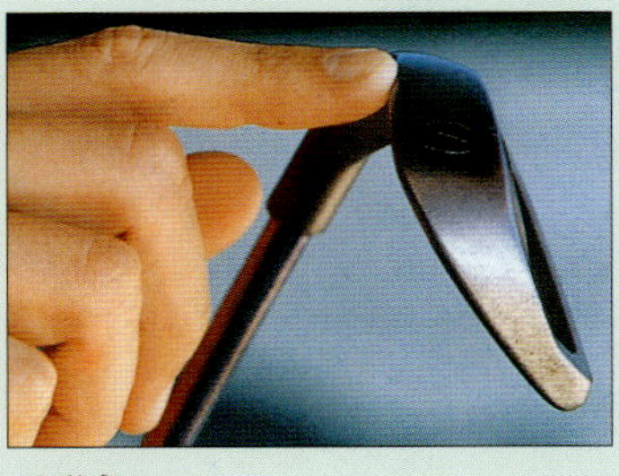

反弹角

沙坑杆具有宽而圆弧的底部，也就是反弹角，这个设计能让杆头顺畅地滑过沙子。

练习4：在沙上画线指引挥杆路径

现在就要开始正式的果岭边缘沙坑救球训练。这个练习采用在沙上画线的方法，借以指引击球的理想挥杆路径。但是务必牢记，在高尔夫的正式比赛中不允许这种行为，如果你的球杆在击球前碰到沙，就会违反比赛规定。

1 把球放在沙上，摆出击球准备姿势（请参阅第118页的练习1）。

2 使用球杆的握把端，沿着脚尖在沙上画条直线，然后再画另一条并行线，往球前后延伸约20厘米（8英寸）。

3 让杆头沿着第二条线往后上杆，曲腕的时机，要比起扑球还要早一点，这样球杆才会落在比较陡峭的挥杆平面上。此外，当你上杆时也要做出适当的转身动作。

4 让杆头打在球后方的沙地上（请参阅第121页的练习5），通过击球区时，要让杆头沿着先前在沙上画的线通过。这表示你正沿着脚尖连线，朝目标左侧挥动球杆，同时杆面是呈开放状态的，这样将会帮助你把球送出沙坑，并且让球朝着旗杆方向移动。

❍ “开球”章节的练习22（请参阅第30页）曾经讨论过释放球杆的重要性。但是遇到果岭边缘的沙坑球，却不能这么做。当你朝目标左侧挥杆通过击球区时，杆面维持开放状态是非常重要的，因此不要让右手盖过左手，这能避免杆面形成关闭，并且也能确保球不会飞向目标左侧。

练习5：在沙上画线 让击球注意力集中

与练习4很类似（左侧），这个单元也是在沙上画线，不过这次却不是辅助你的站位或挥杆轨迹，而是关于沙坑的另一项关键技巧，也就是让球友们学习，如何稳定地让杆头打在球位后方的正确位置上。

1 拿出你的沙坑杆，用握把端在沙上画线，垂直于目标线。

2 在线前方5厘米（2英寸）放一排球，每球距离至少25厘米（10英寸）。

3 沿着线轮流把球打出去，就像平常一样，要先确认你的站姿和杆面都是呈开放状态的。试着向下挥动让杆头打在沙上的直线，在通过球下方的沙地时要加速。这时候，你不需要担心球，因为只要技巧正确，绝对能把球送出沙坑。

❍ 使用铁杆时，必须要做出干净的击球，才能打出精确的距离。但是遇到沙坑时，如果想要掌控球飞离沙坑后的距离，就要稳定打在沙地上的正确位置。这个练习会让你的挥杆更稳定，每次的挥杆都要一致，把杆头送到固定的打击点。

完美的击球准备姿势

瞄准第一球，做出标准果岭边缘沙坑的击球准备动作。

切入点

杆头朝下瞄准沙上的直线，顺畅挥动球杆通过沙地。

关键要点

正确球位比想象中更前面

对沙坑备感困扰的球友，多数是因为将球位摆在站姿中间。虽然这很适合劈起球和起扑球，不过以沙坑而言，过于偏后面的球位，导致杆头以很陡的角度往下移动，所以会在沙里面挖太深，这也表示你将会丧失大部分的挥杆能量，因此残余力道已经不足以让球飞得够高、够远。因此，沙坑球的球位要偏向站姿前方，正对左脚内侧（如同1号木杆和铁杆的理想球位），你才能用较浅平的角度挥动杆头，切入沙上的打击点，然后滑过球下方的沙地，将这片沙子溅起，并让球飞过前方的沙坑边缘。

通常只要稍微调整准备姿势，对挥杆动作就会产生很大的影响。当你在练习沙坑救球的技巧时，务必要养成检查自己的姿势，以及其他击球准备基本动作是否正确的习惯。

球位

如果球位偏向站姿前方，有助于较浅平的击球角度，才能让打起来的沙子将球往外推。

第一阶段

练习6：打水漂儿体会正确的右手动作

练习4（请请参阅第120页）曾经说明，遇到沙坑时不能释放球杆，才能确保杆面在通过击球区时维持开放状态。而这个练习将会帮助球友习惯右手的正确动作，虽然打水漂的动作看起来好像跟高尔夫没有直接相关性，不过却几乎是所有人的自然反应。

1 拿起一颗小石头，朝着水面打水漂。注意观察，当你的身体打开、摆动右手，把石头以平直的抛物线丢出后，抛石头的手臂会往回收，同时右肩也跟着往下转，移动到下巴的下方。试着多做几次这个动作，体会一下右手和转身如何配合。

2 带着沙坑杆走进沙坑，做出几个挥杆练习。试着把右手的动作想成丢石头，下杆时随着身体打开的动作，右肩也会朝下转，并且右手的摆动也会比较浅平，让杆头以很浅的轨迹滑过沙地。

3 现在就可以开始练习击球，把步骤2的感觉融入击球过程，让杆头顺畅地从球下方的沙地滑过。

像丢石头的动作

在沙坑的打击方式，右手的动作就像丢石头，当你在送杆时，右肩会转到下巴的下方。

○ 这个练习不但有助于右手正确地摆动，也可让杆头以理想的加速通过沙地。若能掌握这两个关键要点，你就掌握了打出良好沙坑球的技巧。

练习7：瞄准沙地，而不是球

活跃于20世纪前半叶的高球名将华特·海根（Walter Hagen，史上最杰出的球员之一），总是常常提起，沙坑应该是这项运动最简单的击球之一，因为杆头甚至不需要直接碰到球。这个概念直接点破沙坑球的关键，而这个练习将会让球友们学习如何用正确的击球模式把球送出沙坑。

1 走进果岭边缘的沙坑，把球摆在理想球位上，摆出标准的击球准备动作。

2 虽然击球时盯着球看是直觉反应，但是在沙坑中，就要把注意力集中在球后方（左图）5厘米（2英寸）的打击点，不要让目光锁定在球上。尽管刚开始时会觉得不太适应，不过努力抗拒球的诱惑，才能让球离开沙坑。

3 挥杆时，注意力还是集中在沙上的打击点，甚至也不需要考虑球。如果你的挥杆非常正确，让杆头加速通过沙上正确的位置，球自然会飞离沙坑。你可以应用这种技巧，多练习打几球。

❍ 这个单元跟练习5（请参阅第121页）都是基于相同原则，但却不是采用在沙上画线的方式，所以也不会违反比赛规则。你只要把注意力放在沙上的打击点，忽略球的位置，就如同海根所提出的观点，你要打的位置在沙地上，而不是球。

练习8：沙坑球的上杆幅度要多一倍

高尔夫并不是纯科学，不能用特定方程式转换标准的击球模式。然而下面练习，却会提供一个简单的公式，协助球友判断果岭边缘沙坑的击球距离。

1 找一块果岭边缘沙坑，距旗杆约10米（11码）。

2 拿出沙坑杆，从沙坑侧边的草地上打一记起扑球。试着把球放在较理想的球位上，让球的落点离旗杆越近越好。

3 接着走进沙坑，这时你的上杆幅度要加倍，但是杆头通过击球区的加速过程，以及整体的挥杆节奏，都要和先前那记起扑球相同。因为部分能量被杆面和球之间的沙子吸收，所以球飞出的距离也会和先前一样。

在草地上的上杆幅度

在沙坑中的上杆幅度

❍ 虽然很难用数字理清高尔夫的击球动作，不过运用这套草地和沙坑的比较方式，对球路模拟却非常有用，只要把上杆幅度加倍，就能精确推断果岭边缘沙坑的击球距离。

练习9：两种改变沙坑球距离方式的实验

如果你想从沙坑中打出不同的距离，可供推荐的理想击球模式区分为两派。多数教练认为，每次击球所带起的击沙量最好都相同，借由上杆幅度的调整，就能产生远近不同的击球距离。本章节前几个单元也都是基于这个理论。但是，有些专家却抱有不同的态度，他们会建议你将上杆幅度固定，而利用击沙量的改变，让球落在远近不一的位置，长距离的击沙量比较少，短距离则多一点，这也是伟大的巴比·琼斯所采用的击球模式。因为这两派意见都各有其优缺点，球友最好都能亲身体验，然后再决定选择适合自己的方式。

较短的上杆幅度表示距离会比较近

较长的上杆幅度表示击球会比较远

1 找一块附近有沙坑的果岭，在上面3个不同距离各放一支球梯。

2 拿出你的沙坑杆走进沙坑，把6颗球分成两组，每组各3颗。

3 先采用相同击沙量的控制方式，把其中一组球分别打向果岭的球梯。这时候要调整上杆幅度，以控制球的距离，将第一球打向离你最近的球梯，然后逐渐加大上杆幅度，把剩下的两球分别送到较远的两个球梯上。

4 接着，采用另一种方式，保持相同的上杆幅度，利用调整击球瞬间带起的击沙量，来控制击球距离。打第一球时要带起大量的沙，把球送到最近的球梯，再稍微减少击沙量，把第二球送上中间的球梯，最后用最少的击沙量，把球送上最远的球座。抱持实验的态度，是这个练习的关键。

打击点离球较远

让杆头切入球后方8厘米（3.14英寸）的打击点，然后观察球会飞多远。

打击点离球较近

让杆头切入球后方1厘米（0.3937英寸）的打击点，然后观察球会飞多远。

❍ 重复上述步骤，试试看哪种方式，可以让你比较容易掌控击球距离。如果挑出适合自己的击球模式，这就是你日后沙坑球的基础，遵循这种击球模式进行练习。

练习10：让送杆比上杆更长

在果岭边缘的沙坑，你必须让杆头加速通过击球区，才能产生足够能量，让沙产生一定的波动，把球托出沙坑。这个练习会帮助球友们，学会让球杆正确加速通过沙地。

1 找一块果岭边缘的沙坑，大概距离旗杆18米（20码）。

2 做出上杆动作，注意观察双手和手臂摆动的长度，现阶段还不需要使用球。

3 接着将杆头往沙里面打，让球杆持续加速，因此向前的收杆位置，会比向后的上杆顶点更远，表示送杆长度比上杆还长。

4 最后，将球放在沙地上形成理想球位，开始击球练习，专心做出比上杆长的送杆动作。

❍ 在这里再次重申，如果杆头在下杆时减速，会造成沙坑的重大失误。沙地很容易把减速的挥杆能量，吸得一滴不剩，而球也会继续留在沙坑里。因此，务必要让送杆长度大于上杆，才能把球成功救出沙坑。

上杆

上杆时请记得手所到达的位置。

送杆

挥杆时务必让送杆长度大于上杆。

关键要点

记得要将沙坑复原

如果你已经完成一记沙坑球，务必要用球场提供的沙耙，将沙地重新耙平，清除脚印及击球时所留下的痕迹。当你离开时，最好能把沙坑复原，这是高球礼仪中非常简单的动作（请参阅第222~225页），却可以确保所有球友都享有公平机会，让球落在沙坑的良好球位上。每个人都应该做这项服务，不管是自己本身还是随后击球的球友都一样。尽管这个观念出现在练习第一阶段，不论球友们的实力如何，还是要遵守相同原则。

用沙耙复原沙坑

这是高球礼仪之一，当你离开沙坑之前，务必要让沙地恢复原有的平面。当走进沙坑发现球停在深深的脚印中时，将会令人非常沮丧。

重新自我测试

进入第二阶段之前，务必要再进行一次第116~117页的测试，要是没有改善，最好先回归第一阶段。如果你的沙坑球成绩已经成功地进步了，就可以开始第二阶段的进阶练习。

第一阶段

第二阶段

关键要点

握短球杆增加触感

打短杆时几乎都要握短球杆，沙坑球也不例外。你可以试试看要把双手放到哪个位置，才比较适合自己，而根据经验法则，下移约5厘米（2英寸）最理想。这样的调整非常有用，因为双手离杆头比较近，所以控制当然会更好。就好像写字一样，如果你握笔位置很高，就很难写出工整的字迹，所以会稍微靠近笔尖，才能控制书写质量。相同的概念也适用于沙坑球，握短球杆，不但感觉会比较敏锐，也能强化控制，让杆头在挥杆过程非常听话。

唯一不适合这种击球模式的情况，是球位低于脚位的状况。这时候你必须充分运用整支沙坑杆的长度，才能让球杆在击球瞬间击中正确位置（请参阅第133页的练习18）。

双手下移

打短杆时要握短球杆能强化触感，沙坑球当然也不例外。

练习11：利用干净击球打出长距离沙坑球

下面练习是为了长距离沙坑球而设计的，利用干净击球的模式，让杆面和球之间，不会被沙所阻碍。这种打法和果岭边缘的沙坑大不相同，如果你遇到球道沙坑时，就要采用这种模式。不只如此，球友们从这个练习所得的收获，对一般的铁杆也大有帮助。

1 找一处球道沙坑，前缘的边坡最好不要太高，同时有足够的平坦球位空间好做练习。

2 在沙上画条线，沿线尽可能多放几颗球，让球后缘正好碰到线。

3 拿出7号铁杆，瞄准第一球，做出铁杆的击球准备动作（请参阅第4~7页）。

4 将双脚左右摇摆辗进沙中，才能确保站姿稳固。由于这会降低挥杆圆弧的最低点，所以球杆也要握短约2.5厘米（1英寸）。

5 接着，采用全挥杆的方式击球。现阶段先不用考虑目标，这个练习的目的，是要让自己习惯干净触球的模式，让杆头在打到球之后才碰到沙，所以必须以向下的轨迹击中球。这个原理和铁杆一模一样（请参阅第45页的关键要点）。如果正确地击中球，会在原来球位的后方留下一点痕迹，表示是先碰到球，然后才是沙的触球。然而，只要杆头在线的前方就先接触到沙，球一定会打得“太厚”。这时候要让球位稍微偏站姿后方，这样更容易产生干净的击球。此外，千万不要想用捞球的方式把球挖出沙坑。

❍ 这个练习不但能消除你对长距离沙坑的恐惧，也会提升铁杆技巧。此外，退潮时的沙滩（沙地比较致密），如果没有人在上面活动，也是非常适合的练习场。而关于球道沙坑的球杆选用，请参考第137页的关键要点。

练习12：中距离沙坑球要减少击沙量

如果遇到中等距离的沙坑球，约40到50米（44~55码），到底该采用干净或带沙的击球模式？这是最常见的疑问之一，而这个练习就是最好的解答。这种球既不归属于果岭边缘沙坑，也不是球道沙坑，所以多数球友常陷入两难局面，也会打得一团糟。借由下面练习马上能解决难题。

1 在一处适当的沙坑，距离旗杆40~50米之间（44~55码），把球放在理想的球位上。

2 用劈起杆取代沙坑杆。把旗杆想成钟面的12点钟方向（请参阅第118页的练习1），站姿稍微打开，让双脚、臀部和肩膀瞄准11点钟方向（旗杆左侧），而杆面也要呈开放的状态，瞄准12点钟和1点钟之间（旗杆右侧）。

3 比起果岭边缘沙坑，这种球不需要带起太多沙，瞄准球后方约1厘米（0.3937英寸）的位置。若是果岭边缘沙坑，打击点则落在球后方约5厘米（2英寸）的沙地上（请参阅第121页的练习5），至于球道沙坑，你应该要先打到球然后再碰到沙（请参阅左侧的练习11）。

4 现在，假设头部位置是12点钟方向，而球位则是6点钟方向（请参阅第85页“劈起球”章节的练习23），让双手上杆到11点钟，然后下杆击中步骤3锁定的打击点。因为你是采用开式站姿，在通过击球区时，会形成由外而内的挥杆路径（请参阅第10~11页），加上杆面也是维持开放的状态，所以会产生一点侧旋。当球飞上果岭的同时，也会在空中稍微往右移动，落点也会偏向右侧。

❍ 除了上面的方法之外，也可以用劈起杆处理中距离沙坑，不过却是以较短的挥杆做干净的击球，在第三阶段结束之前，会进一步说明这种技巧（参阅第138页的练习25）。然而现阶段所采用的方式不但比较容易，稳定性也更好。

练习13：紧密的沙地用劈起杆打

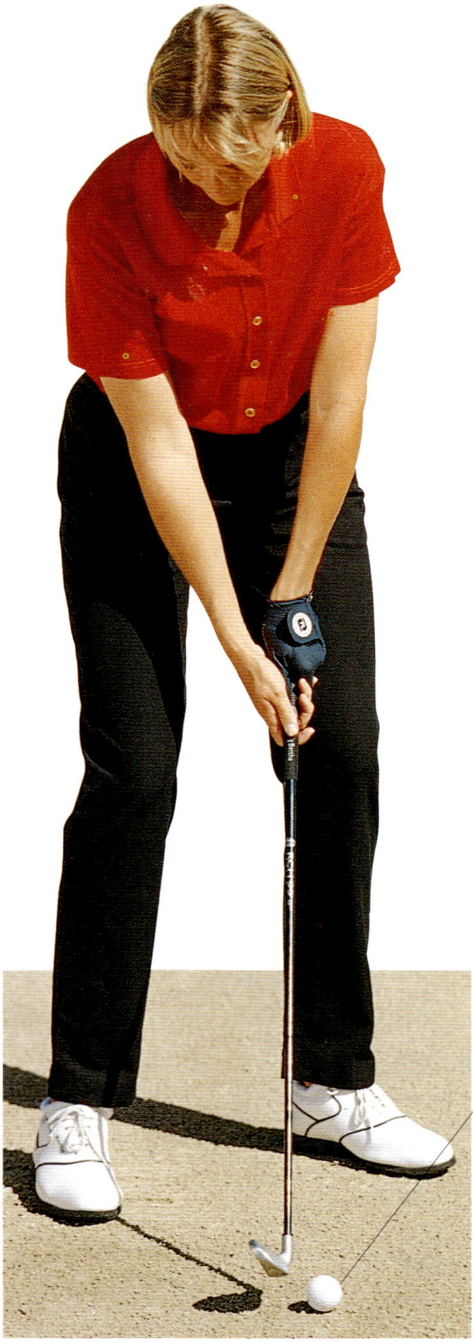

沙坑杆的反弹角（请参阅第119页的关键要点）非常适合在果岭边缘沙坑使用，让杆头轻松滑过球下方的沙地，而不会往下挖太深。但是如果沙地非常紧密（也许是连绵不断的雨季所造成），最好不要使用这种球杆。因为反弹角容易让杆头从沙地表面滑过，使杆面直接击中球的中线，这样你的球可能还是留在沙坑，或者直接飞越果岭。下次当你遇到潮湿或密实的沙坑，可以尝试用下面方法脱困。

1 用劈起杆取代沙坑杆，因为它有较尖锐的杆面前缘，这样才能够切入较硬的沙地并从球下方滑过，将沙子“溅起”并把球送出沙坑。

2 比起正常沙坑，这时你的站位要稍微方正一点（而非开式站姿），杆面也只要稍微打开即可。

3 挥杆过程中，上杆的曲腕动作要稍微提早，产生较陡的挥杆路径。瞄准球后方约2.5厘米（1英寸）的位置，然后像平常一样让杆头往下加速通过击球区。

❍ 当你在进行上面的练习时，应该会注意到这种击球模式，和平常果岭边缘沙坑球有所不同。因为球杆的角度较小，因此杆面打开的幅度不会像平常那么多。比起沙坑杆的球路，这种球的弹道比较低，滚动也比较多。因此在选定果岭上的落点时，务必要把这些因素都考虑在内。

困难球位

当球落在紧密的沙地，你应该要改用劈起杆，让杆头较容易切入沙地。

较浅的沙痕

比起一般的沙坑球，这种打法带起的沙量比较少，所以留下的痕迹也会很浅。

练习14：交替更换目标改进距离控制

第一阶段有好几个单元，都是强调如何准确判断击球距离。下面练习虽然是基于相同概念，却是属于进阶的果岭边缘沙坑技巧，球友们可以趁这个机会多加练习，让自己对距离的拿捏更精准。

1 携带至少12颗球，走进果岭边缘沙坑，摆出击球准备动作。果岭范围越大，从练习中所得到的收获也会越多。

2 开始击球练习，让第一球在果岭上的落点尽可能靠近自己。试着把击球距离设定在6~7米的区间（6.6~7.7码）。

3 第二球稍微打远一点，落在第一球后方2~3米之间（2~3码）。

4 试着把第三球送得更远一些，离第二球也差不多2~3米（2~3码），然后以此类推，直到果岭空间完全塞满为止。打完之后如果落在直线上的球越多，表示你的技巧越好，对击球距离的判断也越精准。

❍ 当你在进行这个练习时，每次打击都要配合理想球位，才会有连贯性。一旦非常熟练之后，你也可以试着调整球与球间的距离，例如缩短成1米（1码）。用这种方式不断挑战极限，除了能增加自信，也可一并磨练球技。

关键要点

提起杆头避免罚杆

虽然本书后面的章节，会特别针对高尔夫规则做说明（请参阅第226~233页），但是在现阶段应该要先了解沙坑与其他区域最大的差异。在“劈起球”（请参阅第84页的练习21）和“起扑球”（请参阅第113页的关键要点）的章节中，已经讨论过让杆头悬空的好处；不过对沙坑而言，这却是非采用不可的方式。当你在击球准备时，务必要提起杆头。如果杆头在击球前碰到沙，不管是击球准备或上杆都一样，都必须罚一杆。只要一踏进沙坑，千万要牢记这一点。

如果是很陡的下坡球位，要特别提高警觉，因为起杆时杆头非常容易碰到沙。练习16（请参阅第131页）会进一步讨论如何处理下坡的沙坑球位。

在沙坑要特别小心

在沙坑做击球准备时要让杆头离地，这样才能避免杆头碰到沙子。如果球杆碰到沙子，就会被罚一杆。

练习15：处理上坡球位要大胆一点

通常球会落在沙坑的平坦球位上，不过还是会有意外，尤其当沙的质地软而绵密时，球就很容易停在斜坡上。一般的沙坑技巧不足以应付这种情况，必须要调整准备姿势和挥杆动作，才能抵消坡度的影响。这个练习将会让球友们学习如何正确处理上坡球位。

1 把球放在果岭边缘沙坑前缘的上坡处。

2 从球袋中取出沙坑杆，摆出击球准备姿势。

3 虽然你会本能地让身体往斜坡倾斜，避免重心都落在较低的那只脚上，也就是右脚。这时候应该要弯曲膝盖让重心更稳定，才能作为挥杆动作的基础。在做好重心的调整之后，要让肩膀尽量和斜坡平行，就跟在平坦的球位一样。这种准备姿势，能让你以理想的击球角度挥动杆头通过沙地。

4 上杆过程的关键，在于维持膝盖弯曲状态并让头部固定，整个过程中不要让头部前后摇摆，因为这样会使身体无法平衡，就很难击中正确的打击点。

5 在从上杆转换成下杆时，将重心保持在右脚，专心让球杆顺着坡度通过击球区。如果下杆时重心朝着目标转移，很容易导致击球角度过于陡峭，把杆头直接埋进沙中，球也无法获得足够的能量飞出去。

❍ 因为上坡会增加杆面的击球角度（请参阅第102页“切球”章节的练习14），球从沙坑中弹出时，会带着大量往上的动能，往前推进的能量就比较不足，最后离旗杆还是有一段距离。为了避免这种情况，击球态度也要更积极，试着直接瞄准旗杆。球友们绝对可以放心，球会以柔软的方式落地，同时也不会滚太远。此外，还要牢记另一项关键，如果球位刚好就在沙坑前缘下方，可能要考虑把球送出沙坑边缘就好，最好不要瞄准旗杆。

练习16：处理下坡球位要追着球打

前面的练习（左页）所谈到的斜坡球位只能算基本，这个练习遇到的就比较难，也就是当球停在下坡的情况。虽然这种球位好像很棘手，却不能因此而退缩，如果没有预先准备，正式下场时厄运随时会降临。

1 拿出你的沙坑杆，把球放在沙坑的下坡球位。

2 摆出击球准备姿势，把身体大部分的重量放在较低那只脚（左脚），并且大幅度屈膝让身体保持平衡，让球偏向站姿后方，双手则往前。如同上坡球位，尽量让肩膀几乎与坡度平行，这样你才能用下行的击球角度，把球杆朝着沙子挥动。

3 曲腕动作要提早，让球杆以更陡峭的路径上杆，这样才能以更陡的角度击中球后方的沙地，另外身体重心要保持不变。

4 让双手保持在杆头前方，向下击中球后方的沙地。你会感觉到杆头好像顺着斜坡在追着球一样，同时也会以较低的位置进入送杆。

❍ 上坡球位会产生高抛的飞行路线，但是下坡打出的球就比较低，所以落地后还会滚动一大段距离。当你在设定目标时，务必要把这项因素列入考虑，最好让球落在果岭中央，而不要瞄准旗杆，确保下一球能用推杆处理即可。这也是当球落在沙坑的下坡球位时，最佳的解决方案。

关键要点

让球位偏向较高的那只脚

处理沙坑的上下坡球位，可归结出一个简单的原则：击球准备时，球的相对位置，要对着较高的那只脚。原因还是要回归到基本的击球机制：若是下坡球位，下杆时杆头会提早碰到沙，所以要把球位置后移，才能产生正确的击球模式。上坡的情况则相反，杆头碰到沙的时间较晚，所以必须要让球偏向站姿前方，比较容易打出好球。

让斜坡球位更好打

记住，击球准备时，球位要偏向较高那只脚，所以在下坡要面对右脚（上图），上坡则是左脚（下图）。

第二阶段

练习17：球位高于双脚瞄准目标右侧

除了练习15和16（请参阅第130~131页）所描述的情况，也可能会遇到沙坑的侧坡球位。如果事先没有拟定对策，刚开始绝对会吓得不知所措。事实上只需要配合坡度，稍微调整站姿和挥杆动作，还是能适当地处理这种状况。面对高于双脚的球位时，只要应用下面的技巧，就可以让球脱离沙坑的魔掌。

1 把球放在果岭边缘沙坑的右前缘，让球位要比双脚还高，然后从球袋中取出沙坑杆。

2 采用方正的站姿，让杆面稍微瞄准目标右侧。因为在这种情况下，球会往瞄准方向的左侧飞出，所以要适度调整果岭边缘沙坑的击球准备姿势。

3 握短球杆，让右手几乎碰到杆身的金属部分（或碳纤）。虽然球的相对位置比较高，不过站的方式还是跟平常一样。

4 跟平常相比，要以更内侧的路径上杆，让球杆向后的幅度比向上的更多。

5 沿着上杆轨迹向下挥杆，杆头要由目标线的内侧接近，并在通过击球区后往外侧送，也就是由内而外的挥杆路径（请参阅第10~11页）。遇到果岭边缘沙坑，总是要让杆头打在球后方的沙地上，并将从这一点开始的沙子溅起（请参阅第121页的练习5）。

❍ 当球位高于脚位时，很难判断距离和方向，因为球飞出沙坑的方向会偏左，同时滚动也会比正常多。不过，起码想要维持平衡还不成问题，但是接下来的练习所包含的高难度球路，可就没有那么简单（请参阅下一页的练习18）。

练习18：球位低于脚位，让身体保持稳固

低于脚位的球位，应该是沙坑中最难处理的状况，球如果非常接近沙坑边缘，几乎使你无法在沙地上站稳（处理这种情况需要发挥一点创意，甚至要跪着打球）。就算你能站在沙地上，还是很难让身体保持平衡，而下面练习将会协助球友处理这种高难度的球位。

1 拿出沙坑杆，把球放在沙坑左侧的边缘，让球位比双脚低。

2 因为必须往下伸才能够到球，因此握杆也要稍微调整，让左手移到握把顶端。

3 处理这种球的关键，在于让身体维持稳固，比起正常沙坑球位，此时要把双脚的距离拉开，这样重心会更稳，同时上半身也跟着降低，使你更容易接近球，而无须刻意往前倾。如果有需要，也可以从更靠近腰部的位置来弯曲身体。此外，若把重心放在脚跟上，挥杆时会无法平衡而向前跌倒。

4 把脚位打开，让双脚瞄准线比正常沙坑球还要更往左偏。这样的调整是因为，当球位低于脚位时，球会倾向朝瞄准位置的右侧飞。

5 只用双手和手臂往后上杆，并且更早做出曲腕，让球杆以更陡峭的角度往上移动。在整个挥杆过程，头部都要维持一定高度，这有助于你在下杆朝沙子打击时维持固定高度。

❍ 这应该是果岭边缘沙坑难度最高的一种球位，主要是因为击球准备姿势非常不自然，光想挥杆时要怎样才不会跌进沙坑就够伤脑筋了，还得考虑球要往哪边飞。然而，如同其他的斜坡球位一样，事先做好准备，下场实际遇到这种情况时才不会措手不及。若沙坑球的球位比脚位还低，只要牢记“保持平衡与用手挥杆”，让双手和手臂主导挥杆动作，尽量不要用到身体，这样会更容易维持平衡。

重新自我测试

进入第三阶段之前，务必要再进行一次第116~117页的测试，要是没有改善，最好先回归第二阶段。沙坑成绩要有所进步，才可开始第三阶段的进阶练习。

练习19：当球埋进沙里，要让所有准备姿势保持方正

练习24和26（请参阅第138与139页）特别强调球杆的选用，若需要使用其他球杆取代沙坑挖起杆，当然要预先准备。而下面练习则是关于嵌埋球位，这里所采用的方法有别于标准的沙坑击球；这个单元是针对技巧的调整，不需要改用其他球杆。

1 让球深陷在沙里（也就是沙坑中的沙子淹没了球面上的商标），这种情况通常是因为球从高处落下，如使用角度较大的铁杆，却不小心把球打进沙坑时。

2 拿出你的沙坑杆，不过这时站姿和杆面不要打开放，要采用方正的站姿，并让杆面正对旗杆。球则位于站姿中间，双手维持在杆头前方。

3 在起杆时就要曲腕，才能产生更陡直的挥杆平面，同时击球角度也会更陡，这对嵌埋球位非常重要。此外，与球位良好的沙坑球相比，这时候上杆幅度要更大，让杆头在下杆过程达到所需的速度。

4 接着，把注意力集中在球后方5~7.5厘米（2~3英寸）的打击点，把杆头打进沙里，试着让杆头前缘用力往下切，因为沙地所产生的阻力很大，可能要用比预期还大的力道。如果球埋得很深，你甚至必须要用劈起杆取代沙坑杆，杆头才能挖得够深。相较于正常果岭边缘沙坑球，球的弹道会较低，并且滚更远。你若是想要在下场时采用这种击球方式，要注意果岭是否有足够空间，才能让球停在适当位置。

❍ 这种情况虽然很常见，却只有少数球友知道如何正确处理，因此这也是一般球友表现最差的几种球路之一。就算知道怎么打这种球，也常因击球力道太大，所以无法达到一定的准确度。但是只要经过30分钟的练习，至少就可以让球脱离沙坑，并且安稳落在果岭。

第三阶段

练习20：握短球杆，增加额外触感

任何距离在5米（5.5码）之内的沙坑球，都需要灵巧的触感才能打好。然而，尽管离旗杆很近，但要让球停在洞口附近却非常困难。这个练习会让你学习处理这种特殊的沙坑球时，所需要的适当技巧。

1 拿出沙坑杆，采用果岭边缘沙坑正常击球的准备姿势（请参阅第118页的练习1）。

2 握短球杆，右手几乎碰到杆身的金属部分，然后将双手高度下移约7.5厘米（3英寸）。调整对短距沙坑有两项好处，首先，能让杆头趾部抬高，让杆头跟部更容易先接触到沙地，使杆头比较容易从沙子间滑过。其次，因为击球准备时双手位置较低，有助于形成手腕动作更多的挥杆，让球杆以更陡直的挥杆平面上杆。

3 经过步骤1和2的调整，这时候就能让杆头加速穿过沙地，球也会迅速爬升，然后以柔软的方式落地。

❍ 像巴勒斯特罗（Seve Ballesteros）和青木功（Isao Aoki）这种杰出感觉型球员，都倾向在击球准备时将双手位置放低，这并不是巧合。练习21、22和23（请参阅第135和136页）也都是设计来提升短距离沙坑准确度的训练，练习时也可以试着在击球准备时降低双手位置，来获得更好的触感。

练习21：以更开放的准备动作处理短沙坑球

中长距离的沙坑球虽然不好打，不过最难打的沙坑球，还是那些只需让球飞3~5米（3.3~5.5码）就落地的短距离沙坑球。这个练习将告诉你，一种比在挥杆过程减速更有效的技巧，就能避免球飞太远。

1 将脚位大幅度打开，让胸口对着目标，相较于正常果岭边缘沙坑球，双脚间的距离还要拉开30厘米（12英寸）左右。这种准备姿势好像很奇怪，不过却是必需的。

2 杆面打开的幅度也比其他击球方式还大，事实上，这时候几乎能放一个杯子在上面。

3 沿着身体方向往后上杆，虽然上杆会落在正常挥杆轨迹的外侧，但却非常适合这类型的击球。

4 沿着上杆轨迹让杆头往下加速，所以杆头会在由外而内的路径上移动（请参阅第10~11页）。这种挥杆路径再加上大幅度开放的杆头，能让杆头更浅平地削过沙地，传递到球上的向上能量，比向前的能量更多，使球以更尖锐的角度升空。

❍ 借由这个练习，你能很快体会如何运用较长的挥杆幅度，大胆让杆头加速通过沙地，却能打出很短的距离，这种非常有用的技巧，绝对能改善你的短距离沙坑球质量。

练习22：运用浅平的切击技巧产生更多后旋

这个练习的设计和练习21（上一页）同样也是针对短距离沙坑，不过却是采用另一种方式，尽管这种球很难打，但是你所得到的回馈绝对也会和难度成正比。如果是正确的打击方式，这种技巧会让球产生很多后旋，这对短距离沙坑非常重要。

1 双脚采用开放站姿，杆面打开的幅度只要比正常果岭边缘沙坑稍大一点即可。

2 把注意力集中在球后约2厘米（0.79英寸）的打击点上。想要成功打出短距离沙坑球，关键在于击球所带动的沙量要比平常少（请参阅第121页的练习5）。

3 在开始上杆时，试着朝步骤2锁定的点打击，在球下方切出一道浅浅的沙痕：痕迹越浅，球就越容易后旋（位于杆面和球之间的薄沙层就好像砂纸）。在整个击球过程，身体重量都要平均分散到双脚上，才能以正确的角度击球（浅的沙痕）。

❍ 刚开始时可能常常把球打太远，主要是因为击沙量少，产生的阻力也会比较小，所以大部分能量都会传递到球上。你也可以增减上杆幅度、调整杆面位置和通过触球时的加速，看看不同的组合能让球产生多少后旋。这种技巧需要多花一点时间练习才能熟练。

练习23：左手腕让杆面呈开放的状态

在沙坑里面击球时，如果杆面呈开放的状态，沙坑杆底部的突起部分能产生杆底弹力，并协助杆头从球位下方的沙子间滑过，形成高起飞弹道与柔软的落地。练习20、21和22（请参阅第135和136页）已经提出如何增加球的高度和后旋的方法，这个练习属于更进阶的技巧：在上杆时让左手腕“拱起”。

1 拿出沙坑杆，摆出正常果岭边缘沙坑的击球准备姿势（请参阅第118页的练习1）。

2 在起杆的同时，让双手前臂向右转动同时曲腕，让杆面更开放。这样在到达上杆顶点（双手约在9点钟位置）时，左手背会自然拱起，此时应该可以看到，左手拇指和手腕连接处皮肤的褶皱变多了。这称为左手腕“拱起”。在这个位置暂停，仔细观察双手和大幅度打开的杆面。重复练习几次这种上杆方式，让自己习惯整个摆动和感觉。

3 然后试着打几球，上杆的杆面要大幅度打开，通过击球区时也是维持同样的状态。

❍ 在通过击球区时，让杆面维持非常开放的状态，会比较容易滑过沙地，使球上升的角度更陡。你也会很快发现，这种积极性的挥杆能打出飞得很高，但是前进距离很短的球。

练习24：试试在沙坑中推杆

你可能会认为，在沙坑使用推杆是非常窝囊的表现，像是因为完全不会打沙坑球才这样做。但是，如果球位不错，前面又没有沙坑边坡阻挡，推杆也可能是明智的选择。当状况适合时，不需要因为这种打法异于平常而不敢尝试。

1 从球袋中取出推杆，找一块前缘边坡低的浅沙坑，把球放在适当位置。

2 摆出击球准备动作，让球位于站位中央，双脚和肩膀要平行于目标线，就像球道上打铁杆。不要忘记让杆头在沙地上保持悬空，否则会被加罚一杆（请参阅第129页的关键要点）。

3 击球时用肩膀和手臂控制球杆，双手和手腕稍微放软，试着用积极的态度打球，瞄准球的中线敲击，推杆面会在下行轨迹产生一记干净的击球，若打击方式正确，会在沙上留下一道浅沟。

4 然后球会顺着沙地表面弹跳，越过沙坑前缘滚上果岭，然后像正常推杆般滚动。

❍ 这种方式的确不是正统的打法，然而若从未尝试，绝对无从得知这种球多好打且效果也很好。若沙地较硬，也许更适合推杆，因为球可在沙面上滚动，却不会有太大阻力。然而沙坑前缘一定要够低，球才能够沿着斜坡滚上果岭；若前缘很高，当然不用考虑这种打击方式。

关键要点

从球道沙坑击球要拿长一号的球杆

如果遇到球道沙坑，先回想在相同距离的球道上，你会使用哪一支球杆，然后再选用角度小一号的那支来用。举例而言，球距离旗杆150米（164码），若是在球道上，你会选6号铁杆，但是球落在沙坑，所以要改用（长一号）的5号球杆（当然要假设是在理想球位的情况下）。做出这种调整的主要原因是考虑到挥杆圆弧的差异，因此要改用小一号的球杆。

练习11（请参阅第126页）已经说明，打长距离沙坑球，球杆要握短一英寸，因为双脚在沙坑里会往下踩，挥杆圆弧的最低点也会降低，如果没有把球杆握短，很容易产生厚击球。就算调整的距离只有2.5厘米（1英寸），还是会缩小挥杆圆弧，所以球的飞行距离也会比较短。此外，因为双脚埋在沙里，腿部动作也会稍微受到限制，让挥杆的威力减弱，也会缩减击球距离。

尽管如此，在决定球杆之前，要先确认杆面的角度是否足以让你飞越沙坑前缘。如果心里不太确定，记得你的首要考虑是先把球打出沙坑，下一杆再攻上果岭。最糟的情况莫过于为了追求距离，但球杆角度不足以飞越前方边坡，最后球还是落在沙坑，结果下一杆又面临同样的问题。记住这句格言：如果没把握，先救出去再说。

关键要点

选择适合沙子质地的反弹角

第119页的关键要点曾经提到过，色拉森（Gene Sarazen）在球杆的底部加上反弹角，因而创造出沙坑杆。从20世纪30年代至今，已经发展出各式各样的沙坑杆类型，现在可购得的沙坑杆，具有不同大小的反弹角，在掏腰包之前一定要先考虑清楚。对球杆的需求，也会随击球模式有所不同，通常要配合沙子的质地挑选适合的球杆：沙子越软，反弹角要越大，反之亦然。在参考章节（请参阅第214~219页）还会进一步讨论如何选用球具，不过这时候正好要结束沙坑特训，往果岭推进，趁这个机会说明反弹角的功能，球友们就可以先行考虑，选择适合自己的沙坑挖起杆。

反弹角该多大

沙坑杆的反弹角需配合沙坑质地，密实的沙地适合较小的反弹角（图左），较大的反弹角（图右）比较适合柔软的沙子。

练习25：试着打出(劈击式)沙坑球

接下来的练习是沙坑中较具特色的几种类型之一，要打好这种球，技巧和信心一样重要。这是一种针对中等距离沙坑球（请参阅第127页的练习12）的击球法，因此击球模式是先碰到球然后才是沙。

1 把球放在沙坑的理想球位，距旗杆约40~50米（44~55码），用劈起杆代替沙坑杆。

2 让球位落在站位中央，不需要面对左脚，双手维持在球的前方，让球杆往目标倾斜，杆面不用打开，直接瞄准旗杆。

3 以手臂和肩膀挥杆，尽量不要运用腿部的力量。此外，在整个挥杆过程，你必须让重心稍微偏向左侧，能使你更容易先碰到球。挥杆通过击球区时，双手还是维持在杆头前方，把注意力放在球后半部。这种球路是以向下的轨迹击中球，才能打出干净的一记，并在击球点的后方留下浅痕。如果你的触球方式正确，球飞出的高度只有正常沙坑球的一半，并在后旋开始抑制球前进之前，先果岭上弹跳一两次。

❍ 练习打这种球的过程会非常有趣，但是在正式比赛时，必须要先确定四周环境是否适合这种球路，沙坑前缘要够低（因为球的弹道比较低），同时也要有足够的可运用果岭空间才行。

练习26：用不同球杆打沙坑球

沙坑挖起杆并非浪得虚名，这种球杆的设计就是为了把球挖出沙坑。但是在果岭附近的沙坑里，还是可以选用其他球杆，只需要一点技巧并且熟悉击球原理，就能增加沙坑球的选择和弹性。这个练习不但有助于强化你的击球选择，也会让短杆技巧更全面。

1 踏进果岭边缘沙坑，带着沙坑杆、劈起杆、9号铁杆及12颗球。

2 从沙坑挖起杆开始，用正常的击球方式，仔细观察球飞出的方式和距离。

3 然后改用劈起杆。记得除了沙坑杆之外，其他球杆的底部都比较平，比较不适合沙地上的球位。因此要采用相同的沙坑球技巧，让杆面呈开放的状态，才能滑过沙地。另外要做出更积极的挥杆，避免杆头埋进沙里。比起刚才那几球，球会以比较低的弹道飞离沙坑，同时也滚更远。

4 最后再拿出9号铁杆，站姿和杆面还是要维持开放状态。虽然采用同样的挥杆方式，球却飞得更低，落地后的滚动距离也更远。

❍ 如果沙坑的前缘很高，低飞的弹道当然无法发挥作用。然而当你需要更多的滚动，让球在长距离果岭上接近时，9号铁杆或劈起杆就非常有用。这种状况用沙坑杆的高飞球路来打，很容易就打短。

练习27：为最坏的情况预做准备

这个章节所涵盖的练习，绝对会提升你的沙坑技巧，最终单元则是总结之前的想象模拟和各种球路的技巧，让球友们有机会验收自己的学习成果。

1 拿出10颗球，把球放在沙坑内，第一球放在沙坑左前缘，让球位比双脚还低，第十球则是在沙坑右前缘，球的位置要比双脚高，然后把剩余的球放在不同位置上，有些在好球位，有些稍微埋进沙里面或整个陷进去，几颗卡在坡地的上下坡。

2 顺着放球的位置轮流打球。你会发现大部分球位都适合用沙坑杆来打，但是在有些情况下，用劈挖杆和9号铁杆更能将球打到你要的目标处。

3 评估不同球位状况，想象让球飞离沙坑的方式，然后用适合的技巧和球杆来打。

❍ 这个练习的目标，在于让球尽可能靠近球洞，最好10球都可以停在离球洞2米（2码）以内，可以轻松推杆进洞的距离。也可以尝试瞄准果岭上的其他位置，让练习有更多变化。

完美的沙坑球

一般球友在沙坑中的表现，大多不尽理想。不过几乎所有职业的顶尖好手，都能在沙坑展现精湛技艺。李·威斯伍德（Lee Westwood）可说是继20世纪70年代晚期的佛度之后，英格兰最厉害的球员，对他而言，果岭边缘沙坑就像在短粗草区切球一样容易，不管多险恶的球位，他都可以准确预测球飞离沙坑的形式，以及落在果岭之后将会如何移动。就像各种不同运动的专家们一样，威斯伍德让沙坑球感觉起来非常容易。球友们经过（沙坑球）章节各种练习的磨炼，再趁这个机会观察大师的击球方式，应该也能轻易说服自己，想把球从沙坑里救出好像真得很简单。

上杆幅度

相较于草地上相同距离的劈起球，这时候上杆的长度要加倍。

下杆

下杆时手腕的释放要稍微慢一点，才能在切入沙地时产生所需的向下角度。

1 击球准备

在果岭边缘沙坑，威斯伍德的对向瞄准非常完美，双脚、臀部、肩膀对着目标左侧，杆面瞄准目标右侧，这种开式站姿有助于产生由外侧到内侧的挥杆路径，并且让杆面保持开放状态，使沙坑杆底部的反弹角可轻易滑过沙地，结合这两项关键可以打出一记漂亮的直球。

2 上杆的最高点

当威斯伍德的双手和手臂将球杆往上摆动时，他还是继续转身，就算击球距离这么短，这两项关键动作也要配合得很好。这时候球杆正指向旗杆左侧，而这个姿势（也称为“越线”）让他更容易向下以由外而内的路径挥动球杆，这对果岭边缘沙坑球的爆破式打法非常重要。

3 下杆

下杆时，挥杆的基本动作还是持续发挥作用，当身体回转时，威斯伍德的双手和手臂正在往下摆动球杆，虽然球杆落在目标线外侧，不过这对短距离沙坑球则是最理想的挥杆轨迹。他还是维持完全曲腕的姿势，这样在通过击球区时双手才能维持在杆头前方。

4 击球瞬间

注意观察，威斯伍德如何让杆头顺畅通过球下方的沙地。这幅照片再一次强调了正确击球准备的重要性，开式站姿能促进由外而内的击球路径，而打开的杆面则可让球杆从球位下方的沙地滑过，让球随着飞溅而起的沙子离开沙坑，并往旗杆方向移动。

5 送杆

球几乎是以漂浮的方式朝目标移动，接着会轻柔地落地，并缓缓朝着旗杆滚动。虽然这种球非常灵巧，你可以从威斯伍德送杆的幅度中看出来，他的挥杆动作是非常坚决的。他非常积极让杆头加速穿过沙子，这也是你必须在沙坑中做到的击球方式。

击球瞬间

杆头在往下加速穿过沙地之后一瞬间就超过球，产生出让沙子“飞溅”的效果。

让沙坑球更好的要诀

想要成功把球从沙坑中救出，真得不像多数球友想象中的那么难。如果你能达成目标，绝对能大幅度降低杆数。以下几项关键要点，就是沙坑技巧的精华浓缩。

- 打开脚位，让双脚、臀部、肩膀对着目标左侧，至少距离10米（11码）的方向；杆面也要呈开放状态，正对目标右侧至少10米（11码）的位置。

- 让球位对着左脚跟，这样才能用比较浅平的击球角度切入沙地。

- 上杆动作要平行于双脚连线，建立一个由外而内的挥杆路径，以开放的杆面（瞄准右边）向左边挥动来通过击球区。

- 除非球深埋在沙中，不然一定要确实做出送杆动作，才能确保杆头是以持续完整加速来到达击球区。

推杆

相较于全挥杆，虽然推杆的距离很短，却比其他球路更具个人色彩，你只要观察职业选手在果岭上的表现，就能看到各式各样的击球模式。尽管如此，这些出色的推杆还是有共通性的，身体每个部分的动作完美地互相配合，才能产生稳定并且能一再重复的推杆。这种推杆类型才能让球按照根据距离关系所需要的速度，朝着选定路线前进。正式比赛的推杆几乎占总杆数的四成，因此绝对不能轻视。这个章节将会让你充分了解推杆机制，同时将必要的关键要素融入个人风格之中。此外，你也能培养出两个推杆中最主要的要素，那就是触感和自信。

推杆测试

为了评估整体的推杆表现，这个测试区分为两部分：短距离推杆入洞（步骤1~4）及长距离推杆（步骤5~6）。

1 找一块果岭，最好没有任何高低起伏，越平越好。

2 在球洞周围用7个球梯围成一圈，球梯距离球洞约一支推杆的长度，差不多是1米（1码）。

3 把球放在球梯旁边，开始轮流推杆，试着让每一球都滚进球洞（右图）。如果有需要，你可以把球从球洞中取出，这样才有足够空间继续进行测试。

4 纪录成绩，统计7球中有几球滚进球洞，保留球梯留待长距离推杆使用。

5 现在往后移动到距离球洞10米（11码）的位置，在地上放上8颗球。

6 尽可能把球推入球座围成的圆圈（上图）。如果能让球滚入球洞当然最好，然而测试并没有加权计分，每球的比重都相同，球只要进入圆圈就算得分。有些球会打到球座，这时就要自行判断球会停在圈内或圈外。

○ 想要打出成功的推杆，必须在两项关键要素之间取得平衡：速度和路线，二者缺一不可。

7 加总长短推杆的成绩，计算自己的得分。然后重复步骤3~6的过程，共测试3次，取其平均值。

评分表

○ ○ ○ ○ ○
1~5 = 第一阶段
（第144~151页）

○ ○ ○ ○ ○
6~10 = 第二阶段
（第152~159页）

○ ○ ○ ○ ○
11~15 = 第三阶段
（第160~165页）

练习1：推杆的握杆方式

一般所建议的全挥杆握杆方式，主要区分成3种（请参阅第3页），至于推杆的选择就非常多了。但是根据前人所留下的智慧，采用“反重叠握法”较容易掌握推杆。这个练习会逐步解析这种握杆的步骤。

○ 理想的推杆握法并不是一成不变的，然而反重叠握杆对推杆的确比较有利，主要是因为双手重叠，挥杆过程才会很协调，这也是推杆技巧基本动作重要的一环。此外，这种握法也可让手腕在触球时维持固定角度，避免挥杆轨迹、速度和杆头瞄准在击球瞬间发生失误。

1 把双手放在握把两侧，手掌相对，左右手都要和目标保持方正。

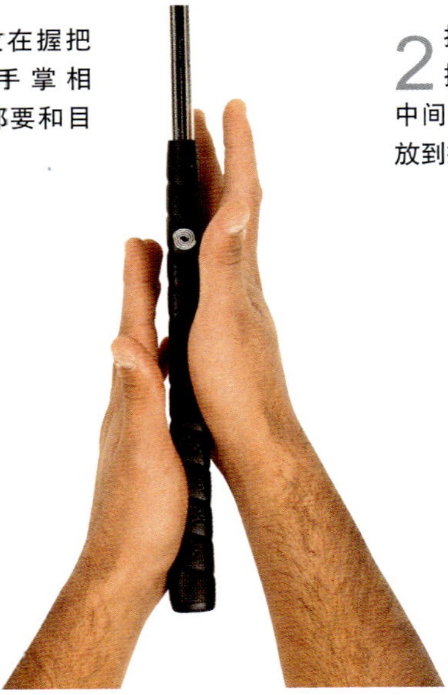

2 把左手放在球杆，大拇指直朝下指向握把中间，现在食指还不需要放到握把上。

3 然后将右手放在球杆，大拇指也要朝下，手指包住握把，再把左手食指放在上面（注意：可根据个人偏好，按照右图的方式，让左手食指朝下指向握把，或像步骤4的图解，把食指稍微塞到后面）。

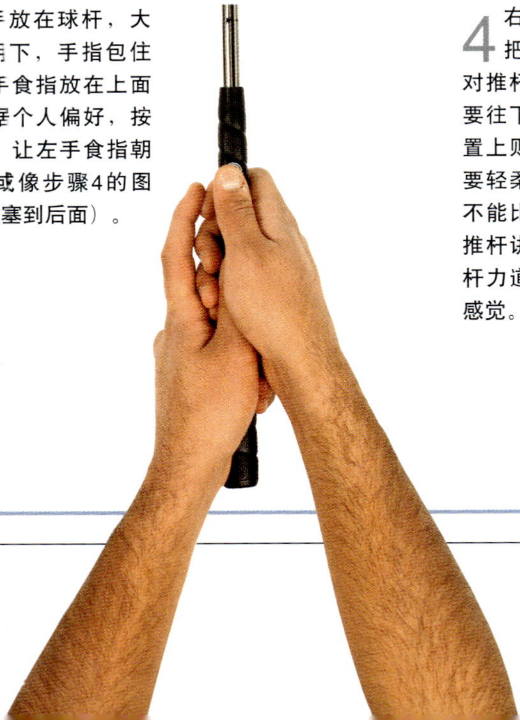

4 右手食指朝下放在握把侧边，这样会加强对推杆的控制，至于究竟要往下放到握把的哪个位置上则是根据个人偏好。要轻柔地握住球杆，力道不能比全挥杆还大，因为推杆讲究触感，适度的握杆力道，才能维持一定的感觉。

练习2：找出理想的推杆姿势

正确的击球准备动作对全挥杆非常重要，也是成功推杆的关键之一。在理想的情况下，你所采用的准备姿势应该要能让手臂自然下垂，不用完全拉直，但要避免产生任何紧绷，才能顺畅地让手臂前后摆动。这个简单的例行动作，会教球友们如何建立正确的推杆准备姿势。

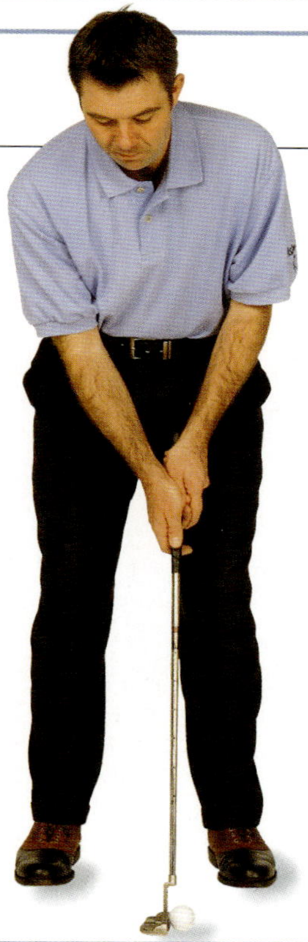

1 让推杆靠着左腿，将身体站直。

2 膝盖稍微弯曲，从臀部开始前倾，让手臂放松地从肩膀垂下，可以让双手动一动，使手臂放松。

3 采用正常的推杆握法（请参阅上一页的练习1）。

4 花几分钟把这个姿势的重点记录下来。手臂微弯，手肘指向胸腔，你可以把手臂和肩膀想成一个三角形（请参阅第147页的练习5），这样比较容易打出一记正确的推杆。此外，你也会觉得非常放松自在，全身的重量均匀分散在左、右脚。

❍ 这个单元主要针对推杆的击球准备姿势，虽然你的站位可以稍微迎合个人偏好，但是大部分专家都会建议让肩膀平行于目标线，并且双脚也要微微打开对着目标。

关键要点

正确推杆的几何学

从毛毛虫的视角看出去，推杆的轨迹就像浅碟形，杆头往上的弧度很小，然后以同样的角度向下移动，在弧形的最低点会有一小段距离是水平移动的，通过击球区之后，再以弧形轨迹往上。打好推杆的要诀之一，是要让杆头在到达挥杆弧最低点的下一瞬间碰到球（你可以利用镜子找出轨迹最低点的确切位置），这也表示推杆会以稍微向上的轨迹击球，让球能更顺畅地滚动。至于送杆轨迹则要与上杆对称，送杆长度可以稍微大一点，让杆头在通过击球区时适当加速。

对2米以内（2码）的短距离推杆而言，挥杆轨迹要直直地后退，然后顺着原来路线往前通过击球区。如果超过这个距离，就需要调整挥杆轨迹：让杆头往后朝内侧移动，在击球瞬间保持方正，送杆再回到内侧，这和全挥杆完全相同（请参阅第10~11页），只不过规模却小多了！

完美的推杆动作

漂亮的推杆动作就像是钟摆一样，顺畅地前后摆动，球应该会顺着挥杆轨迹往前滚。

练习3：检查球位

比起其他球路，推杆的个人色彩比较浓厚，但是不管你采用哪种方式，在击球准备时，都确认双眼的位置，是否直接位于球的上方。借由下面的方法就能让球友达到这个目标。

1 采用推杆的准备姿势（请参阅第145页的练习2），但是地上不要放球。

2 把右手从握把上移开，拿起一颗球放在鼻梁上，双眼的正中央。

3 右手松开，让球落下（你可能需要稍微移动球杆）。仔细观察球第一次的落点，这也是推杆的理想球位。

❍ 双眼直视球的正上方，就可从最佳角度观察推杆轨迹，如果视线偏离这个点，看出去的视野会扭曲变形，因而造成瞄准上的失误。不管是在球场内外，只要开始推杆练习，最好例行性地检查球位是否适当。若是从正确的准备姿势击球，坏习惯比较不容易乘虚而入。

练习4：检查推杆杆面的瞄准线

练习5（右页）着重于正确的推杆瞄准，事实上，这不像你所想象的那么容易。有个针对职业球员所进行的测试，结果非常惊人：从3米（3.3码）的距离外，居然有超过一半以上的球员，无法用推杆面瞄准球洞两侧各2.5厘米（1英寸）以内的区间。接下来这个练习，能让球友们学习如何准确瞄准目标。

1 在果岭距离球洞约3~4米（3.3~4.4码）的位置，蹲在球的后方。

2 把杆头放在地上，让推杆面正对球洞。

3 缓缓起身，摆出准备姿势。这时候千万不能转动球杆。

4 仔细观察推杆面和球洞间的相对位置，分别注视推杆、球洞，来回几次之后，试着把推杆和球洞的相对位置牢记于心。

5 开始练习推杆。如果球没有朝球洞直线前进，表示问题不是出在瞄准，可能是因为挥杆所造成的。要是发生这种情况，那你可以借由练习5（右侧）让触球回归正轨。

❍ 试着把这个练习排进比赛前的热身练习中。正确瞄准是推杆的秘诀之一，可以让推杆的水平更稳定，同时不需要修正挥杆动作（击球时不需要另外转动杆面，就能让球直线朝目标前进）。

练习5：找出正确瞄准让触球更稳定

当你在观赏职业高球赛时，应该会注意到世界排名前几位的高球好手，在2米（约2码）的距离内，似乎都能轻松推杆入洞。如果是一般业余的水平，并且在最佳状况下，你也要让自己的推杆表现就像职业选手一样。下面练习特别强调短距离推杆的三大要素：瞄球时推杆面的方位、挥杆轨迹及击球瞬间推杆面的方位。

1 在果岭上找个直线推杆的好位置，距离球洞不要超过2米（约2码）。

2 地上放两支球杆，形成正对球洞的直线轨道，宽度足以容下推杆头，趾部和跟部两侧留下约2.5厘米（1英寸）的空隙。这两支球杆可作为视觉参考，让杆面能直接对准球洞，并且也可监控挥杆轨迹。

3 在这两支球杆中间放一颗球，摆出推杆准备动作。如果杆面与两支平行的球杆成90度角，表示杆面直接瞄准洞口。

4 上杆时，让推杆在两支球杆所形成的轨道内移动。

5 接着让杆面打在球后，球杆还是要在轨道内移动。如果杆面在击球瞬间正对球洞，球绝对会滚入洞口。这时候你要让肩膀、手臂、双手和球杆的动作非常协调。试着维持击球准备时所形成的三角形。另外握杆力道要轻柔，在上下杆的转折点，也要稍微有“延迟”的感觉（让手腕保持柔软）。

❍ 尽可能增加练习的频率，因为采用这种方式，你不但可以观察正确的杆面方位，也能借机磨练理想的挥杆轨迹。如果情况允许，试着在家里的地毯上放两支球杆，指向60厘米（24英寸）以外的目标，只要一有空闲，就可以花个十分钟在轨道内练习推杆，以发展稳定而精湛的触球技巧。

关键要点

判读果岭的艺术

如果想要精确判读果岭，必须要把几个因素考虑在内。当你在接近果岭的同时，就要一并观察主要的地形起伏，作为判断推杆转折的线索。一旦站上果岭，试着从球后方往下观察推杆路线，如果蹲下来看，会比较容易看出细微的坡度起伏。

另一个观察的好位置，是在球洞较低的一侧，往后退几步，大致位于球洞和球的中点。你也可以从这里看出，球在顺着坡度滚的过程会如何转折。此外，也要观察球洞附近的地形，当球慢速滚动时（接近球洞），绝对会被这些高低起伏所影响。

最后，记住这一点：相较于慢速果岭，球在快速果岭上的转折会比较多。此外，夏天时，因为果岭会剪得比较短，通常要多抓一点转折。

判读坡度

在果岭的很多区域都可以判读推杆，蹲在球的后方是最佳的位置之一。

第一阶段

关键要点

告诉自己“这是一记能赢得公开赛的推杆”

当你在练习推杆时很容易分心，为了避免杂念干扰，可适度增加一点压力，试着把这一刻，想象成“真实世界”所发生的情况。方法非常简单，只要持续告诉自己，接下来的这一杆，将可以拿下俱乐部比赛冠军。现今世上很多顶尖高球好手，都曾经有过类似的经验。年轻时总是梦想推进让他赢得英国公开赛的制胜一推，而其中少数几位，如佛度（于1987、1990及1992年），就曾经让梦想成真。

你可以在练习时运用一些想象力，假设自己正在打四大赛，并预备推出关键的一杆，虽然压力会很大，如果能直接进洞，满足感也会更强烈。此外，当你正式下场，面临最后一洞攸关胜负的推杆时，也会因为之前已经做过多次心理建设，自然握有较多胜算。

赢得英国公开赛

佛度常常告诉自己“推进一记推杆将会赢下英国公开赛”。在1990年，他第二次让自己梦想成真。

练习6：配合距离做出上杆

当你观察正确的推杆动作时，几乎没有“击球”的感觉，球好像只是随着杆头的摆动而往前滚。持这种态度来推杆其实很有用，但是只有配合推杆距离来调整上杆幅度的方式，才能让触球如此顺畅。下面的练习，将能帮助球友达成上述目标。

1 距球洞6米（6.6码）的位置，丢3颗球在地上，然后瞄准第一球。

2 做出非常短的上杆，不要超过10厘米（4英寸）。如果你想从这个位置推杆入洞，必须要在触球前突然摆动推杆，瞬间加速击球才行。

3 至于第二球则大幅度增加上杆长度，约50厘米（20英寸）。为了打出正确的击球距离，你会发现必须在进入击球区前减速，才不会推过头。

4 至于第三球，稍微平均一下步骤2和3的上杆长度，就能顺畅加速让推杆通过击球区，并把球送到所需的距离上。这次的动作会感觉更像在挥杆，而不只是在击球。

正确的上杆

上杆太长

上杆太短

❍ 这个练习所建议的上杆长度，是配合约6米（6.6码）的推杆。试着在果岭上离洞口不同距离的位置进行练习，先做出过短和过长的上杆，最后找出理想的上杆长度。通过这个过程，你会渐渐熟悉击球距离和上杆长度之间的关系。

练习7：学习稳定地用甜蜜点触球

这个单元和练习8（本页下方），都是强调用推杆杆面上的甜蜜点来击球的重要性。事实上，整个概念和打网球很类似，如果你没有用球拍的中心点击球，球向前的力量就会减弱。

1 用胶带把两个球梯固定在推杆面，大约在甜蜜点两侧2厘米（0.79英寸）的位置。现今几乎所有的推杆，都会在杆头前缘用点或线标示，清楚指出甜蜜点位置。

2 先推几记推杆，距离不要超过2米（2码），试着不要让球碰到球梯。如果你能达成目标，表示成功以甜蜜点触球。不过，要是其中一个球碰到球梯和杆面之间，球就会以奇怪的角度射出（你应该会感觉到触感好像出了什么问题，声音也会不太一样），这就表示你是以杆头的趾部或跟部触球。

3 当你的短推杆越来越纯熟，可以逐渐把距离拉大，但还是要用甜蜜点击球，也就是两个球梯的正中间。

❍ 随着击球距离的增加，要避免碰到球梯的难度也会增加。但是，如果你能稳定地以甜蜜点击球，绝对可以增进判断距离的功力，因为这样你能更精确地预测当球离开杆面时的速度。

练习8：眼睛往下看，做出完美触球

“不要抬头”这句历史悠久的箴言，跟其他建议相比，在全挥杆时更容易造成失误，因为维持这个姿势会造成转身动作的阻碍，同时手臂也无法顺畅摆动。但是，这对推杆却很实用，因为这样才能确保身体固定不动，并让推杆在正确轨迹前后摆动，控制性和击球自信心当然也会更好。借由下面的方法，你就能维持低头的姿势推杆。

1 在球下放一枚硬币，然后摆出推杆准备姿势。

2 做出让你感到自在的上杆（先不用考虑距离），并让你的目光固定在球的正上方。

3 触球的时候，将注意力集中在球下方的硬币。这能让你的头部保持不动，直到球开始滚向球洞为止。

❍ 在练习场上进行这项练习时，对推杆技术非常有帮助，但是正式下场时，并不允许在球下方放硬币（这会违反规则）。尽管如此，这并不表示你无法应用所学的原则。当你正式上场时，也要试着维持低头的状态。如果能自我要求，每球都以这种方式打击，比较容易用甜蜜点碰到球，也能稳定地把球送到正确的路线上。第二阶段的练习12（请请参阅第152页）将提供另一种方法，也能协助球友维持低头的状态推杆。

练习9：靠墙练习法

如果你每次下场的间隔都很长，在场上的表现可能会有些生疏，特别是对推杆这种短杆的影响最大，所以当然要避免这种情况的发生。在下场间的空当，球友可借由这个简单的室内练习磨练球技，这个章节前半段所强调的关键都浓缩于其中，每天只要花5分钟，就能改善球场上的表现，你在果岭上的成绩也会突飞猛进。

1 拿出推杆，采用正常的瞄球准备姿势，让头轻轻地靠着家里的墙面。

2 把球从鼻梁的位置往地上抛，球的落点就是理想球位（请参阅第146页的练习3）。

3 现在沿着墙面打出几记中距离推杆，距离约4米（4.4码）。注意观察推杆轨迹和墙脚沿线或踢脚板之间的相对关系，杆头刚开始会直直往后移动，随着上杆动作越大，慢慢往内呈弧状，然后在击球瞬间又会和墙面垂直，送杆时则回到内侧轨迹。如果杆头位于正确轨迹，并且在击球时杆面保持方正的状态，球的滚动路线也会和墙脚平行。此外，你也可以从球的反应中，马上得知挥杆轨迹或杆面方向是否出了问题。

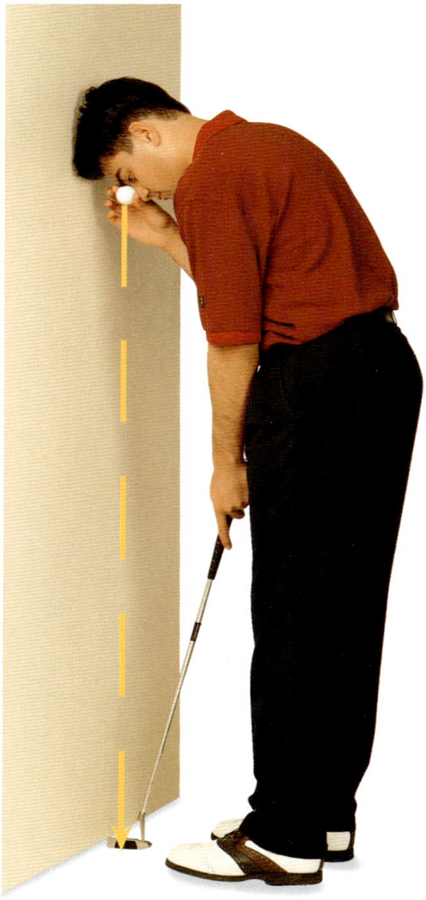

头部位置

练习时头抵着墙面，训练自己在推杆过程中让头部保持不动。

○ 在不下场的时候，你可以试着定期进行这个练习，让你的眼睛渐渐习惯正确的挥杆轨迹，身体的肌肉也能把这种感觉存入记忆。当你回到球场时，就不需要在前10洞拼命弥补因为推杆失误所增加的杆数。

球的轨迹

球的滚动路线会平行于墙面。

练习10：准确击中球洞后方

面对短距离的推杆，让球以非常慢的速度滚动非常冒险，因为只要稍有迟疑，或果岭一点点的高低差，就会对结果产生影响。在距离1米（1码）以内的推杆，通常会以结实的一击，把球朝球洞后方打，避免球产生额外转向，把短推杆当做直球处理，才能远离不必要的困扰。球友们可利用下面练习建立自信，用一记漂亮的短推直接进洞。

1 在推杆练习区选定适当位置，能够推出短距离的直球。

2 在球洞后方插一个球梯，稍微有点角度，让球梯面对自己，当你在瞄球时，球梯就像个迷你的红心。

3 敲出一记推杆，力道要足够，让球在掉入洞前先碰到球座。可以试着想象，你是要用球把球梯捶进球洞后方。

4 重复步骤3的动作，至少打10球，这样你才会渐渐习惯结实地推出短距离推杆。如果你以前所采用的是“轻轻触击”方式，现在就会感觉击球更为扎实。

❍ 当你在场上遇到棘手的短距离推杆，可以试着想象球洞后面插着球梯，让注意力集中在脑海浮现的影像，把球打到想象的球梯。除非是很陡的下坡，不然这种积极的推杆模式，通常会比轻柔打法效果更好。果决的打法机会总是比较大的。

关键要点

球洞尺寸比想象还大

如果你对自己果岭的表现缺乏信心，球洞看起来就会比实际尺寸小一倍，总觉得距离还不够近，所以不容易让球滚入球洞。在这么绝望的情况下，也许可以从其他的想法中找出一线生机。你可以看看下面的照片，这是标准球洞的尺寸，直径几乎是球的3倍（绝对不是合成照片）。若是用这种角度看球洞，你会觉得还是有些失误的空间，才能减轻压力。

球洞尺寸

当你推杆时，千万要牢记球洞尺寸比想象中还大，事实上几乎是3个球的宽度。

重新自我测试

进入第二阶段之前，务必要再进行一次第142~143页的测试，要是没有改善，最好先回归第一阶段。推杆成绩要有所进步，才可开始第二阶段的进阶练习。

练习11：习惯进洞的感觉

如果你对距离1.5~2米（1.6~2.2码）的推杆没什么把握，最好不要从这个距离开始练习推杆入洞，因为留在洞外的球数可能比洞内还多，充其量只会消磨信心。球友们下一次比赛前，记得要从比较有把握的距离开始练习，利用下面练习帮助自己达成目标。

1 从你有绝对信心把球推入球洞的距离开始练习，确切的距离会因人而异，不过大概可以选定30厘米（12英寸）作为起始位置。

2 把球朝球洞后方打（请参阅第151页的练习10），试着让脑海中浮现球滚到球洞中央的清晰影像，逐步加强自信心。

3 接着往后移15厘米（6英寸），打出的球数和刚才相同，并且也是采用积极的击球度。

4 重复步骤3的练习，直到距离球洞约1米（1码）的位置就好，再往后的话，你可能会错失太多推杆。

❍ 刚开始这个练习似乎太过容易，然而培养积极的态度才是练习的目的。从近距离开始，看着球打到球洞后方（而不是从远距离开始推杆，忍受球从球洞滑过的锥心之痛），这样比较容易说服自己也能成为推杆好手。

练习12：用听的，而不是看

练习8（请参阅第149页）强调如何让头部在推杆过程维持不动，然而这对练习可能很容易，要是正式下场时，心情一定大不相同。短推杆时你可能会过于紧张（练习时决不可能有这种心理状态），所以头很快就抬起来，想看看球是否滚进洞里，但是因为过于急切，反而影响打击表现，通常也会错失推杆入洞的好机会。下面的方法，就能保证你不会太早抬头。

1 摆出短距离直线推杆的准备姿势，距离约2米（2码）。

2 开始推杆，这时候头千万不要抬起来，直到听到球落入球洞的声响（或错失球洞一阵不祥的静默）。

3 在时间允许的情况下，尽量多打几球。如果你的推杆非常顺手，应该需要定时清理球洞，让其他球有足够空间掉进去。

❍ 在整场比赛过程，你都可以用这种技巧推杆，从第一洞果岭直到最后，利用聆听的方式，所以不需要用眼睛确认，头部和身体在挥杆时才能维持一致，杆头移动的轨迹也会更稳定。你应该会很惊讶，稍微的调整居然造成这么大的差异。当你在最后抬头看球时，球通常也都已经没入球洞中了。

练习13：在镜面上推杆，改善挥杆动作

瞄球准备时直直往下盯着球的上方（请参阅第146页的练习3），是成功推杆的关键之一。在这个位置上，可以得到观察推杆路线最理想的视野，如果能往下看着这条线，当然更容易沿着目标线触球。这个练习不但能确保你在推杆时让双眼往下直视球，也可以从镜中看到杆面方位及挥杆轨迹。

1 使用粗黑色的麦克笔（或黑色胶带），在镜子上画两条线，一条水平、一条垂直，在镜面中央形成一个十字。

2 把镜子放在果岭平坦的地面（或家里的地毯上），让水平那条线对准目标。

3 把球放在镜子中央的十字交叉点处。

4 开始瞄球准备，观察镜中的自己，你的双眼应该会被球挡住。

5 让杆面平行于垂直线，和目标维持方正的状态。

6 借由水平线引导推杆，在正确的轨迹后退前进。

7 挥杆时，要让头部固定不动。

眼睛的位置

当你往下看球时，应该不能在镜中看到自己的双眼。

○ 练习时，记得把这面镜子放在随手可得的地方，也许是俱乐部的私人置物柜或车后的行李箱。如同其他练习一样，勤练才能造就完美，如果你能在空闲时多利用镜子练习推杆，努力的结果会反映在比赛的低杆数上。

练习14：4个方位的指南针练习

这是练习11（请参阅第152页）的进阶变化，也为了提升推杆入洞的技巧所设计。这个练习包含不同转折点的推杆，是改善短距离推杆技巧最有效的方法之一。

1 选定一块坡地上的果岭，这样才能打出各种推杆，上坡、下坡、由左到右或由右到左的推杆。

2 在距离球洞30厘米（12英寸）的位置放4颗球，分别位于指南针的4个方位（东、西、南、北）。

3 试着把4球都推进球洞。从这么近的距离开始练习，你应该马上就能建立自信，并且把球朝球洞后方打。

4 打完一组球之后，往后移15厘米（6英寸），再一次把球放在指南针的4个方位上，还是要让每球都落入球洞。如果你能成功达成目标，继续往后移15厘米（6英寸），重复上述步骤。

❍ 你也可以让练习增加一点挑战性，先记下连续推杆进洞的球数，然后试着打破自己的纪录。连续打进十几球就已经很好了，超过20球则是非常出色的表现。

练习15：练习掌握推杆的转折

遇到有坡度推杆时，解读推杆的转折点不会造成太大问题，这是球友能力范围内的工作（请参阅第147页的关键要点）。但是信任自己的判断，并让球成功地朝向选定路线滚动，则是这种球最难的地方。下面练习主要针对这些问题所设计，让你能逐步建立处理斜坡推杆的自信。

1 找一块有坡度果岭，随身携带9颗球及推杆。

2 选一条从球洞延伸出的弯曲圆弧路径上，把球一颗颗地放在上面，每球之间保持一定间隔，从离球洞2米（2码）的位置，然后往回一直到果岭边缘。

3 先从离球洞最近的一球开始，每次推杆前，一定要仔细判读推杆路线，当球滚向球洞时，也要把转折次数记录下来。因为这个练习会沿着相同的推杆路线进行，所以你对转折点的解读，也会随着练习的推进越来越精确。

❍ 这个练习能够借由在脑海中清楚描绘出斜坡地形，以及坡度对球造成的影响，来改善你对斜坡推杆速度和路线的判断。这会增加自信，并且你会更习惯让球稳定地朝着选定路线移动。尽管不见得每一记推杆都能滚进球洞，但是如果你能相信自己的判断力，至少可以打出正面而有效的一球，抱着这种态度，绝对能显著改善推杆的表现。

练习16：把每一记推杆当直球推

练习15曾经说明，转折推杆的失误，常常是因为无法成功地把球打向选定路线，只要有一点疑虑或犹豫，推杆时就会三心二意。借由下面的练习，球友们就能避免这种情况，最重要的观念，就是把每一记推杆都当做直球处理。

1 带着推杆，找一块具有明显坡度的果岭。

2 在距离球洞约5米（5.5码）的位置，摆出推杆的击球准备姿势。

3 试着解读果岭上对推杆造成影响的转折有多少（请参阅第163页的关键要点）。

4 决定推杆路线，从路线的延伸在线定出第二目标。如果你解读出的推杆具有一个30厘米（12英寸）由右到左的转折，试着想象在球洞右侧30厘米（12英寸）那里有一个第二目标。

5 做出几个推杆的挥杆练习，注意力集中在假想的目标上。再朝着那个目标打击，把球洞变成次要目标。

❍ 当你在练习时，要把每一记推杆都当做直球处理，让果岭的转折把球带进球洞，才能简化坡度推杆的处理模式。

练习17：往前扫动来检查瞄准和触球

这个练习能够提供关于推杆的两项重要信息，你能够借这个机会，检查杆面的瞄准及推杆路径是否正确。世上很多杰出的职业球员也会进行相同练习，如佛度就宣称，这正是他赢得1992年英国公开赛冠军的秘诀所在。

1 找一块果岭，在距离球洞约1米（1码）的位置，摆出直线推杆的击球准备姿势。

2 像平常一样做好瞄球准备，杆面放在球的后方，和球洞保持方正的状态。

3 然后，不要做出任何上杆动作，直接顺畅地将推杆往前摆动，把球朝着洞口扫去。

❍ 当你往前扫时，球的去向将会显示推杆动作是否正确。如果球滚动到球洞中央，表示杆面在瞄准时正对球洞，同时挥杆也是在正确的路径上，这也是一记成功推杆最重要的两项关键。然而，要是球往洞口的左侧滚动，可能是瞄准时杆面过于关闭，或送杆时把球杆拉到左侧。相反的情况下，球若是停在右侧，则表示瞄准时杆面过于开放，或球杆是往右推出的。

练习18：超过前一球

多数球友在出现连续的三推时，常常抱怨是自己的短推杆打不好。其实，真正的问题可能是出在长距离的第一推之后，还是离洞口太远。下面练习将会协助球友解决这个恼人的问题，借此训练自己的判断力，让球以最理想的速度穿过果岭。

1 拿出12颗球，把第一球推到5米（5.5码）的距离外。

2 让第二球超过刚才那一球，彼此之间相距1米（1码）。

3 每次打击都要让球超过前一球，球与球之间保持相同距离。

❍ 这个练习的挑战是永无止境的，你可以试着把球与球间的距离缩短，来加强这个练习的挑战性。此外，这个练习还有另一种变化，过程刚好相反，把第一球打远，落在果岭另一侧，让随后打出的每一球越来越靠近自己，不过还是要保持相同间隔。提升对球距的判断力有两项好处，不但能够减轻短推杆的压力，而且长推杆也比较容易进洞。

练习19：预先排演，创造理想推杆

多数球友在练习推杆时都比较随性，几乎没有瞄准目标，只是前后摆动球杆。练习时通常也不会设定目标，或者尽可能模仿真实的击球。借由下面练习，能让你的推杆练习发挥最大效能，球友们也可试着把这些步骤，加入平常的推杆训练步骤中。

1 把球抛在果岭上的任一点，然后开始进行推杆前的预击流程，判断球可能会在哪个位置改变方向（请参阅第147页的关键要点）。

2 决定推杆路线后，摆出击球准备姿势，但是先不要击球。

3 眼睛盯住球洞，先做出几次试推，把双眼传回脑中的信息，转译为理想的推杆距离，并配合这个信息找出适当的上杆长度，让球杆能顺畅地加速通过击球区（请参阅第148页的练习6）。

4 习惯试推时的感觉之后，再开始做好瞄球动作，接着要重复刚才试推的动作，不过这次让球位于推杆挥杆路径上（这次眼睛要盯着球，而不是球洞）。

5 重复上述步骤多加练习，记得每次推杆练习时，把球抛在距球洞不同距离的位置上。

❍ 随着练习的进行，你会对击球距离更有概念，如果能把推杆练习，作为正式推杆前的“预先排演”，面临关系重大的一杆，当然会表现得更好！

练习20：练习先上后下坡的推杆，加强速度掌控

如同练习18（上一页）所示，连续三推的主要原因，是由于对长推杆的距离缺乏判断力，如果再加上坡度变化，球友们便很难做出适当调整，导致情况更加恶化。这个单元的设计，就是为了提升对速度的判断，但是却与练习18采用截然不同的方式，利用坡度变化增加推杆难度。

1 找一块具有明显坡度起伏的果岭，随身携带3颗球、推杆及两个球梯。

2 距离果岭斜坡顶1米（1码）的位置放下一个球梯，另一个则放在斜坡底上方1米处，为了让练习充分发挥效能，球梯间至少距离12米（13码，否则会降低练习难度）。

3 可以从任何一侧开始，先放下3颗球，然后把球推往果岭另一侧的球座。花点时间仔细处理每一球，让球尽可能靠近目标。

4 3球结束后便转移阵地，再从另一侧的球座，把球打回刚才打击的位置。

5 如果时间允许，可以来回多练习几次上下坡的推杆。

❍ 借由这个练习，对速度的判断力马上会快速提升。这显示你已经能配合坡度变化，调整击球模式。如果想增加挑战性，试着用一颗球进行练习，这比原来练习还难，因为你只剩下一次机会找出理想球速，就如同正式比赛所面临的情况一样。

关键要点

速度是关键

科学研究显示，不管推杆的距离有多远，想要让球有最佳机会进洞，速度一定要够，至少球要滚过球洞45~60厘米（17.7~24英寸），这个理想的“滚动速度”才能确保球会沿着预定路线朝球洞前进，不会因微小的坡度变化而偏离路线。下次当你在估计推杆速度时，要记住这一点，也许可以假设实际球洞后面还有一个想象的洞，采用这种技巧让球以理想速度掉进真正的球洞。

滚动速度

想把球推进球洞，球的速度要够快，如果假设球洞不存在，球应该会停在超过球洞45~60厘米的位置。

第二阶段

练习21：避免多余的手腕动作

传统的推杆方式主要由肩膀和手臂主导，腕关节的作用很小，因此会产生（延迟）的感觉（请参阅第147页的练习5）。然而，这个手腕动作还是相当重要的，能让推杆以理想的节奏顺畅加速通过击球区。但是，许多推杆失误的原因，都来自过多的手腕动作，因为这样可能会改变杆面方位，同时也比较难掌控球滚动的距离。下面的练习，能协助球友将手腕动作限定在一定范围内。

1 摆出正常的瞄球准备姿势，不过在右手腕和推杆握把顶端之间夹一颗球。

2 把推杆距离设定在8米左右（8.7码），尽量让夹着的那颗球保持在原位，这能防止多余的手腕动作，使推杆顺畅并保持在正确路径内。如果夹住的球掉在地上，则表示手腕动作太大。

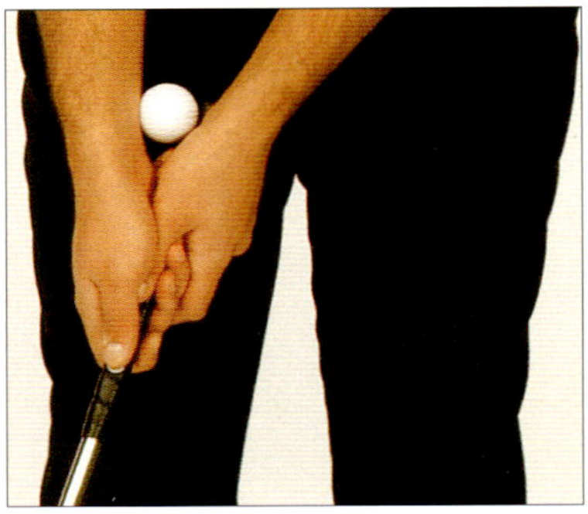

❍ 推杆的方式会因人而异，上述练习只提供一些建议，不过这个方法真是很有效。虽然高球史上还是有一些“手腕型”的推杆球员，如多次赢得四大赛的盖瑞·普莱耶和阿诺·帕玛(Arnold Palmer)等。但是，对球友们而言，这种推杆方式会比较不稳定，最好还是采用这个章节所建议的传统打法。想要让手腕稳定做出相同动作比较难，所以会增加触球的不确定性，同时对速度的判断也会比较差（特别是在面临压力的情况下）。

练习22：长距离推杆测试

这个章节已经介绍过两个长距离推杆练习，分别是练习18（请参阅第156页）和练习20页（请参阅第157页）。但是因为这部分非常重要，所以这里再介绍另一项迷你测试，最后结果将呈现你现阶段长距离推杆的实力水平。

1 在球洞后方65厘米（26英寸）处放一支球杆，然后选定离洞口适当距离的位置，这应该是你有信心不会发生三推杆的距离。

2 然后再从你选定的这个位置朝球洞连续推进5球。

3 把5球的落点和下面的计分系统加以比对：

* 滚进洞口：加3分。
* 不到球洞：扣3分。
* 介于球洞和球杆之间：加1分。
* 碰到球杆：扣2分。

在理想状况下，最好能在打完一组球后，得到正的分数。如果你可以达成目标，试着后退几步，重复进行测试。记住，只有取得正分时才能后退继续进行测试。

❍ 这个练习的主要目的，是训练球友让球以正确速度往前推进，才不会发生三推杆的惨剧，这也是面对长推杆时的首要考虑。此外，你也有较大机会直接把球推进球洞。

练习23：以更小的目标代替球洞

想象模拟对击球表现有非常正面的影响，下面练习就是关于这方面的训练。利用透视球洞的方法练习推杆入洞，如果你下场前能进行这个练习，击球表现一定能大幅度改善。

1 把一枚硬币放在果岭任意位置上。

2 从距离2米（2码）以外，往硬币推三四球，最好每球都能碰到硬币。

3 如果你能够轻易达成目标，试着后移3米（3码）或更远的距离，重复上述步骤。

专注

将注意力集中在硬币，当你下场时，就会觉得球洞似乎变大了，也比较容易推杆入洞。

控制

保持轻柔的握杆，挥杆才会流畅而自然。

❍ 这个单元可以磨练推杆技术，并且让练习时的注意力更加集中。而随后的第一记推杆，也会感觉球洞变大了，当然更容易让球滚进洞里。但还是要提醒球友注意，如果距离超过3米（3码），可能比较难打到硬币，对自信心的伤害可能比获得的好处还多，所以务必要从能力可及的范围进行练习。

关键要点

缩小视野，增加注意力

当你试着集中注意力解读推杆路线时，务必要全神贯注。然而周围视野中可能有太多噪声，很容易让人分心。为了解决这个问题，可以把双手放在脸部周围，创造一个“狭窄的视野”，才不会因太多干扰而妨碍对果岭地形的判断。如果你发现自己情绪开始浮动，可以试着缩小视野，这也是很多职业球员采用的方法。

集中注意力

当你在判读推杆路线时，试着帮双眼带上屏蔽，过滤其他不必要的噪声。此外，这种技巧也能让你更专心。

第二阶段

重新自我测试

进入第三阶段之前，务必要再进行一次第142~143页的测试，要是没有改善，最好先回归第二阶段。推杆成绩要有所进步，才可开始第三阶段的进阶练习。

关键要点

如何处理快速的推杆

面对快速果岭或下坡推杆，要尽量避免急促或不稳的触球，所有动作都要非常顺畅，才能取得最好的控制，让球进洞或留在洞口附近（对快速下坡推杆而言，不建议像平常推杆那样一定要过洞）。

特地为了某种推杆状况，而调整击球模式似乎不太明智，但是在不需要刻意调整挥杆动作的前提下，你还是可以加入一点技巧变化来处理快速推杆的。方法非常简单，只要让触球点偏离杆面中央，用靠近推杆趾的部位来推杆，这样你就可以采用正常的击球模式（如同面对平坦的果岭一样）。由于不是用甜蜜点碰到球，触球时所产生的能量会比较少，所以球离开杆面的速度也比较慢。如果用偏向杆头趾的部位作为触球点，应该就可以处理快速推杆的情况。

削减速度

遇到非常快的推杆，用偏向推杆趾部的位置作为触球点，来消减球的速度，这样球比较容易控制，不会过球太多。

练习24：让打击更流畅

借由下面练习，可以让推杆动作更为流畅，这也是精确判断距离时不可或缺的因素。虽然是针对推杆基本动作所设计的，不过这个练习只能用单手挥杆，因此还需要有一点推杆程度。

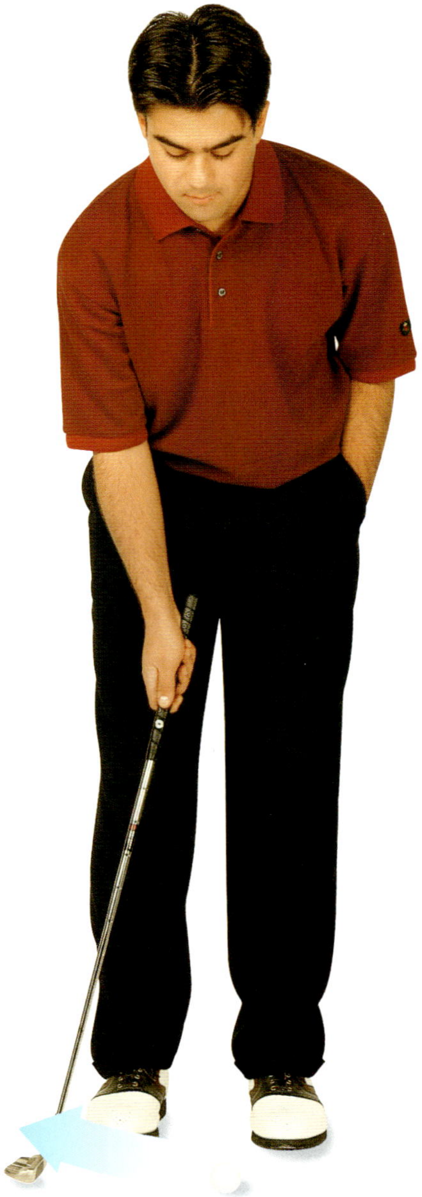

1 只用右手握住推杆，让左手在身体侧面自然下垂（或放在口袋也可）。

2 用单手把球推过果岭，保持轻柔的握杆力道，右手臂做出轻松的推杆动作。为了避免杆头因本身的惯性重量而转向，在从上杆转下杆时，手腕可稍微弯曲。柔软的手腕能促进球杆流畅地前后摆动，如果手腕紧绷，会影响整体动作的流畅性，同时也比较难控制推杆速度。

3 试着把注意力集中在球速上，现阶段还不需要考虑目标。试着设定大概距离，然后推出四五球，尽量让球停住的位置集中。

○ 经过几次练习之后，你应该会很惊喜，自己的击球水平和距离判断居然有那么好的表现，而且只用到右手而已。试着重新放回左手，然后像平常一样推杆，这时候你会发现触球比较没有受限的感觉，也不会有刻意想引导球杆前后摆动的倾向（这可算是非常严重的失误）。

练习25：让短推杆更精确

在“劈起球”章节的练习11（请参阅第74页）曾经强调，进攻果岭球精确度的必要性，这个原则也适用于中短距离推杆。打劈起球时，你不能只瞄准果岭，而是要把旗杆当做目标。如果是短推杆，就要把注意力集中在一点，不要瞄准整个球洞。球友们可以利用下面练习，让自己聚焦在非常特定的目标。

1 距离球洞不要超过2米（2码），摆出直线推杆的击球准备动作。

2 开始瞄准，不过注意力不只放在球洞，而是把焦点集中在球洞内更小的目标，像是洞口边缘的一点小缺口。

3 把步骤2锁定的目标烙印在脑海中，重新把目光转回球上，不要迟疑，马上推杆。不要太早抬头观察球的滚动路线，试着信任自己的触球，只需要注意观察球是否有碰到先前锁定的目标。

❍ 虽然第151页的关键要点中，曾提过推杆其实有相当大的通融空间，不过进阶球友们要尝试瞄准更小的目标。然而，推杆的转折会影响目标设定，你的目标点有可能是在球洞内，但是如果坡度变化很大，目标点就有可能落在球洞两侧的果岭表面上。

练习26：让推杆悬空，产生流畅触球

当你在压力下或感到紧张时，非常容易丧失推杆的顺畅性和韵律，结果当然会很悲惨。球友们可试着在练习果岭上进行这个练习，当正式下场时，如果觉得需要让双手更稳定而自信地击球时，这个技巧就能派上用场。

1 摆出推杆的击球准备姿势，不过先不要在地上放球。

2 让杆头离地，稍微悬在果岭表面上。把注意力集中在维持轻柔的握杆力道。

3 做出几个推杆练习，试着不要让杆头碰到地面。

4 不要改变握杆力道，让推杆在球后方悬空，从这个位置开始向后摆动杆头。重复几次上述步骤，悬空、试推练习；悬空、正式推球。

❍ 你将会发现，将杆头稍微提起，起杆动作会比较顺畅，双手、手臂、肩膀，以及推杆也会非常和谐，不容易发生急促或不连贯的动作。接着要正式推杆时，同样做好瞄球准备并让杆头悬空，你将会很喜欢这种流畅的感觉，这对推杆成绩将会有非常多的帮助。

练习27：看着手，而不是球

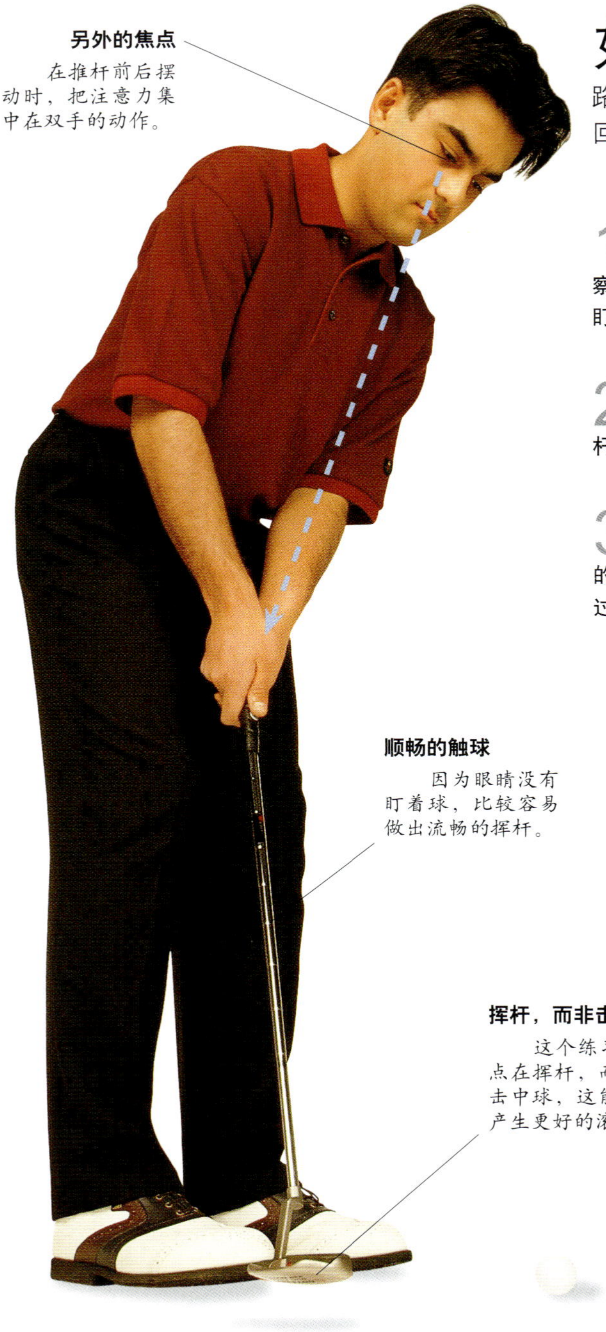

如果你打短推杆时因为过于紧张，而导致动作僵硬的话，球通常也无法顺畅地朝预定路线移动，可以试试看这个练习，让你重新找回自信和镇定。

1 找一块果岭，在距离球洞3~4米（3.3~4.4码）的位置进行练习。瞄球之前，先做几次试推练习，让眼睛观察双手的动作，是否顺畅地往后、往前摆动（平常可能会盯着杆头或地上）。

2 然后开始推杆准备动作，当瞄准、姿势、方位一切都已就绪，重新把注意力转移到双手，如同步骤1，推杆时让眼睛盯着双手往后、往前摆动。

3 重复几次步骤2的动作，试着专心做出正确的挥杆动作，这时候不需要考虑球（推杆入洞并不是这个练习的主要目标）。因为没有盯着球看，所以触球力道和加速过程会比较容易控制。

❍ 试着定期进行这个练习，绝对会受益良多。采用这种方式，能根除想要去击中球的倾向，而这通常也是短推杆失误的原因，你该做的是专心让双手做出具有控制性且顺畅的推杆动作。另外这也可以防止过早抬头，这也是错失原定目标的重要原因。请参考练习8（第149页）和练习12（第152页）。如果让视线定在双手的动作上，球友们绝对能重新找回自信和平常的击球水平。甚至在下场时也可以尝试这种技巧，为自己赢得更好的成绩。

练习28：连续推进一百球

在20世纪80年代中期，当蒙哥马利（Colin Montgomerie）还在美国念大学时，曾经把下面练习当做是每天的例行工作。这项练习需要耐心、毅力、集中力，不过能获得非常多的好处。

1 找一个自己有信心直接推进的距离。对技术熟悉的球友而言，刚好比一支球杆稍短的距离应该很适合。如果你对自己果岭的表现缺乏信心，可以离球洞更近一点。

2 在相同位置连续推杆入洞，如果有需要就把球洞内的球清空，边打边数，试着连续推进100球。只要有一球没进，你必须要重新计算，越接近100球时，压力也会随着增加。

○ 刚开始的10球，应该没什么压力，所以会觉得很简单，之后的10球也是，甚至下10球也不例外，然而，关键是在最后20球左右。因为你知道只要一失手，就要从头来过，因此这几球会变得特别难推。这种压力会让你在最后很难保持集中，就像正式下场时会遇到的一样。经过这个练习的洗礼，下次在场上面对短推杆时，当然会更有自信。你可以对自己说："这种球我已经进过几百遍了！"

关键要点

加长型推杆

加长型推杆首次出现于20世纪80年代晚期，当时在坚守传统的卫道人士之间引起轩然大波。如果你想尝试这种球杆，成功的关键在于正确的推杆准备姿势。首先，要把球杆握把端固定在下巴或抵住胸膛，然后用右手的大拇指和食指之间轻握球杆，作为引导方向之用。很多职业球员在基本动作中，会让右手掌直接反映杆面方向，这样比较容易在正确的轨迹击球，并且也能建立手和球杆的相对关系：右手指向哪边，杆面就指向哪边。左手应该以松软、"握拳"的方式，握住握把顶端。你可以试着把自己想象成一个老式时钟，左手是发条，而杆身就像钟摆。

顺畅的挥杆

使用长推杆时，右手要引导球杆前后摆动，就像老式时钟的钟摆一样。

练习29：左右手互换的交握式推杆

如果你对自己的推杆表现不太满意，或许可尝试不同于传统的握杆方式。这是种很热门的“替代方案”，职业球员像是丹麦的汤姆士·毕永（Tomas Bjorn）和美国的弗瑞克（Jim Furyk），在早期都是采用这种推杆的握杆方式，很多球友也从中改善了果岭上的表现。

1 左手放在推杆握把上，接着把右手放在左手上方，双手掌心还是要相对，双手的大拇指也都朝下指着杆身中央。这时候还是反重叠式（请参阅第144页的练习1）握杆，只不过是右手食指反过来放在左手指的上面。

2 从中长距离约6~7米（6.6~7.7码）开始进行练习，摆动肩膀让推杆前后摆动。在上下杆的折冲点，同样要保持握杆轻柔，你才能体会到关键的瞬间“延迟”（请参阅第147页的练习5）。手腕上的柔软度，会让顺畅加速的感觉更明显，并且在球杆通过击球区时，手和推杆也会维持正确的相对位置。

3 持续采用这种方式练习推杆，你会开始察觉到左手腕在通过击球区时，会更容易维持原有的角度，这有助于维持一定的杆面方位，让球杆不会在击球瞬间打开或封闭，而球也会朝着预定路线前进。

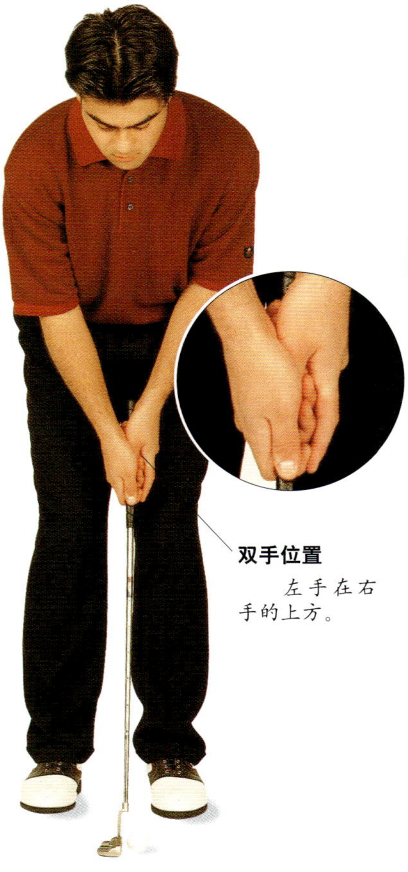

传统式握杆

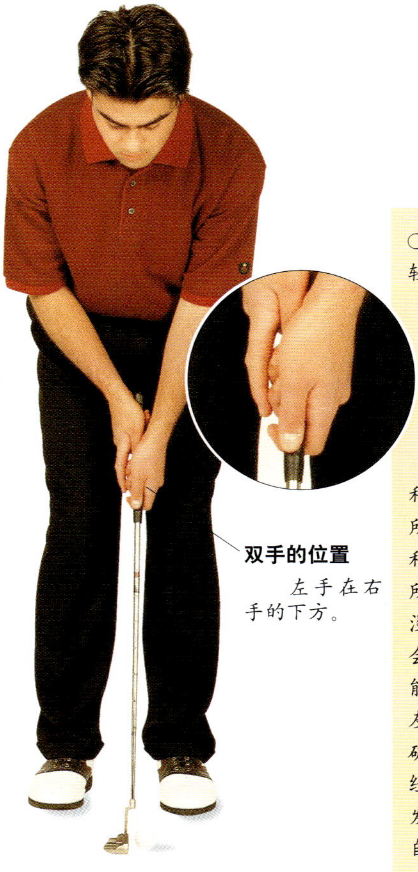

交握式握杆

○ 就某方面而言，这种技巧比较像“拉回来”，而不是传统的“摆回来”打法。虽然刚开始采用这种握法会觉得很奇怪（跟其他球路的握杆方式比起来，双手的位置刚好相反），但是对推杆表现却不会产生负面影响。事实上，很多拥护者宣称这种打法会让肩膀更顺畅地摆动，所以触球也比较稳定。此外，这种击球模式很明显由手臂和肩膀所主导，腕关节在打击过程几乎没有作用，换句话说，稳定性也会跟着提升。尽管这种技巧不可能迎合每个人的喜好，但如果球友们在果岭的表现一直没有突破，或许可考虑尝试别的打法，经过几次练习之后，说不定你会发现这种方式比传统打击更符合自己的需求。

练习30：尝试不同的速度和路线

练习15和16（请参阅第154~155页），以及第147页的关键要点都有提过，判断转折推杆并不属于纯科学的范畴。能够进洞的路线通常不只一条，要选择哪条路线，必须要根据你在球上施加多少速度而定（轻轻推的球，跟较用力推的相比，转折会比较多）。以下这个练习，对于体会速度和路线之间的相应关系非常有用，能让你在面对转折推杆时，有更好的想象力和触感。

1 请先找个距离洞口约4米（4.4码），可明显看出由左到右或由右到左的转折位置。

2 试着从同一个点，推出三四球，利用速度的变化，让球以不同路线前进。例如，当你在推第一球时，试着以较多的力道，来将推杆路线“拉直”一点，也就是让球的转折少一些。至于第二球，力道就要轻一点，让这一球的转折比前一球多。

3 如果时间允许，尽可能多打几球，试着分别以不同的速度和路线，让球滚进洞口。

❍ 由这个练习中你可以学到，面对转折推杆时该注意及该避免的部分。在球场上处理这种推杆时，也会比较有信心。面对转折的推杆时，试着选择自己感觉最有把握的路径，同时找出合适的速度，来配合这条路径。

完美的推杆

在举世瞩目的四大赛当中，每个参赛者都是顶尖的推杆高手，不过其中还是有一些特别突出的佼佼者，尤其在戴维·杜佛（David Duval）的推杆技巧中，包含了三项让他成功的重要关键：触球瞬间杆面正对目标、做出配合选定的推杆路线的挥杆轨迹，此外，当然还有完美的速度。在如此重大的比赛中，戴维判读果岭的实力，不会亚于任何其他选手，这表示他不仅能做出世界一流水平的触球，同时还能把球稳定地送到正确的路线上。当他在比赛中取得领先时，这种绝佳的组合让他的推杆成绩总是领先群雄。下面一系列照片，摄于2000年在圣安卓老球场举行的英国公开赛的赛前练习，戴维当时正在推一记25米的推杆。就与他充满活力的开球一样，这里也有很多值得学习之处。

1 击球准备

戴维的准备姿势非常有特色，充满浓厚的个人色彩，然而还是没有偏离传统。他是采用中性的握杆法，双手掌心相对，拇指往下指着杆身中央，双脚间的宽度较窄，球的相对位置偏前方，让推杆可以在稍微上行的轨迹击中球。此外，戴维的眼神也直直盯着球上方，瞄准时整个身体都非常放松，几乎没有任何紧绷感，这也是获得良好触感的根本。

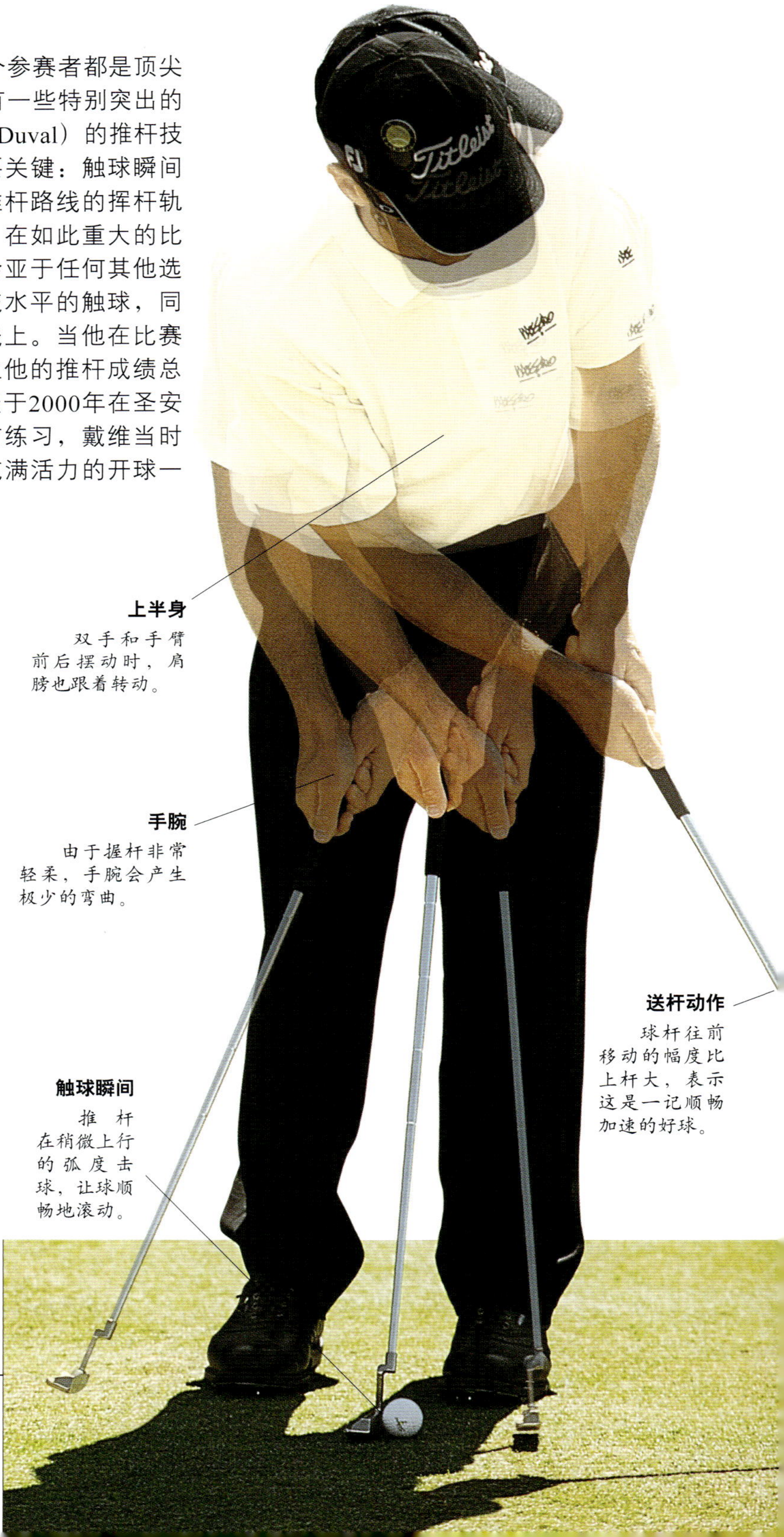

2 上杆

肩膀、手臂、双手和球杆的动作非常一致，让上杆动作顺畅而和谐，手腕没有任何独立的弯曲动作。双手保持非常放松，所以戴维能顺畅地由上杆转移到下杆，放松的手腕让球杆在瞬间延迟，落在双手后面，就像一记迷你起扑球。这样才能确保推杆在击球瞬间不会超过双手位置，避免杆面过于封闭而把球朝左边送。

3 触球瞬间

他在触球时姿势和击球准备时完全相同。你可以仔细比对这张照片和戴维的瞄球姿势，应该很难发现其中差异。镜头捕捉到球正要离开杆面的瞬间，杆头才刚刚通过挥杆圆弧的最低点，这种稍微往上的击球轨迹，让球产生一些正旋，使滚动更顺畅。此外，戴维的头部就像岩石一样稳固，使杆面能准确地触球，并且确保了上半身不会产生任何会使推杆偏离预定路线的不必要晃动。

4 送杆

送杆时杆头的位置，比上杆还要高出许多，表示加速过程非常顺畅，并且是在向上轨迹中触球。在这个时候戴维才抬头，看着球直直地朝着地面下5英寸（约13厘米）的目标前进。美中不足的是，这幅照片没办法呈现戴维完美的推杆节奏，球杆流畅地前后摆动，加速让球朝预定路线前进，在最后画下美丽的句点。

改善推杆的要诀

虽然这个章节的开头已经说明过，推杆方式会因人而异，但是下面几项要点，对球技的提升绝对有正面影响，并且无损于个人风格的发挥。

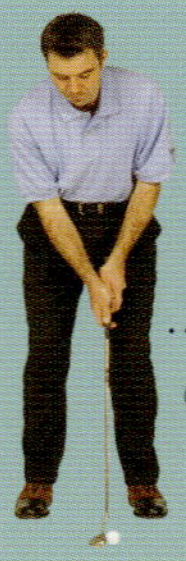

- 摆好推杆击球准备时，要让双眼直视球的上方，才能保持最佳视野，往下观察推杆路线。

- 把球放在站姿偏前方的位置，让杆头在稍微向上的弧形轨迹中碰触到球，球的滚动才会更顺畅。

- 所有手腕的独立动作减到最小，用同步的肩膀和手臂动作，来控制钟摆动作。

- 上杆长度要足够，让推杆自然而顺畅地加速通过击球区，而非想着要击中球。

- 试着抗拒抬头看球的诱惑，让头部维持不动，直到球稳定朝球洞前进为止。

第二章
错误与修正

前一章几乎涵盖所有想得到的练习，让球友们可发展出稳定而有效的挥杆，与足以应付各种球场状况的短杆。但是，不管多么努力地磨练球技，总是会有遇到错误与问题的时候，导致击球变得不稳定。这也是高尔夫的特色之一，不管是初学者或顶尖好手，难免会遇到瓶颈，本章的内容正是针对各种“问题球路”而设计的，一一解析高尔夫最常发生的10种失误，并提供最快速有效的矫正法，让球友们马上能脱离问题球路的困扰。

矫正失误

佛度的前教练史贝尔曼（Mitchell Spearman）正在检查他的动作，就算是顶尖好手的挥杆，有时也会有错误。

右曲球

这是最常见的失误，也是多数球友的梦魇。右曲球的球路，通常是球由目标的左侧开始起飞，接着会在空中大幅度转向右侧。使用杆面角度小的球杆时，右曲的状况通常会更严重。因此最严重的右曲球会发生在杆面角度很小的球杆，如1号木杆、3号木杆和长铁杆。

矫正：训练正确的击球路径

为了矫正右曲球，要从调整击球准备姿势开始。肩膀和双脚与瞄准线平行，同时身体正对目标线，这能促使你以正确的路径上杆。接着，要尝试打出往目标线右侧起飞的球，这有助于从内侧的路径来击球。此外，通过击球区时前臂要转动，更积极地释放球杆。这些动作的调整将会把右曲球的毛病连根拔除。

❍ 击球瞬间如果没有适度释放球杆，常会造成开式杆面（请参阅第11页）。解决方式是握杆力道要放松，才能让杆头流畅摆动与加速，击球瞬间才能回正指向目标。然而，要是这种方法对你无效，或许可以试试看“开球”章节的其他替代方案（请参阅第20页的练习10）。

错误：糟糕的瞄准对象

虽然很难判定开式杆面和由外而内挥杆路径之间的因果关系，不过有一件事倒是肯定的：这些问题都起因于击球准备时姿势的错误。典型右曲球者的站姿，会朝向目标左侧，所以挥杆路径就会与击球准备的路线相同。

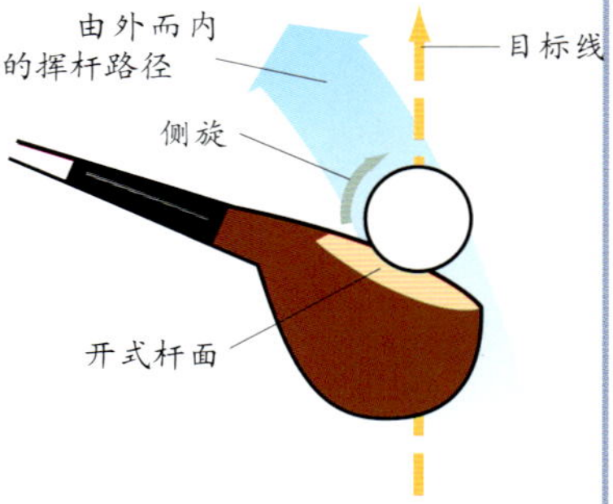

右曲球的成因

造成右曲球的主因是开式杆面和由外而内的挥杆路径（请参阅第10~11页），球杆在通过击球区时会越过目标线，所以球刚开始会往左侧移动。打开的杆面会使传递到球上的力道偏斜，使球产生很多侧旋，造成球在空中忽然转向右侧。

左曲球

这种球路有时会被形容成“高手失误时所打出的球”，主要是因为双手在通过击球区时过于主动，一般来说，这是起因于不正确的挥杆路径和闭式杆面，造成球偏离预定路线。打出左曲球时，球会先往目标右侧起飞，然后在空中转向左侧。左曲球和右曲球一样，杆面角度太小都会让问题更严重，所以1号木杆最容易打出大号左曲球。

矫正：改正挥杆路径

为了修正过度内侧的击球路径，让挥杆回归正确路线，可以试着在练习时，把杆头套或类似的物品，放在球后方距离目标线内侧15厘米（6英寸）的地面上作为障碍物，阻断左曲球的挥杆路径，把球杆强迫送回正确路线。当你在重新建立正确挥杆路径的同时，在下杆时要注意，让臀部做出回转，而非朝着目标滑动。

❍ 如果挥杆已经回到正确路径上，但是你所打出的第一球却还是往左侧飞，表示杆面呈封闭状态。试着检查握杆的左手，这时候应该只能看到两个指关节（请参阅第121页的练习11），这能让杆面在击球瞬间更加方正，这样才能让球以直线飞行。

障碍物

使用障碍物，像是杆头套等，让挥杆回到正确的路径。

错误：过于内侧的挥杆路径

典型的左曲球成因，主要是下杆时臀部朝目标滑动（而不是回转的动作），让双手、手臂和球杆卡在内侧，这时候你会以为这种击球路径会让球往右飞，同时会想要试着修正这种倾向，此时双手就会过度主动，使杆面在击球瞬间关闭导致左曲球。

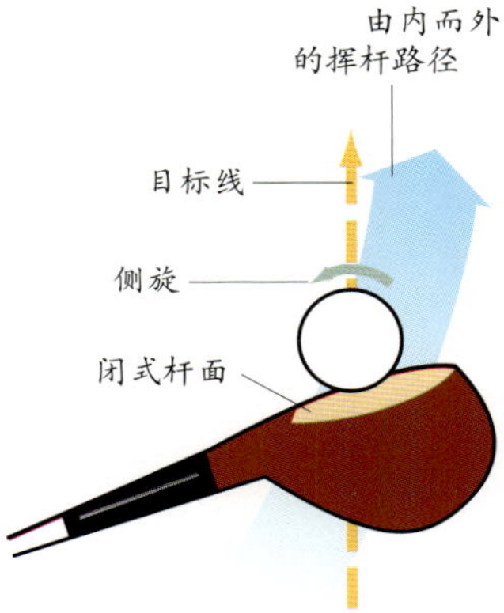

左曲球的成因

左曲球的飞行路线刚好跟右曲球相反，击球方式也完全不同，球杆在太靠目标线内侧的路径接近球，造成由内而外的挥杆路径，并且杆面也会呈关闭状态。左曲球通常会比较低，滚动的距离也更远。

起扑球打厚

打高尔夫最大的耻辱，莫过于短击球打得一团糟。而起扑球打厚，也就是球杆在打到球之前先碰到草皮，则是耻辱排行榜上始终居高不下的失误类型。这有时候比短推杆没进更糟，似乎也更难修正。其实，要消除这种球所需要的调整，很容易就能学起来。

矫正：双手保持在球杆前方

通过击球区时，唯有让双手维持在杆头前方，才能产生先球后草的触球模式（请参阅第95页的练习5）。要做到这一点，在开始下杆时，要让右手腕的角度维持不变，并保持到通过触球。经过上述调整，应该会在挥杆圆弧的最低点打到球（请参阅第94页的练习4），产生一记干净的击球，并在击球之后（不是之前）留下最小的草痕。

❍ 请仔细检查球位是否太偏站姿前方，因为这是最常导致失误的原因之一。正确的球位要正对右脚，双手维持在杆头前方，左手臂和杆身要呈一直线（请参阅第92页的练习1）。

错误：球杆在碰到球前先打到地面

厚击球的成因，通常是因为击球者刻意想把球朝空中打，而不是让杆面的角度发挥作用，所以做出将球杆往上捞的动作，使杆头在击球前超过双手的位置，打到球之前就先碰到地上，结果就是出现一记打厚的起扑球。这种打法草痕通常会产生在球的后方，如果地面太硬则又另当别论。

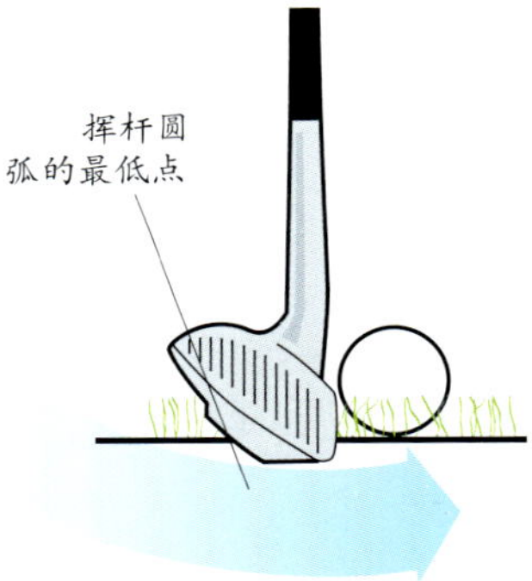

厚击球的成因

这种失误主要是因为杆头的击球角度出了问题，在碰到球之前就先到达挥杆弧的最低点，因此，杆头会埋进地面，大部分击球力道被地面吸收，只有极少部分的能量传递到球上。

铁杆斜飞球

斜飞球可能是最糟的一种失误，球通常会朝偏离目标至少45度的角度射出，通常就不见踪影。任何铁杆都可能打出斜飞球，然而不管是哪一支球杆，伤害一旦造成，就很难弥补。

矫正：封锁产生斜飞球的路径

让杆头回归正确的击球路径，才能彻底根除斜飞球的问题。你可以试着把杆头套或空球盒，放在球位稍微后方，距离目标线外侧8厘米（3英寸），然后用短铁杆练习击球。由于有障碍物的存在，迫使球杆在正确路线朝着球移动，让杆面的正中心和球产生结实的接触。如果你的老毛病又犯，球杆就会在击球前先打到障碍物。

❍ 这实在很搞笑，如果上杆路径过于偏向内侧，下杆时球杆反而会从目标线的外侧绕回来。可以试着放慢上杆动作，检查球杆是否朝内同时往上挥动，这样才能促使正确下杆路径的产生。

杆面

如果球杆是在正确的路径上，击球瞬间是以杆面正中央触球。

障碍物

在目标线的外侧放一个空球盒，避免由外而内的击球路径。

错误：要命的击球角度

斜飞球打到球的位置不是杆面正中央，而是杆颈部分。这种状况发生时，杆头和身体的相对距离，比击球准备时还远。这是因为在开始下杆时，就把杆头往外“丢”，导致球杆以由外而内的路径通过击球区。

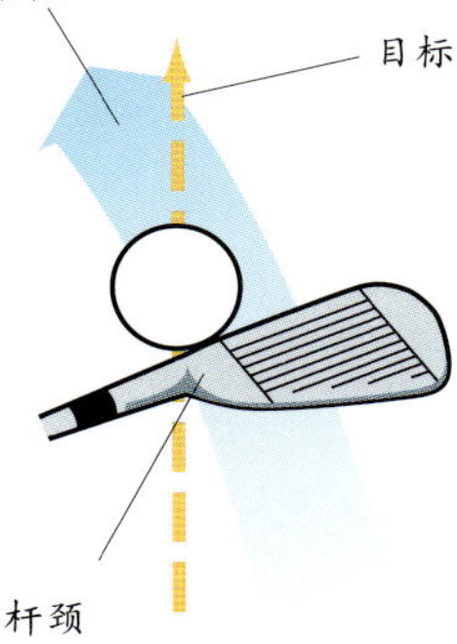

斜飞球的成因

斜飞球的发生是因为触球点不是杆面正中央，而是以杆颈（杆身和杆头的连结点）击中球。这主要是因为通过击球区时，杆头过于偏向理想挥杆路径的外侧，由于杆颈的形状，球几乎会直接从预定路线的侧边飞出，通常会形成非常严重的失误。

错误：陡峭的下杆击球角度

冲天炮通常是因为上杆平面过于陡峭，在起杆时双手把球杆以陡峭的角度往上提，形成高度太过而宽度不足的状况，这会让挥杆弧度变窄，导致下杆变成上杆失误的牺牲品。

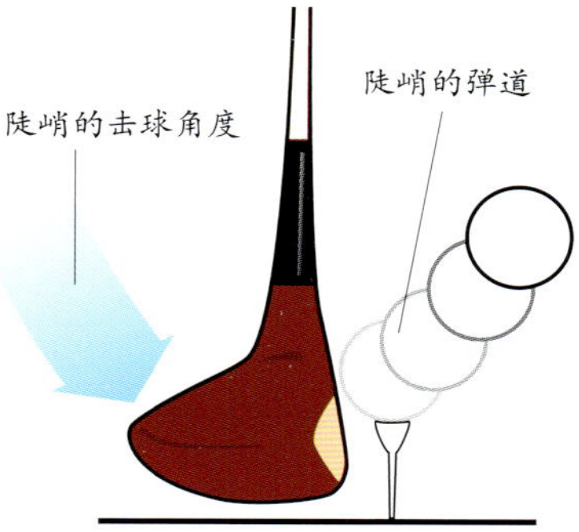

冲天炮的成因

冲天炮通常是杆头上缘碰到球的底部，无法将往前的动能传递到球上，所以球会突兀地往上射出。也就是说，这种球主要是因为击球角度太陡，再加上球又被球梯顶着（有时候会太高），让杆头接触到下半球身。最常发生这种失误的是1号木杆和3号木杆。

开球冲天炮

开球出现一记冲天炮其实对杆数的影响并不算大，因为球还是以直线移动，不会因此而找不到球。但不管是用哪一支球杆，都会损失几乎70%的距离。冲天炮通常是因为杆头以陡峭的角度，砍在架梯的球的下方（通常是球梯架太高），导致球的飞行路线好像使用大角度球杆劈出的一样，而不是结实的开球。

矫正：低且慢的起杆动作

为了产生浅平的击球角度，必须做出宽广的上杆弧度。起杆时专心保持“低且慢”的步调，把球杆往后扫，并使背部朝着目标转（请参阅第28页的练习19）。同时让手臂和球杆大幅度绕着身体摆动（请参阅第24页的练习15），能使你的上杆更宽、更完整。下杆时，将注意力集中在把球扫出去，而不是往下打，让挥杆圆弧的最低点拉得更长、更平坦，使这段圆弧变成浅碟型，而不是茶杯型。

❍ 一直打出冲天炮当然是因为技巧不佳，不过还是要注意一下球在球梯上的高度。从1号木杆的上缘往前看，应该只露出半个球身（请参阅第15页的关键要点）。

剃头球

剃头球多半发生在初学者身上，不过有经验的球友有时也会遇上这种问题。事实上，甚至职业选手也曾出过丑，虽然罕见却是事实。不管球技好坏，当你看着杆头削过球顶，让球沿着地面往前滚，真是羞愧得无地自容。这种球最常发生于1号木杆或是球道木杆。

矫正：从击球准备到触球，保持身体姿势稳定

不管是什么原因造成剃头球，结果都一样悲惨！所以务必要确保整个击球准备和触球的过程，都能维持良好姿势。球友们可试着拿出1号木杆，在地上插一根球梯，摆好击球准备姿势（请参阅第8~9页），然后开始练习挥杆，让杆头削过地上的球梯。在上杆到击球的过程中，都要让脊椎维持一定的角度。接着，把球放回球梯上，重新用1号木杆练习打击，务必要遵守同样原则，把注意力放在扎实的触球上，而不是击球距离。

❍ 如果使用球道木杆时经常打出剃头球，击球准备时最好先检查球位是否太偏后面（请参阅第6~7页），这也可能是剃头球的原因之一。务必要让球的相对位置，正对着左脚跟，让你在下杆到送杆的整个过程中，能把球往外扫出去。

身体姿势

从击球准备到击球瞬间，都要让脊椎维持一定的角度。

击球瞬间

挥杆过程中，务必要维持原有的高度，才能打出扎实的触球。

错误：挥杆过程中身体往上抬

打出剃头球时，往往是挥杆时身体姿势往上抬，挥杆圆弧底部也会跟着升高，让杆头错失最佳击球点。造成上述失误的主要原因，是无法维持击球准备时所建立的姿势，可能是下杆时双脚打直，或整个上半身抬起所造成的。

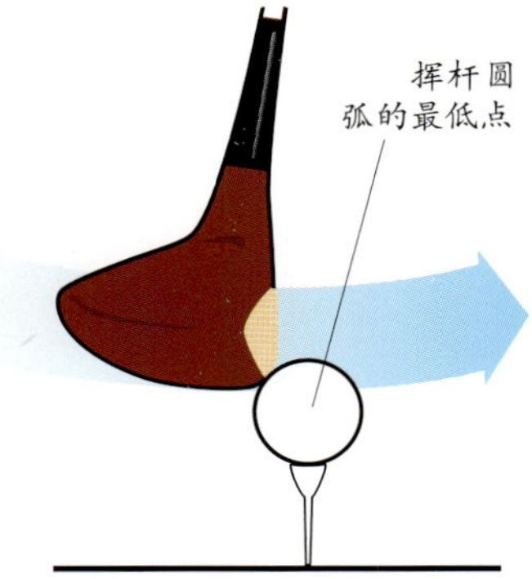

剃头球的成因

发生剃头球时，球在击球瞬间的反应足以令人痛心。杆头下缘碰到球顶1/3的部位，让球沿着地面射出，尽管不太可能因此而把球弄丢，却也不会在球道上有太多的进展。

错误：破坏挥杆的重心倒转

丧失力道最主要的原因，是重心转移不正确，这又称为重心倒转。在理想状况下，上杆时会把重心放到右脚，随着下杆到击球的过程，渐渐转移到左脚。但是重心倒转时却刚好相反，上杆时重心向着目标（上图），下杆时则朝着目标的反向转移。

丧失力量的原因

如果杆头通过击球区的速度太慢，常会造成开球力道不足，这通常是因为重心倒转所造成的。在这种情况下，你把上杆的重心放在前脚，而下杆和击球时则转移到后脚（上图），这种重心的转移方式当然无法正确传递能量。

丧失力量

一记又直又远的开球，几乎是打球时最令人开心的表现。不过，除非你是老虎·伍兹，否则都希望开球能越远越好。如果开球缺乏力道，会使1号木杆的飞行距离不足，通常导致球在地面滚动的时间，比飞行时间更多。

上杆

上杆时身体应该会往目标的反向移动。

身体旋转

身体配合挥杆而转动，能产生最佳的上杆顶点位置。

重心转移

随着球杆往后摆动，重心会转移到后脚。

矫正：用重心转移增加火力

为了让击球力道完全发挥，务必要配合挥杆动作做出重心转移。在击球准备时，把60%的重量都放在右脚，在做上杆时至少再增加10%。接着在下杆时，重心要转移到左脚，才能将最多的能量传递到球上。可以试着想象拳击手充满力道的一记重拳，在短暂的瞬间，先把重心放在后脚，然后重心迅速随着出拳而往前转移（请参阅第18页的练习7）。

❍ 记住，上杆到顶点时，右前臂要和杆身成90度角，如果角度太大，表示曲腕幅度不够，通常力量也会比较小（请参阅第32页的练习24）。

打不好的粗草区

开球落进粗草区时，并不算太大的失误，事实上，可能只偏离球道几步的距离而已，然而，如果你无法做出有力的击球，让球以适当的弹道回归正轨，你就会受到与先前失误不成比例的处罚。

矫正：让握把末端指向球

想要从长草区挥出有力的铁杆，击球角度要比较陡峭。你可以在中铁杆握把末端中空的部分，插上球梯来进行练习。在上杆途中当双手位于臀部高度时，试着让球梯指向球，这样才能产生陡峭的挥杆路径，击球角度也会比较陡。这也表示球和杆头之间草皮的干扰会降到最低，产生更为有力的一击。

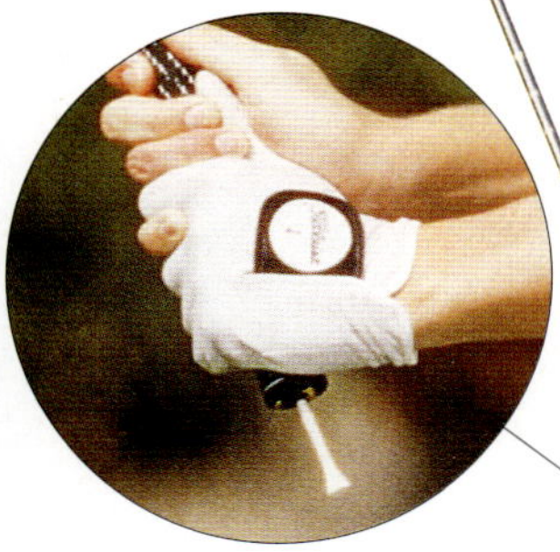

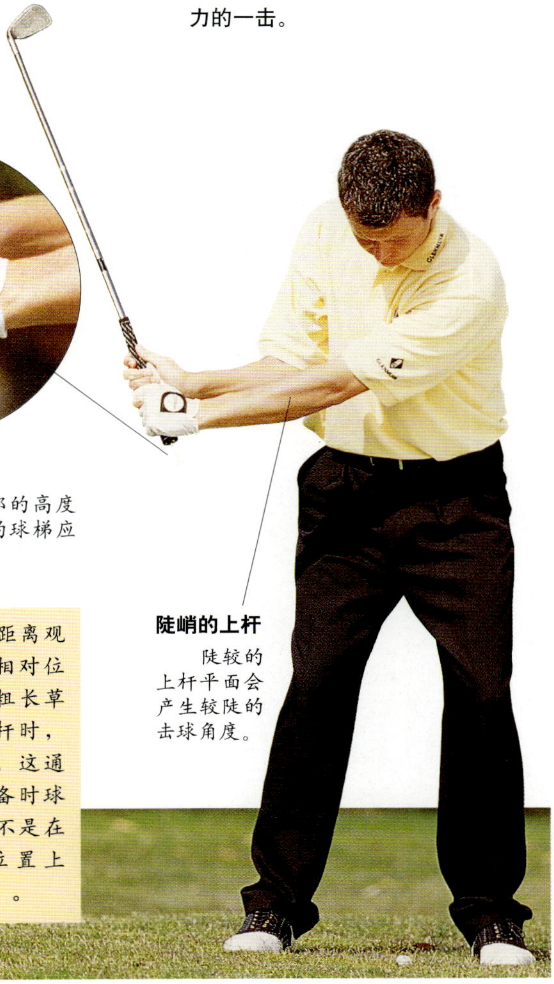

球梯当做指标

当双手到达腰部的高度时，固定在握把上的球梯应该要指向球。

陡峭的上杆

陡较的上杆平面会产生较陡的击球角度。

❍ 你可以试着近距离观察球和双脚间的相对位置。多数球友在粗长草区使用短或中铁杆时，都很容易打太短，这通常是因为击球准备时球太靠近前脚，而不是在靠后方的正确位置上（请参阅第6~7页）。

错误：过浅的击球角度带起太多草皮

除非球位真得太糟，否则除了使用长铁杆之外的球杆，应该都还可以打出一记好球。如果办不到，可能是杆头的击球角度太浅，这通常是由于曲腕幅度不够，导致起杆路径太宽（上图）。虽然浅一点的击球角度非常适合1号木杆，但是遇到厚重的草皮，还是要以较陡的角度击球。

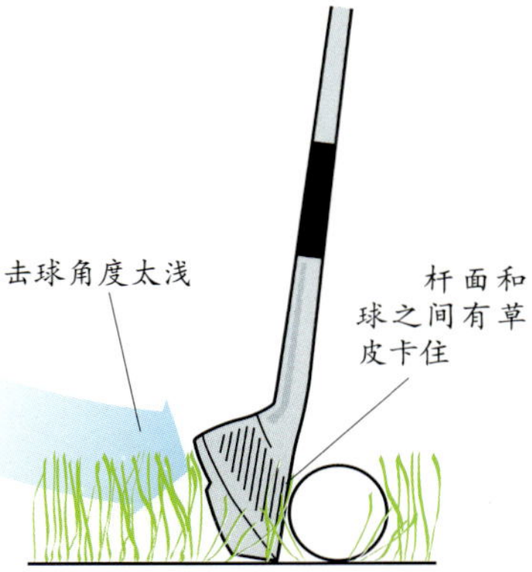

粗草区打不好的原因

在粗草区的表现不佳，通常是因为杆面和球之间，有太多草皮卡住，并吸收了大部分能量，使击球的初速不够，也会缩减击球距离。

右推球

以结果来看，右推球和右曲球的情况非常类似，球最后的落点都是偏向右边，但是这两种球成因却大不相同。右曲球一开始是向左飞，然后在空中转向右边；右推球则一开始就往右，随后也维持相同的方向。任何球杆都可能打出右推球，不管是1号木杆或挖起杆，其原因也不见得是因为技巧太差，通常这种球的打击可是非常扎实的。

❍ 所有球杆都可能打出右推球，但是如果你常常开出这种球，可能是因为球位太偏向站姿后方，所以球杆无法在挥杆圆弧的正确位置击中球。这时你可以试着让球正对左脚跟，确保击球点会落在正确的位置上（请参阅第17页的关键要点）。

矫正：训练以正确路径击球

矫正右推球的关键，在于修正过于偏内侧的击球路径。你可以试着调整击球准备姿势，让左脚尖和右脚跟，位于同一条线。由于身体左侧已经有足够的空间（因为非常开放的站姿），所以通过击球区时有空间让球杆摆向左侧。如果你已经习惯这种击球动作，恢复正常站姿时，再试着用相同方式打击，然后你将发现球会以直线朝着目标前进，表示挥杆又回归到正确路径。

错误：由内而外击中球

在某一方面来说，造成右推球的原因其实跟左曲球一样（请参阅第171页），杆头从正确挥杆路径的内侧接近球，造成由内而外的触球。不过这两者主要的差异，在于杆面的方向与这个由内而外路径的对应状况，左曲球的杆面呈关闭状态，而右推球则维持方正，所以会导致两种截然不同的飞行路线。

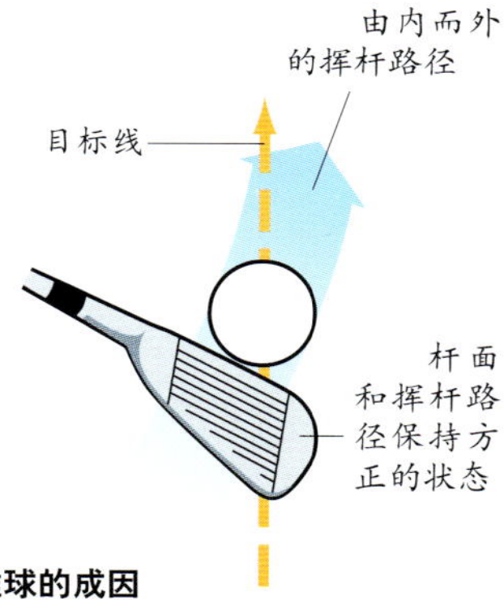

右推球的成因

右推球主要原因在于杆头以过于由内而外的路径接近球，同时杆面和这个路径（错误的）处于方正的状态，这些因素导致球以直线飞出，但是却已经偏离预定路线（注意：如果杆面和击球路径呈开放状态，会造成向右推的右曲球，飞行路线会从右侧开始，之后以更大的弧度往右转）。

左拉球

左拉球正好和右推球相反，是以由外而内的路径挥杆，而杆面与这个路径垂直，导致球一开始就朝左侧飞，然后继续朝相同方向前进。不管是1号木杆或挖起杆，几乎所有球杆都可能打出左拉球。

矫正：发展内侧的击球

如果要矫正左拉球，必须要让杆头从目标线内侧接近球。你可以试着把右脚往后移，让右脚尖和左脚跟位于同一条直线（但肩膀还是要保持方正），这种站姿比较容易做出完全转身，并且能产生足够空间，让球杆在下杆时回到内侧路径。把这种击球的感觉融入你的正常站姿，绝对有助于产生正确的挥杆路径。

❍ 如果你一直打出左拉球，最好多注意击球准备时的杆面方向（请参阅第4~5页），要是发现杆面过于关闭（瞄向目标左侧），这应该就是导致失误的原因。

错误：把杆头“抛”到正确路径外侧

左拉球主要是因为开始下杆时，双手和手臂离身体太远，把球杆“抛”出正确挥杆路径的外侧，所以造成由外而内的击球路径。如果球的飞行路线还不足以证明，另一个线索则是草痕（至少适用于铁杆），应该会指向目标左侧（请参阅第72~73页）。

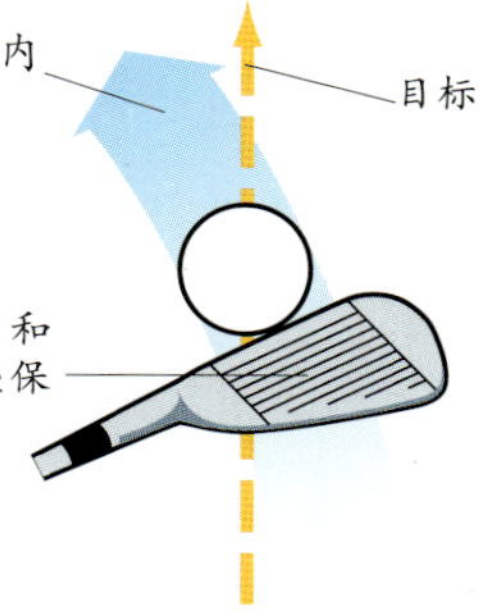

左拉球的成因

右曲球和左拉球同样都是以由外而内的路径击球，如果杆面开放，就会造成右曲球。如果杆面与挥杆路径维持方正，则会产生左拉球（注意：如果杆面和挥杆路径呈现关闭状态，就会导致所谓的左推左曲球，飞行路线从左侧开始，之后以更大的弧度往左转，事实上是完全失控的一球）。

第三章

击球艺术

选择击球模式有两种截然不同的情况：一种出于情势所逼，这可能是因为前一球表现太差或运气不佳，所以没有太多选择性，而这个章节的前半段（请参阅第182~189页）就是针对几种问题球提出适当的解决方案（特别是球的落点不好或很难处理时）；另一种情况则是出于自己选择，需要将各种技术融会贯通，再加上一些想象力，配合每个球洞的环境条件，塑造合适的球路，在本章的第二部分（请参阅第192~195页）则会协助球友培养这方面的实力，借由改变球的飞行路线或方向，让球落在理想位置上。介于处理问题和发挥创意之间的，则是依风势击球这一节（请参阅第190~191页），这个部分包含之前所学的所有击球技巧。

脱困的一球

每位球员都会需要塑造球路的技巧，才能在适当时机帮助自己脱困。照片摄于1996年的公开赛，尼克劳斯正在处理非常棘手的球位。

斜坡球位

球场上唯一能保证平坦的区域，只有开球区，只要一离开这片修剪整齐的草皮，你就可能必须面对斜坡球位的问题。可能是上坡、下坡或侧坡（这是指球的位置可能高于或低于双脚的麻烦球位）。上坡球位的影响是使杆面角度增加，使球产生额外的高度，这种球位算比较容易处理。然而，球要是落在下坡，就会减少杆面击球的角度，所以需要运用比较多的技巧，才能打出干净的一球，这种球位比上坡还棘手，不管是心理或技术层面都一样。球在上下坡的飞行路线各不相同，上坡球倾向由右往左，下坡则相反，球比较会由左往右飞。球友们遇到这些高难度球位时，先不要自乱阵脚，只要熟练这两页提出的击球技巧，正确选择合适的球杆，并预先判断飞行弹道的差异，面对上下坡的球位时，自

下坡球位击球

下坡球位比上坡还难打，因为坡度会降低球杆正常的击球角度（请参阅第183页）；此外，球后方的地面比平面球位高，所以击中球之前，球杆也比较容易先碰到草皮（产生厚击球）。因此下坡球位的关键，在于球杆的选用，即使只是稍微下坡，还是必须选择“短一号”的球杆。使用角度较大的球杆会缩减距离，但球的飞行弹道比较高。举例来说，用7号铁杆取代6号铁杆，就能弥补因为坡度而损失的杆面角度（如果坡度太陡，可能需要连跳两号）。从下坡打出的球弹道也会倾向于比较低，落地后比平常滚更远，因此最好打短一点，避免球落地后滚过头。

球位往后移

相较于平面球位，下坡时要让球的相对位置往后移5~10厘米（2~4英寸），来降低厚击球发生的几率。此外，重心要稍微偏向前脚，左肩也要比平常低一点，这个姿势有助于产生比较陡峭的挥杆，才能打出干净的一球。

顺着坡度往下追球

面对下坡球位时，如果试图把球朝空中送，身体的自然反应会往后倒。为了避免这种情况，上杆和击球准备时的重心，都要放在相同位置。接着，在触球之后要顺着坡度送杆，让杆头追着球，并让重心随着杆头移动。这些调整都是针对产生较陡的击球角度而设定的，才能打出干净的一球（不会因为身体往后倒而挖起一大片草皮）。

身体左侧

让身体的左侧分担多一点的重量。

球位

调整站位，让球的相对位置偏向后方。

击球瞬间

应该以向下的轨迹击中球。

然就不会在感到恐惧。

至于侧坡球位（请参阅第184~185页），球的位置可能比双脚高或低，而这两种情况的处理方式也各不相同。除非坡度真得太陡，不然高于双脚的球位，其实并没有那么难，主要是因为这种球的击球准备姿势非常轻松。但是，如果球位低于双脚高度，想要做出稳定的击球准备动作就很困难，更不用说挥杆，因此维持站姿的平衡，就是关键问题所在。

面对坡度球位时，可采取两阶段的解决方式。首先，你必须要判断，要做哪些击球准备动作的调整，才能适当地击中球。此外，你也要先预见击球之后可能的行进路线，并先做好相关的应对策略。

关键要点

站姿要宽一点还是窄一点？

很多球友都忽略了坡度会对双腿造成微弱的影响，上坡地形其实会限制腿部动作，所以双脚最好站近一点（腰部以下的动作会更具灵活度）。下坡却刚好相反，双腿会比较活跃，为了避免这个问题，可以把站姿稍微加宽，这样在上杆与下杆之间，能让双腿的动作更稳定。

上坡球位击球

以上下坡球位来说，上坡球位比较容易处理，可以很容易地就打出干净的一球。由于斜坡会增加击球时的杆面角度（如右图），所以球的飞行弹道会比平面球位更高，同时距离也比较短。因此，球杆选用也很重要，原则刚好与下坡相反，要改用“长一号”的球杆，如果平面球位需要使用6号铁杆，这时候就要选择5号球杆，弥补因坡度而损失的距离。球友也不用太过担心，经验将会告诉你，如何配合斜坡的倾斜度挑选适当球杆。

斜坡的击球瞬间角度

相较于平面球位，上坡球位会增加杆面的击球角度，而下坡球位则刚好相反，会减少击球角度。

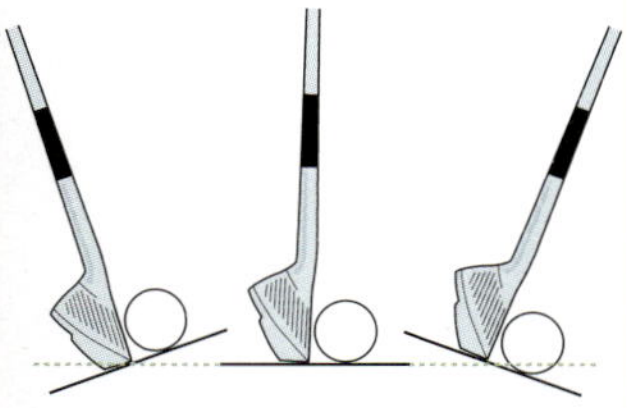

预备起飞

让球位偏向站姿前方（究竟前移多少距离则要配合斜坡的倾斜度），把重心放在较低的那只脚，左膝弯曲的幅度，要比平常更大，让臀部平行于地面，就跟在平面击球一样。因为在上坡球位击出的球，会有由右往左的飞行路线倾向，所以要稍微瞄准目标右侧。

保持稳定

在斜坡球位打球的情况都相同，上杆时，如果身体有任何的水平移动，就很难正确地击中球。因此，上杆时让重心牢牢地固定在右膝上，注意身体不要有任何顺坡度往后的侧滑。下杆时头部要保持稳定，要感觉是顺着坡度往上挥动球杆，几乎像是把球扫出去的感觉。

击球瞬间

应该以扫击的方式击向球。

球位低于脚位

这是最难处理的斜坡球位，主要是因为球位比双脚还低，迫使你必须在这种不舒服的击球姿势下挥杆开始起杆。因此，处理这种球位的关键，在于做出稳定的击球准备姿势，并且在通过击球区时让身体维持一定高度。如果能够做到这两项要求，应该就可以打出扎实的一球。但是，这时你无法做出像在平面球位时那样的挥杆力量，因此最好选用角度较小的球杆，以弥补损失的距离。

关键要点

调整杆面的瞄准方向

从高于或低于双脚的球位打击，球很容易往右或左偏。前文已经提出说明，可以借由调整站位来避免上述问题。然而，调整杆面的瞄准方向则是另一种替代方案。如果球位比脚位高，可以把杆面稍微打开，修正由右到左的飞行路线；当球位比脚位低时，可以让杆面稍微关闭，来减少由左到右的飞行路线。

把重心放在脚跟

处理球低于脚位的球位，务必要先调整击球准备姿势，才能做出扎实的一击。击球准备时膝盖要弯曲稍微“往下坐”，同时加宽双脚间的距离，来确保身体平衡。由于球位比平常还低，可以稍微站离球近一点，避免身体过度前倾。此外，这种球位会打出倾向由左向右的飞行路线，所以最好把瞄准点定在目标左侧。

顺畅挥杆来保持平衡

面对斜坡球位，如何做出顺畅挥杆，同时使身体不会过度伸展是很重要的，特别是球位低于脚位的状况。让膝盖保持弯曲的状态，并做出由“手臂主导”的挥杆动作，来帮助你维持平衡。此外，坡度会将你的重心往前拉，因此很容易打出斜飞球（请参阅第173页），为了避免这个问题，挥杆时重心务必放在脚跟上。

手臂

让手臂主导挥杆动作。

双腿

适度屈膝，并且站得离球近一点，避免打击时身体过度伸展。

球位高于脚位

这是4种斜坡球位中最容易的一种，除了击球准备姿势会比较自然之外，坡度也不会阻碍击球。但比较令人担心的是球的飞行路线，因为从这种球位打出的球都很“远”（不容易后旋，且带着大量前进的动能）。此外，球的飞行路线会大幅度地由右往左偏。聪明的做法是选择短一号的球杆以减少击球距离，并且稍微瞄向目标右侧。

站高一点，握短球杆

这种高于双脚的球位，如果刚好落在很陡的斜坡上，必须下移握杆位置来缩短球杆，并且击球准备时的站姿也要比较挺直。为了维持挥杆的平衡，并让重心稍微偏向脚尖。

做出绕着身体的挥杆

根据这样的击球准备动作和坡度，你的挥杆绕着身体转动的比例会比平常多，这表示挥杆时，你的双手不会超过肩膀高度。除此之外，这种球位没什么好担心的，只要做出顺畅的挥杆动作，保持固定高度和平衡，就能打出结实的一球。

站姿

处理高于双脚的球位时，站姿要比平面球位更挺直，并让重心稍微偏向脚尖。

握杆

向下握杆才能有效地缩减球杆长度。

问题球位处理

早期球场的维护方式，是利用绵羊帮忙啃草皮，除了开球和推杆之外，几乎每球都算问题球。现今球场的维护器具当然不同于以往，可以把草皮修整得非常漂亮。虽然球较不容易落在很糟的位置，不过问题球终究还是会出现的，因此要培养这方面的实力。一旦球落在较难处理的位置，如果想要成功脱困，可采用3个阶段的处理模式。

第一，要针对球位进行评估，再选用适当的球杆。例如，球不小心落在长草区中很糟糕的位置，那么球杆的角度要够大，才能把球从粗厚的草皮中挖出来。除了短铁杆之外，其他球杆都可以排除在外。在这种情况下先不要管距离，把落点作为优先考虑。最后，所选用的击球模式务必要配合球位的限制。

第二，脑海中要预先想象球路，如果目标位于距离范围内，就要考虑该把球送到哪个位置、落地后要朝哪个方向滚动，或该采用打点策略（找到下一杆可以用一记轻松的起扑球或劈起球上果岭的位置），将注意力放在如何让下一球有个好打的球位。

第三，将这一击托付给你所选择的击球方式，同时信任自己所选择的球杆。心中不要有任何疑虑。接下来我们会介绍3种最常遇到的问题球位，如果你能应用上述的3个步骤进行，经过几次练习，你应该会发现，这些球位根本就不会花掉你那么多杆。

光秃球位击球

这是高尔夫中最难处理的球位之一，越靠近果岭，难度也越高。从光秃的球位击球，只要稍有差池，就会发生非常严重的后果。这种球的挑战性在于，如何将杆面打在球和地面之间，完美地打出干净的一球。

保持稳定进入触球

当你在击球时，要相信自己的击球准备动作，把杆头前缘送往球的底部。因为击球瞬间杆面和球之间的阻碍很少，所以应该会打出低弹道的球，同时产生很多后旋。这表示球在落地后，就会很快停住。

为干净击球做准备

在光秃的球位千万不能使用沙坑挖起杆，因为杆头的反弹角会让球杆弹起而打到球中央，最好选择杆面前缘较尖锐的球杆，才能更紧贴地面击球。此外，想要打出干净的一球，球位要在比正常球道还要往后移约2.5厘米（1英寸）的距离。

挥杆韵律

以良好韵律顺畅地挥杆，才能保持平衡。

干净的击球

不要刻意把球朝空中打，要信任球杆的设计，让杆面角度来完成这项任务。

从草痕上击球

你可能开出了漂亮的一球，并把球送往球道的中央之后，却发现你的球停在一个旧的草痕里，这在打球中常常会发生。但是，除非草痕很深，否则这并不算是绝望的状况。先想想在相同距离的良好球位上会使用哪一支球杆，然后再选用角度比它大一点的球杆，就能解决这个问题。

球位后移，双手往前

让球的相对位置几乎面对右脚跟，双手和左大腿等高，这会让挥杆轨迹几乎呈V字形，球杆才能以非常陡峭的角度击球。

运用手腕处理

为了在下杆时产生必要的击球角度，几乎在起杆的同时就要曲腕，让球杆陡峭地朝上摆动。接着，向下朝着球后用力打击，想象你是要把球压进更深的地面，由于力道较强，这时候握杆必须紧一点（这一球的送杆要短一点）。球的飞行弹道不但很低，并且落地后也会滚很远，因此要注意，别让球落进果岭后方的障碍中。由于球也会有由左到右飞的倾向，因此瞄准点要稍微偏向目标左侧，来配合这种会转向的球路。

长粗草区的铁杆

半粗草区对好手来说几乎不会造成任何问题，因为可以预期这种球会产生的后旋比较少（因为无法打出完全干净的一球），落地后也会稍微滚远一些。但是，长粗草区的限制就很多，先决定在能力范围内能使用的最长的那支球杆。如果可以直接攻上果岭，当然最好。如果不行，那就面对现实，采用打点策略，帮下一杆留下好一点的位置。不管选用哪种策略，还是要遵守下面原则，才能成功摆脱粗长草区。

重新调整准备姿势

如果你的击球准备姿势不正确，就不能发挥出最大的击球力道来脱困。首先，让球位于站姿中央，然后将杆面瞄准目标，重量均匀分散在双脚上。不过，要是球位非常糟糕，重心可以稍微偏向左脚。双脚的连线，则指向目标左侧15度~20度左右（把目标想成12点钟方向，这时候则要对着11点钟方向）。上述调整都是为了让击球角度更陡峭，才能让杆头在向下的轨迹中击中球。

向下击球与送杆

要产生更陡峭的击球角度，上杆时双手要稍微抬高一点，接着将杆头以陡峭的角度，击向球的后方。此外，即使你的动作技巧已经非常完美，在击球瞬间还是要用力一点，利用有力的一击，将球周围的一大块草皮挖起来。

有效的脱困打法

如果不小心把球打到麻烦的区域中，业余球友们所选择的脱困方式通常倾向于不适当的打法，有时甚至会选择就算职业球员也不想轻易尝试的高难度救球。最后的结果往往是让情况更加恶化。当你心中存有疑问，最好还是打安全球。

尽管如此，有些状况却不得不冒一点风险，选择用积极的方式来脱困。例如，在打比洞赛时（请参阅第220~221页），接受抛球可能会输掉这个洞或整场比赛；或者，只是抱持友谊赛的心情打球，借此测试自己的极限。

下文将会列出3种绝佳的脱困策略，如果球的落点非常靠近大树、灌木丛或树林，就可以考虑用这些方法解决。在球场上，难免会碰到这些问题，不过只要经过练习，应该都能够顺利脱困（然而，要是落在非常糟糕的位置，像水沟、水障碍等高难度的挑战，还是留给职业好手）。虽然刚开始遇到这3种问题球位，难免会觉得棘手，但是只要遵照下面两页的指示，你应该很快就能成为脱困专家。

手臂伸直的挥杆

把右手当做钟摆前后摆动，然后加速让杆头朝球的后方移动。这种击球方式需要把手臂伸直，绝对不要曲腕，才能避免失误。双手也不可以超过腰部高度，并且要把最大距离设定在35~45米（38~49码）的区间。

棘手的障碍物

当球落到树干附近，而树正好位于平常击球准备时所站的位置，你根本无法摆出正常的准备姿势，更不用谈如何脱困。在这种情况下，执行罚杆抛球似乎是唯一的选择，但是如果你会使用反手切球，当然就另当别论。

击球准备姿势

这时候，最好选用角度较大的球杆，因为这类型球杆杆面的击球面积比长铁杆大，所以比较适合。身体则要背对目标，站在让右脚离球15厘米（6英寸）的位置，只用右手握住球杆，反转球杆，让杆头趾部对着自己，此时杆面还是正对目标。让右手臂伸直，垂在你的身侧。

击球瞬间

在击球瞬间加速把杆头往球的方向送。

上杆受到限制

在遍植树木的球场，球很容易落到上杆时会碰到丛生树枝的球位上。想要正常挥杆是不可能的，上杆时球杆可能被卡住，通常会导致挥杆落空（根本没有打到球）。接下来介绍的技巧，能教你如何避开树枝，同时还能产生足够力道，轻松让球回归球道的怀抱。

放低准备姿势

这种击球的原则，主要是降低挥杆圆弧的高度和幅度。所以一开始就要采用非常宽的站姿，双脚之间的距离至少是平常的两倍，同时握短球杆，让右手碰触到杆身的金属部分。因为这些调整，球杆到达上杆顶点的高度会比平常低。

做出狭窄的挥杆

为了缩减挥杆圆弧，在上杆的最高点，双手大约到达胸部高度就好，同时必须做出最大幅度的曲腕。这样才不会把杆头举太高，下杆也不会受到阻碍。角度较大的球杆，杆身也会比较短，非常适合这种击球。

在树林里

如果球刚好落在树林或树丛后的空地，想要以平常动作挥杆应该不是难事。不过你所面对的问题，是如何让球以正常的飞行路线，来穿越树枝间的空隙。当你找到空隙的同时，最好先牢记下面几个关键。

让球以标准的飞行路线脱困

首先要仔细观察四周环境，把树枝间的空隙都找出来，看看是否吻合特定球杆的角度，最好采用正常的挥杆方式，这样就不用刻意制造出一记低飞球或高抛球，才能把风险降到最低。

框出你的空隙

最好花点时间先在脑海中框出一个空隙，然后选定能打出适当弹道的球杆（请参阅第61页的练习26）。避免选择太危险的落点，并且试着找出位于击球范围内的球道或果岭，让球不需要特别弹跳或滚动，就可以到达的位置。你采用的挥杆方式越正常，从危机中脱困的机会就越高。

在风中击球

下场时若正巧碰到起风的天气，挑战性将远超过平静无风的好天气，当然，不是会让球路完全无法控制的强风。在这种情况下，等待击球的空当，除了要解读球场地形之外，务必要再三确认风向是否有改变。事实上，四周环境会提供很多线索，可以试着抬头看看天空，云层究竟朝哪个方向移动？树梢的枝条往哪个方向摆动？甚至可以借由附近球洞的旗杆判断风向。有些职业选手会准备一张球场的缩图，像是记分卡背面的地图，就在上面画箭头显示风向，作为拟定击球策略的参考。不过，就算事前已经做足了功课，能否配合风势击球才是胜负的关键。这也是下面段落的主题，针对风势对击球的影响，提出各种有用的建议，只要善加利用，就算是起风的天气，还是能打出平常水平的。

开球时顺畅地挥杆

在逆风开球，通常会比平常还用力，所以很容易失去平衡。这样不仅没办法打出好球，也同时损失了距离和准确度。事实上，想要维持平衡并不难，只要把双脚的距离增加约13厘米（5英寸），采用比正常站姿还宽的击球准备姿势，就能达成目的。此外，这样也会稍微缩小挥杆长度，让动作更精简，触球也会更结实。另外球不要架太低，因为常常会让你的击球角度变陡，球很容易像气球一样往上飘进逆风中。尽管如此，球还是要架得比平常稍微低一点，来产生低一点的飞行弹道（不过还是要专心做出把球扫出去的动作）。

顺风的情况刚好相反，风势会帮忙把球的距离拉远，所以这时候最好改用3号木杆，杆面的角度会让球飞得更高，然后就可以靠风的力量把球送得更远。

站位加宽

如果遇到逆风的情况，加大双脚间的距离，让挥杆动作更稳定。

稳固的基础

在强风中打球很容易影响平衡，这是最主要的问题之一，把站姿加宽让下盘更稳固，挥杆时也会更稳。

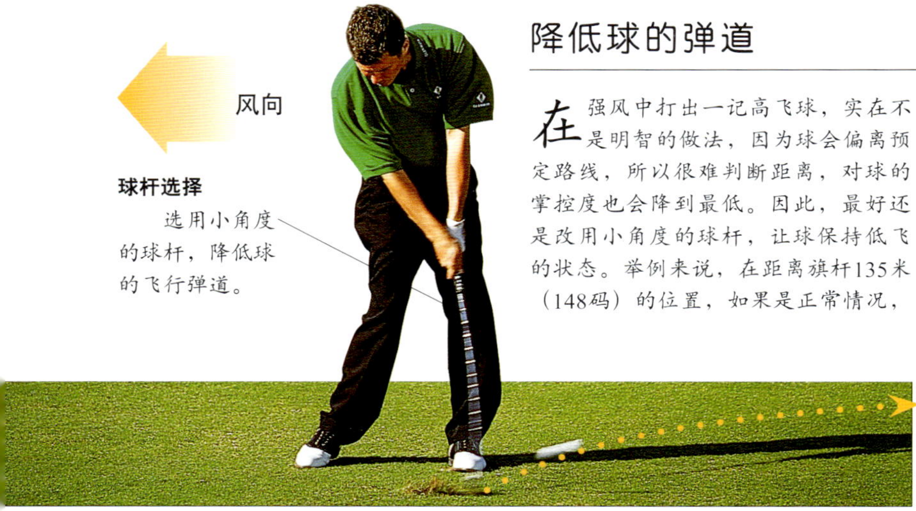

球杆选择

选用小角度的球杆，降低球的飞行弹道。

降低球的弹道

在强风中打出一记高飞球，实在不是明智的做法，因为球会偏离预定路线，所以很难判断距离，对球的掌控度也会降到最低。因此，最好还是改用小角度的球杆，让球保持低飞的状态。举例来说，在距离旗杆135米（148码）的位置，如果是正常情况，应该会使用7号铁杆，不过因为风势的影响，所以球杆号数要稍微减小，因而改用5号铁杆，也可以更轻松地挥杆。风势的强劲与否，也会影响球杆的选用，经验将会告诉你球杆号码究竟要减一号或两号，有时候甚至因为风太强，而需要减3号。

配合风势

面对逆风时，务必要选择小角度的球杆，也就是减少球杆号码，才能让球保持低飞的状态；此外，也要牢记那句古老箴言：在风中打球要轻松挥杆。

塑造球路或调整瞄准目标

在侧风的情况下，只有两种选择：如果是第一种方式，必须要对做球很在行，具有和风正面对决的实力。假设风势不强，风向由左往右，可以试着打出左弧球（请参阅第194页）；要是风向刚好相反，就可以采用右弧球的打法（请参阅第195页）。采用这种策略还是能打出直球的，但是为了提高准确度和控球性，只好牺牲一点距离。

另一种选择则是标准直球的打法，因应风势，把瞄准的目标稍微往左或往右调整。此外，风会让球增加约一支球杆的距离，比起做球的策略，落地后也比较不会很快停住。

侧风

假设风向由右到左，可能的解决方案有两种：其中之一是采用右弧球的打法，因为风的作用，所以球还是能维持直行的路线；或者，干脆瞄准目标右侧，让风把球带到预定的落点。

瞄准右侧

右弧球的替代方案是瞄准目标右侧，让风把球往左吹。

右弧球

用右弧球对抗风势，让球的弹道几乎是直线。

推杆站位加宽

推杆的动作要非常精准，只要一起风，马上就会影响球速和路线。为了降低风险，必须适当调整挥杆动作，加大双脚间的距离，宽度至少增加50%，让下盘更为稳固。握短球杆，并让身体更倾向球的上方，把重心降低才能减缓风势的阻碍。球友们可试着采用这个姿势练习推杆，让自己先熟悉这种新站姿。击球方式还是一样，同时不会让你感觉不自然。

保持稳固

在强风下推杆，最大的挑战在于如何让头部和躯干保持稳定。如果你能达成这个目标，当然比较容易做出顺畅而正确的打击。球友们也可以试着把站位拉开，握短球杆，这样身体和头部才能保持稳定。

风会影响转折和速度

只有少数球友会考虑强风对推杆的影响。侧面风向可能会让球一下子就改变方向，或者抵消坡度作用，反而让球直线前进。顺风会让球滚得更快，逆风自然会减缓球速。当你在判读推杆路线时，务必要把这些因素一并考虑进去，甚至是短推杆也不例外。如果能事先推测出风速和风向的影响，就能采取正确的补救措施。

风的影响

推杆时最好把风的因素考虑在内，否则极可能会错失目标，因为强风会改变球的转折或速度，特别是在速度很快的果岭上。

如何打出高球或低球

前面的段落涵盖问题球位、上下坡击球或如何因应风势采取适当的策略，现在再把注意力转移到击球技巧，把重点放在球路塑造方面。虽然一整套球杆都是设计者的巧思，为了不同的球路而具备程度不一的角度，但偶尔还是需要巧妙运用其他方式，让球稍微高抛或低飞，这种策略有时候甚至比改用其他角度的球杆更有用。想象力对于调整弹道的击球非常重要，一个做球好手绝对会在球和目标之间，先想象几条不同的路线，让自己拥有积极进攻与保守防御的不同选

把球抛高

在特定情况下，以高抛方式让球朝着目标飞去，是非常有用的技巧，如顺风击球时，想要打出长铁杆最大的距离时就是很好的例子，或旗位正巧位于果岭前缘，而沙坑守卫在四周，所以必须把球打高，让球很快就停住。

增加杆面击球角度

如果遇到上述情况，改用角度较大的球杆，并不能提供你足够的距离。只要做几项调整，在不需要改用其他球杆的前提下，就能有效增加杆面击球角度。首先，让球位稍微前移，这样杆面击球的角度也会大一点，双脚位置要比平常更靠近球，身体站挺一点，才能产生较陡峭的挥杆平面，相对地也会产生比较高的飞行弹道。

正常挥杆，收杆要高

这种技巧的挥杆动作与平常相同，只需稍微调整准备姿势，就能在击球瞬间产生预期的效果。下杆通过击球区时，试着让头保持在球后方的时间拉长。此外，让收杆反映你的击球意图，让双手的收杆位置比平常高。

较高的双手收杆位置

双手收杆位置更高，反映出你想将球抛高的意图。

头部在后

通过击球区时，头部维持在球后方的时间，比平常还要久一点。

择。反过来说，只被动接受制造商所设定的杆面角度限制的球友，打不出某些特定球路，从而错失享受乐趣和获取优势的好机会。借由这些迥异于平常的打击方式，能让击球者把球送到更接近旗杆的位置，或为下一个进攻果岭球预做准备。

另外一个观点是，像巴勒斯特罗和李·屈维诺（Lee Trevino）这些职业赛场上的做球高手，在他们刚开始打球时，并没有完整的整组球具可以用，因此他们在有限的选择中磨练出高超的控制技巧。球友们也可以效仿这种精神，在练习赛时只带三四支铁杆下场，这样或许会限制球杆的选用，然而适度的磨练绝对能带来全新的体验，不但能改善模拟球路的实力，也会进一步提升球技，让自己对高尔夫有更完全的认识。除了对成绩改善有所帮助外，你从练习过程当中也会享受到很多乐趣。

将球压低

低飞球的击球模式又称为“劈击球”，适用于很多情况。依风势击球的章节已经提过（请参阅第190~191页），面对强劲的逆风，最好把球送低一点，才能维持预定的路线。此外，若想打短一点让球在果岭前落地，也可以采用低飞球的策略，让球在落地后滚向旗杆。

降低杆面击球角度

将球位至少后移3颗球的宽度，这样才能稍微减小杆面击球的角度，双手的位置也要更往前，所以杆身会更倾向目标。这时候要小心的是，杆面不能呈开放的状态，最好稍微转动杆头趾部，直到杆面对准目标为止。瞄球时身体的重量要让双脚平均分摊。

较低的收杆位置

起杆时要低一点，上杆动作要比平常更短、更精简，别忘了让肩膀配合挥杆转动。接着在下杆时，在击球瞬间让身体保持在球的前方，同时以较低的角度挥动杆头通过击球区。此外，由送杆动作也能看出击球意图，所以双手在收杆时会比平常还低。

送杆

送杆动作放低，才能打出一记低飞球。

躯干

把球扫出去的击球瞬间，躯干会超过球位。

两种塑造球路的快捷方式

击球艺术还有很多需要花时间琢磨的部分，只要累积足够经验，遇到适当机会，自然就能塑造出最理想的球路。例如，在狗腿洞的情况下，就要让球适度转向，才能避开前方大树或找出巧妙隐藏的旗杆。不过多数球友总是以为，只有好手才会使用这些技巧，所以模拟出的球路，都无法反映真正的击球实力。此外，如果球往左或右偏，也有很多人把这些球当做是打不好的坏球，因而低估这种让球转向的作用。

其实，只要运用物理定律就能解释球的飞行轨迹，基本上这是由杆头的挥杆路径及杆面与这条路径的相对方位所决

打出左弧球

当旗杆位于果岭左侧角落时，最适合采用左弧球的方式来进攻，这是因为旗杆左侧的空间太小，直接瞄准目标会很冒险。只有瞄准旗杆右侧，让球（左弧）朝着目标而去，才能降低这一球的风险。球要是直线飞出，就会落到果岭中央，一点危险性都没有；不过如果按照原定计划，球稍微左弧，只需要再补上一记短推杆，就能结束这一洞。甚至如果球稍微拉到，则往瞄准点的左侧偏移，球起码还会停在果岭左侧边缘，也不会离旗杆太远。

瞄准右侧，杆面正对目标

左弧球的关键在于击球准备动作，如果你想要让球产生由右向左的飞行路线，让双脚、臀部和肩膀的连线指向目标右侧，站姿瞄准方向越往右球的转弯幅度就越大。此外，杆面还是要正对目标，球位也要稍微后移。

积极释放球杆

左弧球的击球模式，需要积极地将球杆释放，所以整个右手会超过左手。同时，因为准备姿势的调整，挥杆路径倾向于平行双脚的瞄准线，也就是由内侧到外侧的击球路径，而杆面（相对于站姿，呈现闭式杆面）与击球路径的相对方位则较为关闭，产生（左弧侧旋）的效应，球的飞行轨迹会从目标右侧开始，然后在空中转向，形成由右向左的飞行路线。

定的，结合这两项因素，就能产生足够的侧旋，让球在空中转向左侧或右侧。如果掌握这些要点，就能塑造适当的球路。

杆头在挥动时的速度那么快，有时候甚至会超过160公里/小时（千米/小时），要如何才能掌握杆头的路径和方位？其实，球路的塑造终究要回归击球准备姿势，只需进行一些必要的调整，同时挥杆动作几乎没有太大改变。然而，为了让技巧更为熟练，还是需要花时间练习的，下场时才能有充分自信，来塑造适当的球路。此外，练习时还要记住另一项重点：杆面的角度越小，越容易做球。这主要是因为小角度的杆面比较容易打出侧旋球，而且球也不太会后旋，这种球杆才适合用于做球。至于角度较大的铁杆，则会产生很多后旋，所以球的转向幅度也不会太明显。最后还要提醒球友，只有在理想球位的前提下，才能采用这种击球模式，如果在长草区，几乎不可能打出干净的一球，让球产生足够后旋，更不用谈如何做球。

打出右弧球

当果岭右侧危机四伏（如沙坑或水障碍等），或旗杆隐藏在右侧角落，如果直接把球朝着果岭打，可能会太过冒险。这时候，或许可以尝试瞄准旗杆左侧，采用右弧球的策略来进攻。要是能按照计划，马上就能结束这个球洞。不过，就算打出直球并稍微偏离最佳路线，球还是会落在果岭上。甚至最糟的情况是，球落到果岭左侧，这个时候只要上一记短切球，就能让球落在推杆表面上。

瞄向左侧，杆面正对目标

右弧球的击球准备姿势，刚好和左弧球相反。杆面还是要正对目标（如同左弧球），双脚、臀部和肩膀的连线，稍微指向目标左侧（开式站姿），球的相对位置要稍微往前移，约距正常球位一颗球的宽度。

采用开放的杆面

采用正常的方式挥杆，但是通过击球区的挥杆路径，则要配合身体方位，同时杆头也要顺着双脚连线，呈现外侧到内侧的路径击球，让杆面回到击球准备时的位置（相对于挥杆路径，杆面呈现开放状态）。传递到球上的能量，会产生大量的右弧侧旋，所以飞行路线从左侧开始，然后在空中往右转。此外，这种球的距离会比左弧球短一支球杆左右，落地后也会很快停住，所以非常适合紧密或空间很小的果岭。

第四章

成功的球场策略

如果你想要发挥练习场上酝酿多时的潜力，在比赛时一举打出好成绩的杆数，除了击球技巧之外，还牵涉到其他的因素。本章的内容，正是针对这个迷人的领域。你会在此学会几个成功球场策略的要素，用最有效的方式，把球由A点移到B点，从中获取最大的优势。此外，这个章节也会协助球友如何更清楚地了解球场，拟定最理想的攻击策略，并且在面对紧绷的压力时，也能做出适当的处理。利用心理建设等方式，达到最稳定的状态，让自己成为更具竞争力、心理素质更好的球员。

奥古斯塔球场的第13洞

打高尔夫就是一连串决策的过程，你可以选择打安全球，以两杆将球送到果岭前方，就像照片中克拉克（Howard Clark）所采取的策略，留下一记短距离的劈起球。或者，你愿意承担球可能会落在障碍区的风险，在第二杆就直攻果岭。

下场前的热身

肌肉、肌腱和关节等部位就像机器的零件，正式运转之前必须要先热机，才能发挥最大的功率。为了避免运动伤害，最好在时间表里面安排适当的热身运动，下面所提供的伸展操正是针对这部分所设计的。此外，本文特别整理出3套例行性热身运动，所需时间分别为1分钟、10分钟及半小时，球友们也可配合时间选择适当的模式，让自己走上第一洞开球台前，就预先准备。如果比赛一开始，身体还是很僵硬，不但会造成运动伤害，之前的二三洞也都会变成热身赛，最后的成绩当然不理想。

用两支球杆挥杆

当时间不够时，可试着用两支球杆进行挥杆练习，让肌肉和关节为正常的挥杆动作做准备。

伸展操

借由这一系列伸展操，让紧绷的肌肉放松，促进血液循环，为正式比赛做好万全准备。如果时间允许，尽量把所有项目都排进例行性热身运动，并且每个动作都要重复10次。

膝盖

膝盖保持弯曲，就好像正常挥杆一样。

转身运动

这个项目是模仿高尔夫挥杆的转身动作（请参阅第8~9页）。从肩膀后面握住球杆，让身体向右转模拟上杆动作，然后再转向左侧，就像下杆和送杆的姿势，这时候上半身会感觉到来自下半身的阻力，借由肌肉的松紧变化，肩膀和腰部会渐渐放松。

上臂

位于上方的手臂会抗拒来自下方的拉力，让肩膀的肌肉放松。

侧弯运动

把手臂高举过头部，双手握住球杆的两端，慢慢把腰弯向左侧，再弯向右侧，不管哪一种情况都要让较低的那只手往下拉，抵抗另一只手所产生的阻力，这样才能伸展脊椎两侧的肌肉，并且让肩膀整体放松。

臀部

从臀部开始下弯，让背部和肌腱放松。

碰触脚尖

双手握住杆身，手臂直直朝下，从腰部开始下弯，缓缓降低球杆高度，同时让双腿保持打直的状态。这时候会觉得腿筋拉得很紧，尽可能地往下，不过也不需要过于勉强。接着，慢慢抬起身体恢复原来姿势。

手臂

手臂高举，让背部的肌肉伸展。

背部伸展

背部伸展常配合碰触脚尖一起练习。前者是让背部放松，而后者是以腰部为主。让身体打直，双手握住球杆高举到头部后方，脊椎往后弓起，在这个位置停留几秒钟，之后再恢复原来的姿势，慢慢重复这个动作，直到背部下方的肌肉放松为止。

一分钟热身运动

如果你发现在下场前，时间已所剩不多，可试着采用这个快速热身法，以避免肌肉和肌腱的运动伤害。因为只有一分钟，所以要把握热身的重点，以尽量放松最容易受到损伤的部位为目标。将一支球杆放在肩膀上并用双手握住球杆的两端，练习几个转身动作，这样不但可以伸展背部肌肉，也能顺便复习挥杆动作。然后握住两支球杆，进行挥杆练习，不单单只是朝着前后甩动球杆，而是模拟正式的挥杆，并且要做出平衡的收杆动作。你要是能用两支球杆做出完美的挥杆，只用一支球杆时当然更没问题。

10分钟热身运动

无疑地，刚开始比赛的前几球，各种情况都可能发生，所以下场打球前最好先预作准备，进行简单的打击练习。或许可以从伸展运动开始，尽可能多做几个转身、侧弯、碰触脚趾等动作。然后再进行起扑球练习，著名的高球教练哈维·彭尼克（Harvey Penick）坚信，如果时间很短，起扑球就是最好的热身，虽然是临阵磨枪，却也能保持在最佳状态面对比赛，并且还能借此机会，重拾对球杆的感觉。

起扑球练习

时间有限，且球场也配有足够设施，练习起扑球其实是下场前最佳的热身运动。最好能设定不同的目标和球位，尽快让自己重拾打击的感觉。

30分钟热身运动

虽然只有少数球友会有那么充裕的时间进行热身，不过要是善于利用这30分钟，就能让自己的表现呈现全然不同的风貌。还是先从伸展操开始，因为时间非常足够，所以四项动作都能完整做一遍。然后再进行轻松的劈起球练习，仔细调整挥杆步调，把注意力集中在扎实触球和挥杆节奏。

不要陷入迷思，以为练习击球的次数越多就表示热身越充分。事实上，练习过程不能够耗费太多体力，并且集中注意力，尽量提升练习的质量，以顺畅的挥杆节奏和信心的架构为主要考虑。

几记劈起球之后，继续练习中铁杆的打击，然后再练习开球，大概只要用70%~80%的力道即可。与练习劈起球时一样，关键在于节奏与平衡，并且要以杆面中央扎实击中球。务必要慎重处理每一球，就像正式下场时做的一样。

然后，再回到轻松的起扑球练习，紧接着才是推杆。把3球放在果岭的不同位置，试着让自己感觉球的速度。在前往开球台之前，最后再以几记短推杆做结束，让自己更有信心。

善用时间

练习并不是拼数量，要手脑并用多思考，善用技巧，以谨慎的态度处理每一球。

预击流程的价值

史上最伟大的高球名将尼克劳斯，曾经为击球前的例行准备动作下了一个非常贴切的评语：“如果击球准备正确，就算只有二流的挥杆水平，还是能打出像样的好球。然而，如果准备动作不正确，就算是首屈一指的高手，也会打出一记坏球！”这样的结论完全正确，而最好的击球准备方式，莫过于发展出一套击球前的例行动作，也就是预击流程。所有职业球员都会利用这种方式，为自己争取最佳成绩，但是业余球友却往往错失了不少好机会。

如果能为自己建立一套击球前的例行程序，才有最佳的机会做出正确的击球准备姿势，实际的内容和时间长短，可能会因人而异。不过还是要经常演练，把预击流程变成自然而然的反应。下面提出的几种方式，都是取自顶尖的高球好手，虽然刚开始时，会感觉好像要把一大堆东西塞到脑袋中，不过只要经常练习，很快就能养成习惯。此外，击球前的例行准备最好不要超过20~30秒，借由这个模式舒缓比赛压力，让自己能用相同态度处理每一球。

击球前的例行准备

1 预先模拟球路，对挥杆表现会有非常正面的影响。可以试着站在球后方四五步的位置，花个几秒钟让心情稳定，在脑海中描绘着球朝目标飞去的情景。

2 做一两次顺畅的挥杆练习，特别要注意挥杆节奏，试着把刚才描绘出的景象融入动作，强化手眼间的协调性。

挥杆练习

挥杆练习尽可能模拟正式打击。

身体动作

转身和挥杆动作要非常协调，让身体各部分保持在最佳状态。

3 在面对压力或紧张的状况下，你会心跳加速、肾上腺素开始分泌。这些正常生理现象，会造成一些负面效应，让所有动作明显加速。如果挥杆动作过于急促，就会打乱原有的节奏。很多球员在击球准备前都会先深呼吸，不但会让身体的肌肉放松，心情也会比较平静。

4 把杆面对准球和目标的中间标的物体（像是几步之外的旧草痕），不要只专注于远方的目标，这样会比较轻松，压力也不会那么大，并且也能提升击球准确度。这个过程就是第4到5页已经讨论过的“标定点”瞄准方式。

5 务必要先握好球杆，才能摆出击球准备姿势，让眼神交替注视中间标的物体和预设目标，杆面正对中间标的物体，采用直球的打击姿势，并且站姿也要平行于杆面的瞄准线，双脚、臀部和肩膀都要正对球和目标之间的连线。当一切就绪，你就可以开始发动攻势了。

双手

为了舒缓双手的紧绷感，瞄球时可以前后摆动球杆。

关键要点

学习典范

坐在电视前看比赛时，很容易因为选手精采的表现而心情激动。可能是石破天惊的开球、出色的切球或一记漂亮的长推杆。除此之外，你还可以花点心思注意这些顶尖球员的准备动作，绝对能挖到不少宝。仔细观察职业选手的准备姿势，整个过程看起来非常从容，他们始终保持冷静，动作非常顺畅，一点都不急促。如果有突发状况，妨碍了他的例行准备程序，他们一定会重新来过，确保每次击球都以最稳定的情绪面对。

开球策略

高尔夫就像是一连串决策过程，所有击球策略的拟定都要进行筛选，其重要性不亚于挥杆，不过多数球友都会忽略这个部分，疏于演练自己和果岭之间的攻防模拟。事实上，没有其他的方法能像脑力激荡那么有效，只要多加练习，绝对可以降低平均杆数。

开球时的策略拟定，对一记漂亮的开球非常重要，要是根本不考虑落点，只是兴冲冲瞄准球道中央，常常会错失降低杆数的好机会。如果能采用特定的击球策略，提升开球上球道的机会，就能减少开球时的失误，而这正是让杆数居高不下的主因之一。

开球区域

前面章节已经提过如何做球（请参阅第194~195页），并闪避球道两侧危险区域。其实多数球友们都有自己习惯的球路，可能稍微左弧或右弧，如果能了解自己球路的倾向，就能进一步善加利用。假设自己常常打出右弧球，那么把球架在右侧，瞄准球道左侧来开。要是打出一记直球，还是会落在球道，如果打出预期中的右弧球，那球就会落在中间偏右的位置，就算球的偏离幅度大于预期，应该也会落在球道或浅长草区。反过来说，若常打出的球路是左弧，就要将球架在稍微偏左的位置，瞄准球道右半部来打。开球前预先拟定详尽的计划，才能有效降低失误率。

开球策略

面对朝右的狗腿洞（如图所示），一记稍微右弧的开球绝对能降低杆数。此外，也可考虑把球架在开球区里的适当位置，充分发挥这个区间的功能，不但能拓宽目标区域，也会减少失误发生的机会。

留下好的第一印象

下场时打的第一球非常重要，如果球能稳稳落在球道中央，不但心情会比较稳定，这也算是一记下马威，让对手知道遇到了难缠的敌手。所以，务必要选用最有把握的球杆，打出一记结实而漂亮的直球，这样才会觉得一切都在掌控之内。因此第一洞的开球策略最好要保守一点，就算会牺牲距离，也不能让场上的第一球陷入危机。这会增加整场球的压力，随后也会因为这个失误而浪费好几杆。记住，前面几洞的表现再好，也不见得会打败对手，但是一个糟糕的开始，却很容易损失惨重。

跟着球道调整做球

很多球场都会有狗腿洞，这种情况最能发挥做球的技巧，并且让自己取得先机。要是球道朝右弯，可以采用右弧球的策略，让球顺着弯道往角落移动；如果球道弯向左侧，打出一记左弧球，就可以让球落在另一侧的角落。

避免界外球

开球时，要是球很可能落在界外，通常会对心理造成很大的威胁。面对这种情况，最好不要冒险，尽量放松心情。首先，要选用一支比较顺手的球杆，就算无法在下一杆攻上果岭，还是能以一记切球和推杆，来打出平标准杆。若情况不如预期，顶多就是吞下一记柏忌。但是，如果不小心开球出界，最后的结果往往是苦吞双柏忌，甚至更惨。此外，务必完成击球前的例行准备程序（请参阅第200~201页）。记住，对这项运动而言，熟悉感会强化信心，而预击流程绝对可以让心情更加放松。

另外，注意在瞄准时要尽可能远离麻烦。如果开球区的左侧是界外区，最好把球架在左边，瞄准右边来开，而麻烦要是出现在右边，刚好就相反。务必要全神贯注，把球打到预定落点，千万不能一直想着界外。虽然这些听起来好像太简单且不够实际，但高尔夫的本质正是如此，尽量简化所有事情，采用安全的击球策略，最后才能打出好成绩。

球道和粗草区

拟定正确的开球策略，打出一记结实的开球，绝对是个好的开始，但这也不过是开始罢了。开完球后，就要把注意力放到下一杆。如果三杆短洞，第二球就是推杆；至于长洞，接下来可能是要进攻果岭，或在球道上找个继续往前推进的好位置。

接下来这两页的内容，主要针对策略的拟定所设计。面对特定的情况，该如何善用脑袋来降低杆数。随着经验的累积，球友们会越来越清楚，如果想降低杆数，绝对不只是把球打好这么简单。过于积极或保守的想法，都会对杆数造成负面效应。对于高尔夫这项运动，正确的判断力和高超的球技都是赢球的关键，这两项要素缺一不可。

五杆洞的三步骤

很多球友都很怕远距离的长洞，其实只要稍微调整一下策略，这种球洞的难度就可以大幅度降低。如果把五杆洞的球道范围切割为三部分，每个小区块就比较容易处理。首先是开球的部分，主要的考虑就只是让球落在球道上，距离在180~200米（197~219码）之内都可以接受，这也是多数球友使用大角度木杆的击球距离范围之内。第二球也是相同的策略，先考虑球的落点，舍弃把球打远的念头，一定要让球保持在可控制的范围内。对于长距离的五杆洞来说，第二杆只要打出180米（197码）左右，留下的进攻果岭距离几乎都在中短铁杆的范围内，要留下有博蒂机会的推杆并不难，同时在整个过程中不会有什么风险。

做好计划

使用球场提供的小地图，协助自己拟定击球策略，把五杆洞区分为几个短距离的迷你挑战，这样难度就会降低很多。之后，再分别攻下各个区块，就能轻松结束这个球洞。

避开致命的旗位

典型的致命旗位通常在果岭右侧边缘，环绕在周围的是很深的沙坑。另一种则位于果岭前缘，整个被水障碍包围。在这些情况下，即使没有发生太大失误，只要偏离几米，代价将会非常惨重。所以，遇到致命旗位时，不要妄想直接瞄准旗杆，反之，你该朝果岭中央进攻，为自己留点失误空间。如果球友们想要为这个理论找出科学证据（球场上18个球洞，每个洞都是采用同样策略，集中火力进攻果岭的正中央），最后的结果绝对会出乎意料之外。其实瞄准果岭的中间位置，就算球稍微偏离预定路线，大多还是会落在果岭上。

瞄准尽头的中央

就像照片中的情况，旗杆非常靠近左侧的沙坑。这时候要忽视旗杆的存在，瞄准果岭正中央来打。就算面对的是长推杆，也绝对比难度超高的沙坑球容易！

在深粗草区遵守10步守则

多数球友在深粗草区里，都抱持太大的野心。按照一般原则，如果从10步之外看不到球，就要考虑先把球安全劈回球道中央，这样才能稳定下来，减少在这洞打出惊人杆数的几率。然而，如果你已经下定决心，非得在这么糟糕的球位使用比较长的球杆把球打上果岭的话，你很可能会发生失误，球可能往任何方向飞。幸运一点的话，或许会回到球道；不过因为你对球的掌控度会比较低，通常只会让情况更加恶化。

糟糕的球位

拟定击球策略时，务必要先考虑球位。当遇到深长草区时，尽量让球落到自己能力范围内的地点，不要冒着在相同球位打下一球的风险。如果心中存有疑虑，还是选择简单的击球模式吧。

偏离球道时要多加点距离

大部分球场的码数表（标示每个球洞的果岭和球道范围内，点与点之间的距离）测量距离的方式是以球道中间到果岭中央为基准。如果是在长草区，则会因为角度的关系，增加球位到果岭间的距离（如球场码数表所标示），误差几乎高达5%。例如，地图上标示的距离是150米（164码），这时候就会增加7.5米的距离（8码）。此外，也要检查旗杆位置，要是位于果岭中央，就可以按照书上的数字。旗杆要是在果岭的前方或后方，距离就要随之增减。

距离的增减

在计算球位与球洞之间的距离时，可以参考球场的码数表，再做必要的增减。其间的差异可能很大，也许原来可以用短推杆结束的球洞，最后却变成三推杆。

加强心理建设

应该没人会否认，高尔夫是一种心理战。部分原因在于击球间的空当很多，有很多时间回想刚才的表现，或如何面对下一球。职业球员对这个部分很敏感，所以多数职业选手常常会咨询运动心理学家，借此进行正面的心理建设，避免让自己灰心丧气。但是业余球友却很少考虑心理层面，其实这等于完全忽略了赢球的另一个关键：想要控制好自己的球，要先学会如何控制自己的情绪。

坚持按照比赛计划

下场前，身心两方面的准备都很重要。所以在到达球场之前，务必要先拟定比赛计划。举例来说，如果对球场非常熟悉，上场前就可拟定不同果岭的攻略计划，预先决定在哪个区域，要采用保守的打法（瞄准果岭的正中央），以及何时才是攻击旗杆的好时机。此外，还要将几个特定因素考虑在内。像是强风的天气下，就必须要改变原先的击球策略。然而，千万不能让一些负面的心理因素，影响预定的击球计划，如开球表现太差时，企图想要弥补失误，结果采用的是有勇无谋的击球，通常只会让情况更糟，反过来说，要是刚开始的表现还不错，也不要突然就变得过于保守。

胸有成竹

下场前最好在心里面先拟定完整的计划，要是对球场很熟悉，自然就轻而易举。计划的内容包括各个果岭的攻略方案，如用哪支球杆适合把球打上果岭中央？哪支球杆适合直攻旗杆？下场打球时，尽量按照原定的计划执行。

用相同态度处理每一球

球友们似乎都认为一场球之中，有几杆特别重要。通常他们会把焦点放在第一记开球，或最后几球，这也是为什么在整场球局中，第一记开球总是特别紧张。不要抱持这种态度，这只会为自己增加许多无谓的压力，一些球友就是因为上述原因，所以刚开始时表现总是特别差。想要成功击球的秘诀其实很简单，整场比赛只要抱持同样的态度，就能改善每次击球的表现。在心理层面上，你不会觉得压力特别大，避免肢体太过紧绷，并且也会更具自信而放松，这对挥杆绝对有正面的帮助。

击球空当的余兴节目

就算拥有世上最坚强的意志力，也不可能在数小时的比赛过程维持百分百的注意力。事实上，若真的如此，反而会对比赛造成负面影响。最好能在击球间的空当，小聊一下或想办法让自己开心，如果上一球的表现还不错，适度让自己心情放松，绝对是个不错的主意。如果前几球的表现要是很糟，那么更应该趁这个机会，让自己远离之前的失误。记住，唯一重要的那一杆，就是下一球。

玩球

用球杆和球变一些小把戏，让自己稍微远离比赛的严肃，借此记之前糟糕的表现。

保持平常心

如果打球中有什么惊人的表现，绝对会让自己异常兴奋，如直接切球进洞。不过如果运气太差，或打出一记坏球，也会让人非常沮丧。最好还是让心情平稳一点，打坏球也罢，切球进洞或推进博蒂也罢，只要面对现实，不需要因此而失志或太过兴奋。一旦能掌控自己的情绪，自然也可以掌控自己的比赛。

往前看

面对运气好坏，每个人都有自己的处理模式。为了要在比赛发挥平常的击球水平，试着让自己保持不易改变的步调。

不要急着算成绩

球局中表现很好时，千万不要急着先计算杆数，因为这样会下意识地开始预设立场。像是"如果最后四洞每洞都不要超过5杆，就可以打破自己的纪录。"这种态度就像是还在第10洞的果岭上，就已经开始草拟胜利演说的情况。这不但无法专心处理手上这一球，也会为自己带来不必要的压力。为了避免这种无谓的烦恼，最好不要急着计算杆数，要让自己习惯把注意力只集中在眼前这一球，才能稳定打完18洞。这绝对需要时间练习，要是能专心面对即将来临的每一球，让自己保持同样的心情，接下来绝对会保持一片光明。直到最后一记推杆入洞，再来计算杆数吧。

把握现在

每一洞结束之后，要将杆数记在计分卡上。但是，千万不要在球局进行时计算总杆数，这会让自己心神不宁，从而造成负面的影响，在这一刻，只要专心在这一洞的这一球上。

让冬天打球更简单

除非你运气很好，住在四季如春的好地方，不然绝对有机会在坏天气进行比赛。除了风雨之外，也有可能在冬天的球场比赛，这时候地面的状况会比较差。但是，就算在糟糕的环境条件下，也不可以让自己的表现大打折扣。利用几个特定方法，适当调整策略，照样能在恶劣环境下充分发挥球技。不管天气多坏或球场状况有多差，千万要记得，每位参赛者也都面临同样的状况。此外，如果在险恶的环境有着出乎意外的好表现，也会是这项运动最令人满足的经验之一。

推杆的转折较少

推杆表面在冬天时不会剪得很短，所以速度会比夏天慢。为了弥补这种效应，所以要采用更扎实的击球方式。也因为这个原因，冬天时，推杆的坡度变化比较小，甚至是短距离的推杆，“冬天路线”和“夏天路线”也会截然不同。试着了解其中的不同，并适时加以调整。

判断冬天的转折

在冬天，就算是晴朗的好天气，也会有推杆面非常不平整的情况，所以必须比在夏天时更用力击球，这也表示球的转折会比较少。

冬天的转折

夏天的转折

用大角度木杆取代长铁杆

长铁杆的误差容忍度很小，尽管有些情况可能会很适合，然而在地面稍微有点潮湿、不太理想的状态下，也许是球袋中最难扎实将球打出的球杆。在冬天，最好用两支大角度木杆取代长铁杆，大概会是4号木杆及多功能铁木杆（请参阅第215~216页）。如果球位不太理想（粗草区或球道），比较适合使用角度较大的木杆，这主要是因为杆头的形状和设计。大角度木杆的杆头很容易就可以滑过不平整的地面，同时甜蜜点也比长铁杆大，就算稍微偏离中心，也可以打出还算像样的一球。此外，这种球杆的重心也比铁杆还要低，打出的球会在空中停留较长的时间，并且球的飞行时间也会比较长，并柔软地落地，这种额外的“空中飞行时间”非常有用。

长铁杆

大角度的木杆

更换球杆

在冬天，尽可能用角度较大的木杆来取代长铁杆。

在沙坑里击沙量要更少

长时间暴露在冬天潮湿的环境下，沙坑里的沙会变得比较密实，所以需要稍微调整击球方式。最主要的差异在于，打击时所带起的沙子量要比较少。因为潮湿的沙子，会对挥动的杆头产生较多的阻力。一般而言，只要将球和打击点间的距离减半（请参阅第121页“沙坑球”章节的练习5），就能避免打太短。此外，另一种方式是加大挥杆长度，让杆头更高速地通过击球区，就能解决沙变重的问题。练习时可分别尝试这两种方法，再选择适合自己的击球方式。

击球动作

湿沙比较重也比较密，解决这个问题有两种方式，你可以在打击时带起较少的沙，或更用力挥击，就像培文（Cory Pavin）在右图中的打击方式。

短杆要更积极

除非地面结冰，否则冬天的果岭会比较适合角度较大的球杆。你也可以试着把这个调整转变为自己的优势。如果你在设想球路时，脑海中也要一并浮现球落在洞口边缘的景象，你会对自己能够打出完美距离的表现感到诧异。其实，这是因为在担心把球打短的时候，这种想象中的影像，会让你的击球态度变得更为积极。

将球打上去

由于果岭比较软，很容易吸收击球能量，这时候或许可以效法艾里斯（Paul Eales，右图），把球用力劈向旗杆，才能确保球的落点不会离旗杆太远。

关键要点

明智的选球

在冬天，要让球在较软的果岭上停住比较容易，同时在这种地面状况下，很难把球开得很远，主要是因为球落地后几乎不会往前滚。因此，夏天最好使用表皮比较软的球，这会比较容易旋转。在冬天则改用较硬的球型，这种双层实心球主要是针对距离而设计的（请参阅第77页的关键要点）。

分析自己的表现

在第一章的各种测试，会随着打球的时间越长，越能清楚显示自己的击球实力。虽然自我评估是长期球技提升的关键之一，却还是要持续追踪自己在比赛场上的表现，借由18洞的总成绩，很容易就可以判断球技是否有所精进，并且能详细区分每一部分的表现，才能针对问题对症下药，达到降低杆数目的。

评估的关键区域如下：一场球成功开上球道的洞数，标准杆上果岭的洞数；成功一切一推的比例，沙坑救球成功的比例，以及每一回合的平均推杆数。也许，在比赛时要记录这么多细节，是非常花时间的事。不过完成记录之后，针对每个球洞的分析，就能很快显示出每个部分的表现。把所得的结果和下面表格加以比对，整个过程只需要几分钟，却能从中得到非常实质的回馈，因为这些数据能够直接反应各种技巧的优缺点，球友们可试着把这些信息归档，借此追踪自己各部分的表现。为了让自己的实力更坚强，要努力改善缺失，慢慢缩短优缺点间的差异。

1.开球成功率（Driving Accuracy）

把4杆洞和5杆洞的总数加起来，并以开球上球道的总数，除以之前取得的数值，计算其百分比。千万要牢记，开球的距离不是主要的考虑（请参阅第12页），重点是让球落在球道上，也就是良好的球位上，才是最重要的。采用这样的态度开球，才能避免不必要的麻烦。

结果

开球成功率	评比
0%~30%	非常差
31%~40%	差
41%~60%	适中
61%~70%	好
+71%	非常好

2.上果岭成功率（Greens Hit In Regulation）

记下一场球中，有几洞的果岭是以“标准”杆攻上去的（也就是如果你用标准的两次推杆进洞，结果就会是平标准杆）。各洞攻果岭所需要的标准杆数如下：3杆洞－1杆、4杆洞－2杆、5杆洞－3杆。很明显地，如果上攻果岭的杆数，少于标准杆数，这也算成功上果岭。

结果

上果岭成功率	评比
0%~20%	非常差
21%~40%	差
41%~60%	适中
61%~70%	好
+71%	非常好

3.一切一推成功率（Chip and Putt Saves）

如果没攻上果岭，就要纪录接下来是否成功做到“一切一推”（以一记短切和一记推杆进洞）。这也是好球员一定会锱铢必较的部分，只要能增加一切一推的比例，绝对会让杆数有显著的改善，这也是降低差点的快捷方式。

结果

一切一推成功率	评比
0%~20%	非常差
21%~40%	差
41%~60%	适中
61%~75%	好
+76%	非常好

4.沙坑救球率（Sand Saves）

不管球在第几杆落到果岭边缘的沙坑内，就要计算沙坑救球成功率：把球送出沙坑之后，接下来是否直接推杆入洞。这能显示出你在沙坑里能成功救球的比例。如果球友已经充分做过“沙坑球”章节的练习（请参阅第116~141页），应该都能一杆就脱困，甚至当球位很差也不例外。

结果

沙坑救球成功率	评比
0%~10%	非常差
11%~25%	差
26%~40%	适中
41%~65%	好
+66%	非常好

5.回合平均推杆数（Average Putts Per Round）

平均每回合的杆数中，有高达40%是推杆，所以果岭上的表现越好，越能降低杆数。试着把每回合的推杆数进行加总。

（注意：虽然在果岭上要保持积极，但不能不切实际。试着面对现实，超过2米的距离，就算是世上最厉害的高球好手，平均进洞几率也只有一半）。

结果

回合平均推杆数	评比
+40	非常差
39~37	差
36~33	适中
32~30	好
-30	非常好

只有完美的练习才能造就完美

想要改善成绩，或许可以参考这句古老的箴言，只有完美的练习才能造就完美。伟大的球员都能深切体会这句话的含义，这也是为什么面对强大的压力，他们还能维持最佳的击球水平。由此也可以理解，为什么在练习场上，多数业余球员都能有不错的表现，不过下场时却完全走样。如果能把练习时的每一球，都当做下场时的关键球处理，而在下场打球时，把每球都当做练习球看待。这样在面对压力的时候，才能正确地处理每一球。这个观念在“开球”章节也曾经提过（请参阅第14页的练习1）。

Reebok

第五章

实用高尔夫信息

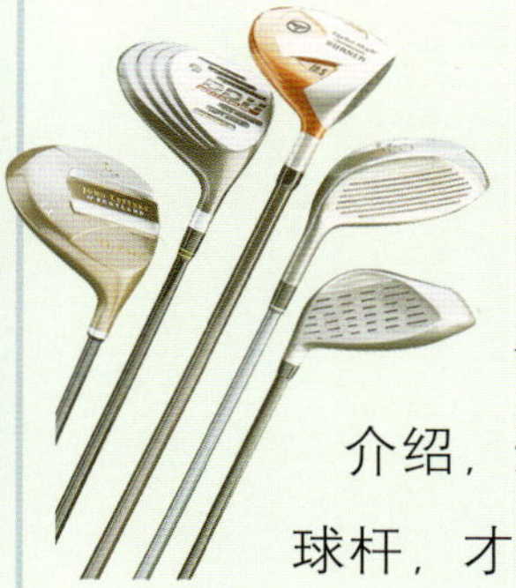

本书的最后一章，是除了击球之外的其他重要事项，能让你更全面地认识高尔夫的每个部分。开头几页是针对球具的介绍，选购适合自己体形和球技水平的球杆，才能发挥最大的优势。此外，其中也一并介绍高尔夫几种主要的比赛类型，如比杆赛、四人两球赛等。之后便是高球礼仪的说明。本章另外还附上最重要的几项规则，仔细理清一些在自我裁定比赛时容易混淆的条例，最后汇总相关术语，提供最详尽的专有名词注释，为本书画下完美句号。

熟悉比赛规则

所有高尔夫好手都会彻底了解比赛规则，左侧照片摄于1998年的英国公开赛，马克·欧米拉（Mark O’Meara）正在完美地执行抛球罚杆的过程。

如何选购球具

近年来科技的改革连带宠坏了消费者，球杆种类多到让人不知从何下手。整个市场虽然异常活跃，却也令人烦恼。因为可供选购的球杆非常多样化，各种令人搞不清楚的术语及日新月异的结构材料，都让消费者难以下定决心，不知如何选择适合自己使用的球具。

最后导致两种倾向，有些球友们经年累月使用同一套球杆，另一批则定期更换球具。只要看到架上有新货，就冲动地掏出钱包。不管是哪一种情况，这些球友其实都已错失先机，眼看着球具就要成为自己强大火力的后盾，却让这个机会悄悄从手上溜走。

尽管现代科技无法补救挥杆的基本失误，但是球具的选择还是要针对个人的体形和挥杆，否则球杆极有可能会阻碍球技进步。在本书的这个段落，将会为球友介绍如何选择适合自己的球具。

一号木杆

选择一号木杆的工作，在以前非常轻松。因为几乎都是木制材质，只需要考虑价格、外形和杆面角度。然而现在金属制一号木杆最为普遍，制造商运用各式各样的新科技，和不同金属材质进行球杆生产，并宣称自己产品在距离或误差容忍度方面占有绝对优势，甚至兼具这两项优点。在选购一号木杆时，脑海中最好先整理出会影响球杆击球效果的要素。首先，杆头大小绝对要先纳入考虑，尺寸比较大，甜蜜点也会跟着放大，对击球偏离中心的容忍度自然会高于小杆头。尽管有这些优点，有些球友还是觉得用小杆头打起来会比较顺手。此外，杆面角度也很重要，挥杆速度快的强力型球员，可能适用于小角度的球杆，甚至七度也没问题。但是，对于技巧尚未纯熟的球员，选用的一号木杆杆面最好大于十度。选择一号木杆时，不只是单看杆面角度，这并非影响球路高低的唯一因素。制造商也可以利用调整杆头重心位置的方式，来影响球的飞行弹道。低重心球杆打出的球，比较容易在空中飞行，适合刚入门的新手使用。而升高重心则会让球的穿透

检查握把是否合适

很多球友过于疏忽握把这个部位，不过别忘记，这可是自己唯一接触球杆的位置，因此握把要适合你的手才行。除了随时让握把保持在最佳状态之外，当表面磨损时，也要进行更换。此外，握把尺寸也要和双手吻合，可以用非常简单的方法，测试握把尺寸是否正确。先拿出一支球杆，用左手握住。在理想状况下，中间二根指头要轻轻碰到大拇指基部的肉垫部分，要是根本碰不到，或指尖整个陷入掌心，就表示需要调整握把尺寸。其实这只是很简单的工作，费用也很便宜，任何一位球杆专业人员，都能提供这项服务。

握把尺寸

正确的握把尺寸（左图）非常重要，要是握把太细（上图），最好请专业人员协助调整。

不同的一号木杆

市面上可供选购的一号木杆种类很多，常常会让人不知从何着手，除了球杆外形，其实还有很多需要考虑的因素，因此在做出决定之前最好先做些功课。

杆面的真面目

过去一号木杆和角度较大的木杆都是铁制，不过现在最热门的是钛金属杆头。这主要是因为钛很轻，刚性又够，可以做出大一点的杆头，容忍度也会比较高。此外，钛也比铁硬，所以这种材质的杆面能更快地将球弹出去，加长球的飞行距离，同时也会减少侧旋。

力更好，较适用于进阶球员。

重心配置方式也可加以调整，强化杆头跟部和趾部的比重，能提升失击时的容忍度。除了上述重点之外，杆身弹性也要适合自己的击球技术（请参考右上方“杆身的弹性、材质和长度”）。经过通盘考虑过性能之外，球杆的外形当然也要顺眼才行。一号木杆也不例外，要是看起来一点都不喜欢，你怎么可能会愿意把这支球杆放进自己的球袋。在下定决心踏进高尔夫用品店之前，也不要忘记设定自己的消费额度，只有在预算内的球杆，才能列入考虑。

球道木杆

过去几年，角度较大的球道木杆，随着木杆一起发展，经过这段时期的改良，在球袋里最长的几支球杆不但好用，容忍度也更大，距离也比以前远。

选购球道木杆需要考虑的因

杆身的弹性、材质和长度

别忘了，杆身的重要性绝不亚于杆头。要决定哪一种杆身比较适合自己时，最先考虑的是杆身弹性。对于男性球友而言，主要的弹性大致有3种：标准（Regular）、硬（Stiff）、特硬（Extra Stiff），选用的标准主要在于挥杆速度。在高速的情况下，击球力道会比较大，所以适合硬一点的杆身。根据一般通则，如果杆身太软，通常弹道会过高，也容易打出左曲球；杆身太硬，球的弹道会太低，同时容易打出右曲球。女性专用球杆弹性通常很软，因为女性挥杆力道小。不过伴随着球技的精进，就需要改用硬一点的杆身。

此外，同时也要考虑杆身材质，主要有铁杆身和碳纤维杆身这两种类型，现今球场上虽然还是有人使用铁杆身的一号木杆，但是多数球友都使用碳纤维杆身。对铁杆而言，因为碳纤比较轻，就比较适合挥杆速度不够快的球友，如长青球友。一般也认为碳纤维材质比较不会传递振动到手和手腕，不容易造成运动伤害。金属杆头的一号木杆常常会采用碳纤杆身，因为重量减轻的话，便可以提升杆头比重，能在击球瞬间产生更快的速度。尽管如此，铁杆还是普遍使用铁杆身，因为具有更好的稳定性。

最后要考虑的是杆身长短的问题，要是身高很高或手臂太短，可能要将杆身加长2~3厘米（0.79~1.18英寸），这样才不会造成不良的击球姿势。

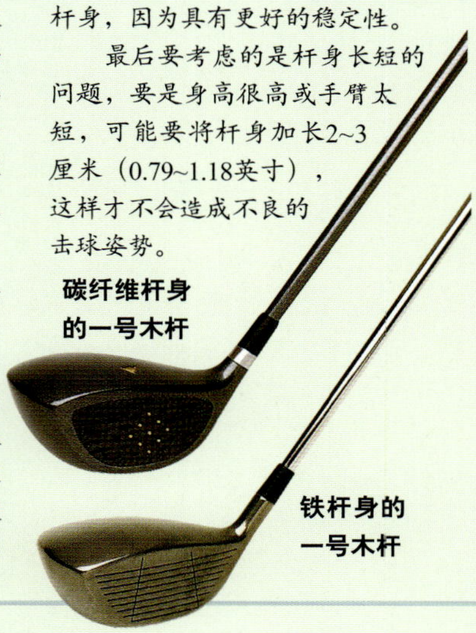

碳纤维杆身的一号木杆

铁杆身的一号木杆

木杆：杆面角度和平均距离

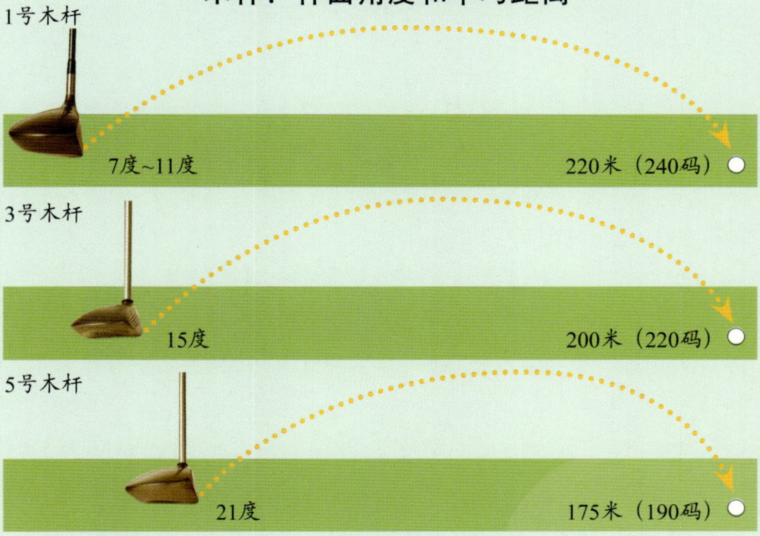

素，也跟一号木杆差不多（请参阅第214~215页）。但是，球道木杆的杆头应该比一号木杆小，在球道上使用太大的杆头，就很难用杆面的中央碰触到球（开球时球可以架在球座上，所以基本没有问题）。对于球道木杆最主要的考虑，应该是杆面角度，不过如果想要一支在开球台和球道上都能使用的球杆，杆面角度应该介于15度~18度之间，就兼具距离和准确度的优势。

多功能球道木杆也是个不错的选择，这大致上可以算是球道木杆的类型。这种球杆的杆面角度范围差异很大，最常见的是5号和7号木杆，具有相对小而结实的杆头，适合更多样化的球位，从球道或长草区都可以使用这种球杆，而长铁杆就没有那么多效用。多功能球道木杆还有另一项优点，用这种球杆很容易就把球往空中送，也就是说用这种球杆击球，多数球友都可以让球飞得比长铁杆球还远。

多功能球道木杆也可以弥补距离的间隙。举例而言，一些球友可能会随身携带3号木杆和3号铁杆，而这两种球杆之间的距离差异性很大，但是，只要一支角度介于17度和23度之间的多功能球道木杆，就可以补足这其中的空缺。

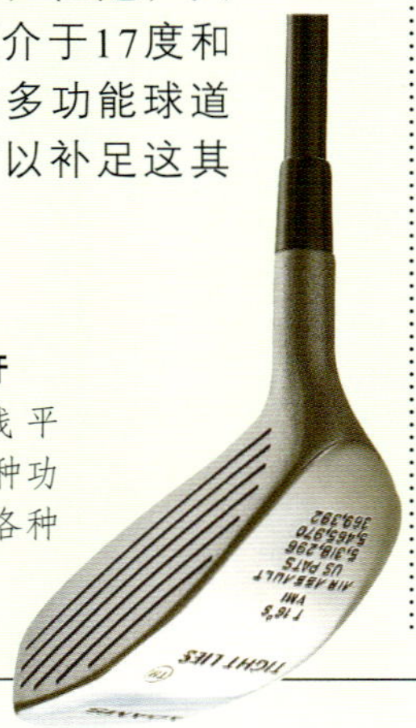

多功能球道木杆

简洁而浅平的杆面具有多种功能，能够处理各种不同的球位。

铁杆

以前的铁杆就跟一号木杆一样，不同类型之间的差异性很小，制作原理几乎都相同。现在的制造商则是竞相推出最新产品，市面上的铁杆一字排开绝对是各有特色，而选购时最重要的关键如下：你希望球杆的误差容忍度有多大？打出不同的飞行路径对你而言重要吗？你对球杆的外形有何要求？在回答这些问题的同时，也可以把范围缩小，让选购的过程更简单。如果以杆头构造而言，可以区分为两种主要类型：刀背式铁杆及凹背式铁杆（周围配重铁杆）。

刀背式铁杆

刀背杆头在击球瞬间可以产生最直接的感觉，比较容易操控球路。

刀背式铁杆

这种球杆在20世纪70年代晚期以前是最普遍的铁杆类型，具有简洁外形的锻造杆头，对于偏离中心击球的容忍度很低。击球

找出正确的躺角

将球杆放在地上，杆身和地面所形成的角度称为躺角。如果太小，击球时会导致杆头跟部先碰到地面，反过来说要是躺角太大，就变成趾部先打到地面。为了避免这些问题，击球准备时一定要检查球杆底部是不是平贴于地面，再进行击球练习。若是躺角正确，草痕的起始形状和深度应该都相同，并且会直直指向目标。

不论底角太大或太小，一定要重新检查自己的击球准备动作，如果姿势都很正确，就要请专业人员帮忙调整躺角，或者找个能够选择躺角角度的制造商，请他们专门定做一个适合自己的球杆。

正确躺角

躺角太大

躺角太小

周边配重铁杆

周边配重铁杆对偏离中心击球的容忍度较高，在操控球路这方面的性能，却不如刀背式铁杆。

时刀背杆头产生的触感觉非常精确，所以操控性也比较高。时至今日有很多坚守传统的职业选手和技巧高超的业余球员，还是钟情于这类型的铁杆。

周边配重铁杆

周边配重的铁杆又称为“凹背式铁杆”，杆头的制作通常采用铸造而非锻造方式。此外，杆头四周都有经过配重处理，所以能提升偏离中心击球时的容忍度。刚开始，这类型铁杆被视为球技提升的好帮手，不过击球的感觉及在球路操控性方面则远不如刀背式铁杆。在以前，中高差点的球友最常使用这种球杆，此外，凹背式铁杆和刀背式铁杆也被视为两种极端不同的铁杆类型。然而，现在的情况就不一样了，除了周边配重的铸造杆头之外，目前市面上也有许多（中间型）的铁杆，撷取这两种球杆的优点，特别是很多职业选手所选用的凹背式铁杆，看起来简直就是传统的刀背式铁杆一样，至少从球员的视角来看是如此。

铁杆：杆面角度和平均击球距离

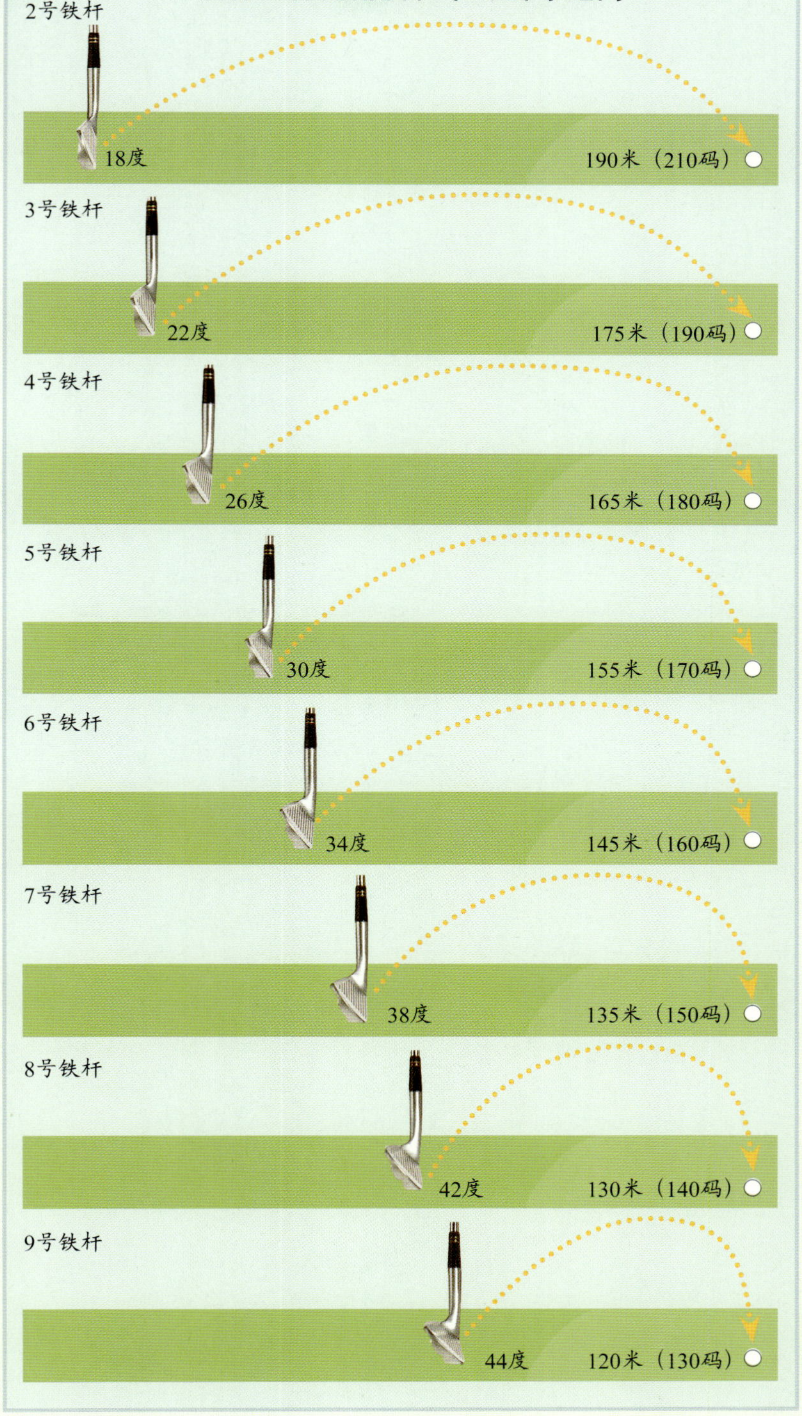

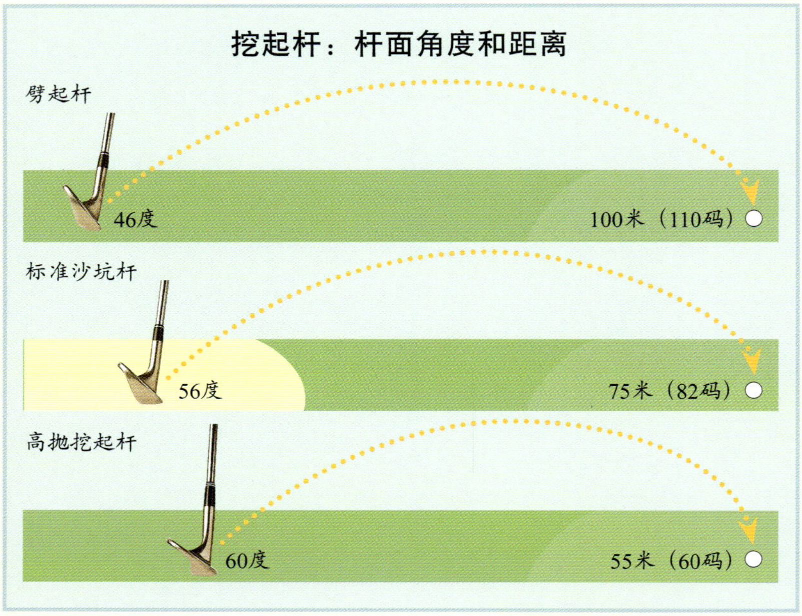

挖起杆

挖起杆的选择性非常多样化，在选购单支或好几支挖起杆的时候，首先要考虑杆面角度与反弹角的大小（在挖起杆底部的圆弧形突起）及杆头材质等。

标准劈起杆的杆面角度是46度，一般所知角度最大的是高抛挖起杆，杆面角度是60度，甚至可能高达62度。如果准备3支以上的挖起杆，能让你在短杆方面拥有最大的发挥空间。

反弹角的重要性也不亚于杆面角度，反弹角大小则取决于球位状况。如果是球道上的球位，反弹角最好小一点（不要高于5度），这样球杆才可能在球后方紧贴着地面，以有助于干净击球。若是在沙坑、柔软地面或粗草区击球时，则需要较大的反弹角（介于10度~14度之间），避免杆头整个陷入草地或沙里面，因而无法扎实地碰触球的后方。

至于杆头材质，软铁则是非常标准且适用的金属，不过要是希望提高掌控度，也许可以考虑铍铜合金，会让击球时感觉更柔软些。

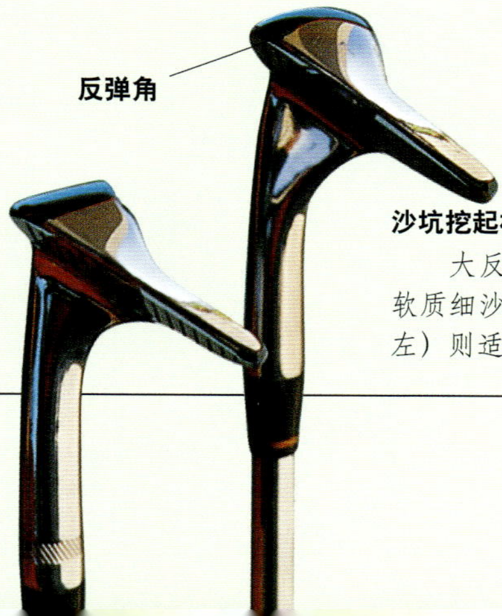

沙坑挖起杆

大反弹角的球杆（左图右）对于软质细沙比较适合，反弹角较小（左图左）则适用于粗糙厚重的沙地。

推杆

平均一场球赛下来，有高达40%的杆数用在推杆，自己所选用的球杆能不能给你信心，其重要性当然不可轻视。前面的章节已经提过，推杆技巧具有强烈的个人色彩，因此球杆选用的限制较小，主要针对个人偏好。推杆握把有标准型或加长型，推杆杆头则主要区分为3种类型（跟趾配重、锤头式及刀刃式），但是在设计、颜色、感觉等方面，球杆的多样性实在令人难以置信，最好的方法只能尽可能多试用几种类型，从其中挑出最顺手的一支球杆。

跟趾配重推杆的制作原理，跟周边配重铁杆一样（请参阅第217页），重心分布在杆面两侧，能将偏离中心失击的能量损失降到最低。

锤头式推杆具有一个半圆形的杆头，这类型的球杆跟周围配重推杆具有相同的优点，不过外形的包装截然不同，这也应该是3种设计中最具特色的一个类型。

自行选择

市面上推杆的种类高达数百种，不过主要的基本设计不外乎下面3种类型，跟趾配重、外锤头式或刀刃式推杆。

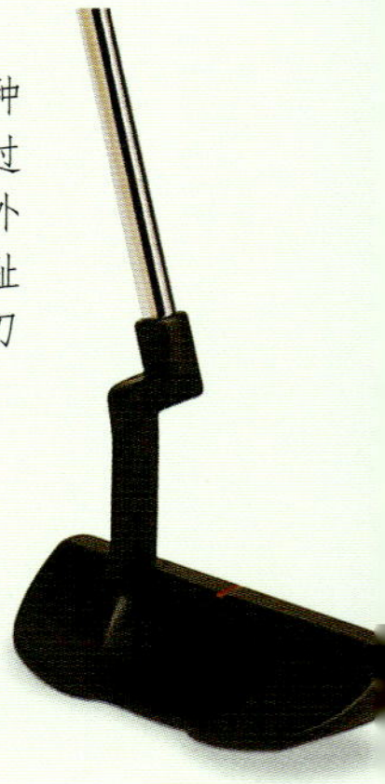

跟趾配重推杆

杆面嵌入物

推杆的杆面嵌入物类型很多，有强调柔软的，也有相对较硬的材质。不过目的都一样，就是让杆面碰触到球时获得更良好的回馈感。

刀刃式推杆的外表就简单多了，不过比起跟趾配重型推杆，对失误的容忍度也比较低，因此，这种球杆对资深高手比较适合，因为他们的触球已经非常稳定，所以推杆时不容易偏离杆面的中心。

杆面嵌入物

高尔夫球杆制造商为了响应顾客的要求，让球友们在果岭上能够获得最好的触感，因而发明嵌入式杆面的概念，有些杆面嵌入物是软性橡胶合成，而另一些则可能用合成金属所制作。撇开颜色和材质所造成的差异性，这些杆面嵌入物的原理其实都一样，让杆面感觉更软，使距离控制更精确，同时球的滚动也会比较顺畅。

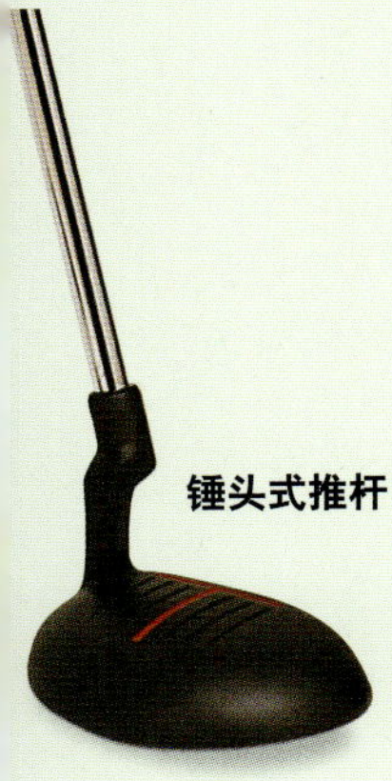

锤头式推杆

刀刃式推杆

选择适用的球款

既然已经添购了一组完美的球具，也别忘了选对球。球款的选用不但可以反映出球技的高低，也能够由此解读自己对球赛的哪一部分比较重视。下面将会介绍主要的3种球款，球友也可以借由这些信息，做出最适当的选择。

控制型用球

处理短杆时，如果想获得最多的感觉并且让球旋转，控制球可能是最好的伴侣。这种球表皮通常是巴拉塔胶（一种人工合成橡胶）制成，也可能是具有相同性质的其他材料。柔软的表皮会让你在果岭附近击球时感觉非常好。这种球的内部构造，也是为了产生后旋所设计的，加强每次击球时的掌控度。其缺点则是关于距离部分，开球时可能会因此而牺牲了一点距离。此外，柔软的表皮也较容易磨损（虽然这种表层已经比10~15年以前的材质还要耐久），此外这种球也比较贵。

距离型用球

所有的制造商的设计理念，都是希望球能够飞得更远。这种球对触感比较硬，不过却是最会飞的一种球。距离球的最大优势就是在开球时的表现。此外距离球的损坏率也非常低，不过这种球的缺点在于打短杆时比较不好掌控，所以在果岭附近打劈起球或起扑球时，也不必希望球会产生很多后旋。

中性型用球

这种球的性能刚好介于控制和距离之间，虽然它的掌控度不如控制球，球飞出的距离也无法媲美距离球（其设计不只是单一的考虑），不过还算兼具二者的优点。中性球表层的设计可以产生一定程度的后旋，并且也很耐久，在很多方面而言，这种球非常适合冬季高尔夫，球飞出的距离会在容许范围内，同时不需要花太多钱买新球，也因为果岭通常比较软，所以要加强的部分不过是短杆的掌控罢了！

粗握把的优点

有一些职业球员的推杆握把特别粗，这种设计比起传统式的握把，手能够更紧贴握把，避免在推杆时手腕的动作过多。在知道粗握把的优点之后，你也可能会想要试试这种握把的感觉如何。

加长型推杆

虽然目前很少业余球员使用加长型推杆，但是因为一些职业选手能有效地发挥这种推杆的功能，最后可能会让这种球杆越来越普及。

比赛类型和差点系统

本书到此为止，几乎已经涵盖了高尔夫的所有相关信息，从各种球路到球具选购都做了非常详尽的说明。而现在应该是协助球友进一步认识各种比赛方式的最好时机。每一种形式的比赛，都有其挑战和趣味，从风行全世界的热门比赛形式，或其他比较冷门的比法，都涵盖在本章的内容当中。此外也会介绍如何将差点系统，应用在不同的球场或对手等级中。

如果每次在上场都只进行同一种比法，那将会错失高尔夫的最大魅力，也就是这种运动的多样性。要是你正在安排和朋友的下一场赛事，何不试试新的模式，提升一下比赛的热度。这不仅能享受面临新挑战时的快感，同时也会在过程中学习一些新的事物。

比杆赛

大部分的职业或业余比赛，都是采用比杆赛的形式，这种类型的比赛只需要记录每洞的杆数，在比赛结束进行计算之后，取得最低杆数的选手就获胜。

比杆赛的击球的总数一般称为“总杆”。在职业赛场上因为职业选手不会采用差点计分，所以这个杆数就是各个球员的成绩。如果是一般俱乐部的比赛，这个总杆数就需要扣除每个球员的差点，最后计算出“净杆”。大部分的业余赛事都是采用这种计分法决定优胜者。

史特伯弗赛

这种赛制主要依照每个球洞所取得的分数来决定优胜者，如果打出双鹰可以得到5分，老鹰则是4分，博蒂则是3分，平标准杆则是2分，柏忌则是1分，更差的话就拿不到任何分数。比赛结束时拿到最高分数的人获胜。

大部分的史特伯弗赛都可以让参赛者使用完整的差点来计分。如果你的差点是12，这表示你在这座球场难度排前12球洞可以获得让一杆，也就是说在这12洞当中，每一洞的杆数都可以减去一杆来计算，如果是平标准杆，就可以算成博蒂，所得的分数也应该是3分而不是2分。球场的计分卡上都会标示难度顺序，大致反映出每个球洞的难易程度，球场上最难打的洞顺序为1，而最简单的球洞顺序则是18。

球坛常青树

在过去20年的期间，蓝格可说是欧洲最好的球员之一，他是精通比杆赛和比洞赛的大师级球员。

个人比洞赛

这种形式的比赛就是所谓的个人对抗，也就是一对一比赛。个别球洞的表现可能是赢、输或平手（两位球员的杆数相同），每个球洞的胜负都会影响比赛结果。

举例来说，球员赢了第一洞

如何计算差点？

差点系统能够让不同程度的球员，有机会同场竞技，要取得第一个差点非常简单，通常只要在同一个球场下场打3场球就可以了，把3个杆数加起来除以3，然后将得到的数字和球场的标准难度指数（SSS）做比对。举例来说，要是3场比赛的成绩分别为86、91、84，加总后的分数是261，除以3之后得到87这个数字，如果球场的标准难度指数是70，那么差点就是17。男性球员最大的差点是28，而女性的最高限制则是36。

差点在每一次的比杆赛都需要校正，可能的情况有3种。第一种可能性是杆数比差点还好，也就是差点应该要降低；其次是与差点一样，或比差点还要多出1~3杆，这时候就处于缓冲区，不需调整差点，这样的设计能够容许稍微的退步，而不会让差点提高。最后一种可能性是杆数比差点还多出3杆以上，完全超出缓冲区，在这种情况下，不得不提高差点的计分。

就表示赢一洞（one up），再赢一洞就是赢两洞，如果下一洞输了，就又回到赢一洞，要是平手的话，就维持原本的分数。要是某一球员赢的洞数，比尚未比完的洞数还多，该名球员便赢得比赛，如某球员已经赢4洞，但是还有3洞没打完，比赛的结果就是剩3洞赢4洞。要是比完18洞还是平手，就要进行骤死延长赛，也就是一分定胜负，比赛结束。

差点最低的球员要给予对手让杆，将二人的差点相减后，所得数值乘以3/4即为让杆数。举例来说，A球员的差点值是4、B球员的差点值是16，相减后所得的数值是12，12的3/4就是8。这表示B球员在遇到难度顺序为1到8的球洞，也就是在每个“让杆洞”时，B球员的杆数都可以减去一杆，4杆会变成3杆，5杆会变成4杆，以此类推。

四人四球赛

这个比赛跟个人比洞赛很类似，只不过变成四人捉对厮杀，两人一队，分别打自己的球，每个球洞取得最低杆数的那人，他的队伍则胜一洞，计分方式和差点运作模式都和个人比洞赛相同。四球赛也可应用于史特伯弗的比赛形式，不过比较少用在比杆赛中。

四人两球赛

这也是另一种分组配对赛制，不过这种比赛每队只打一球，每组其中一名球员在奇数球洞开球，另一名球员则在偶数洞开球，之后再轮流打同一颗球，直到这个洞结束为止。这种形式也可以应用在比洞赛、比杆赛或史特伯弗比赛。

在也称为二对二比洞赛中，总差点比较低的那一队，要对另两名球员进行让杆。这个数值是两队差点总和相减后的3/8。举例来说，如果A组的差点总共是10，而B组的差点相加是26，两个数字相减后得到16，16的3/8是6，B组就会在难度顺序1到6的球洞获得让杆。

四人两球果岭赛

这是两球赛所衍生出的比赛形式，其中的差异在于，各组的两名球员都要开球，再选择两者中比较好的球位继续比赛，之后就跟四人两球赛一样轮流击球。

差点的计算方式也跟二对二比赛完全相同，果岭赛也是一种非常热门的史特柏弗赛形式。

世界比洞赛

世界比洞锦标赛是少数几个不采用比杆赛的职业赛事，照片中蒙哥马利正在和费克森（Brad Faxon）进行比赛。

莱德杯

莱德杯是少数几个采用二对二比赛的职业赛事，照片中罗卡（Costantino Rocca）正在和欧拉查宝（Jose-Maria Olazabal）一起判读推杆。

柏忌赛

这种几乎被遗忘的比赛形式，主要以平标准杆为基准进行比赛，而对手就是球场，计分方式就是按照每洞的输、赢，或平手（跟比洞赛一样，不过球场的杆数都是标准杆），唯一的差异在于要打到最后一洞比赛才能结束，柏忌比赛的目标，是要让比数尽可能领先球场。

比赛时球场的让杆数，最常用的计算方式是差点的3/4，要是你的差点是8，球场让你的杆数就是6杆，而你接收这些杆数的球洞，其击球指数则介于1~6之间。

高尔夫礼仪的重要性

一想到“礼仪”这个字，脑海中应该会浮现古板且过于制式的行为举止，这其实是一种错误的认知，因为良好的高尔夫礼仪才能让每位球友尽兴地在球场上击球。

这个章节特别强调正确礼仪的基本原则，内容都很浅显，如果你能在球场上确实执行，假以时日绝对会变成自然而然的反应。此外要牢记，对于一位高尔夫球员而言，礼仪的重要性绝对不亚于球技，在很多球友眼中，甚至比球技优劣还要重要。关于礼仪主要有两个部分，其中之一是球场维护，另一部分则是在球场上的行为举止。

球场维护

设计良好的球场要是缺乏维护，下场打球时的乐趣一定会大打折扣，所以每个人都有责任将自己对球场造成的破坏降到最低。下面原则将会指引球友用最正确的方式维护球场。

让开球台保持在最佳状态

在四杆或五杆洞的开球台通常不会有太多草痕（因为比较常使用木杆），要是在三杆洞的梯台上开球，通常会铲起一块草皮，这时就要使用球场所提供的混合沙土填补草痕，而场上如果没有混合沙土，还是要把铲起的草皮补回原位。

修复球道的草痕

开出一记漂亮的好球之后，要是发现球正落在旧草痕当中，整个心情一定会大受影响（请参阅第187页）。修复草皮的理由并不单单只是为了避免这样的惨剧发生，因为挖起的草皮如果能在第一时间补回原位，马上就可以进行自我修复的工作，长出的细根很快会将草皮重新固着。不过要是没有马上进行修复，球道上就会留下难看的凹痕，球场看起来会坑坑洼洼，维护人员也很难进行整理。在离开球道上的每个击球点之前，务必要把铲起的草皮归位，并用脚踩一踩以固定草皮。

不要在沙坑留下足迹

在沙坑球章节曾经说明，击

复原沙坑

如果不清除自己遗留在沙坑里的足迹，用沙耙让沙地重新恢复平整，下一个人可能就会把球打进脚印里面，这种情况会大大增加沙坑球的难度。

草痕

如果击球时连带铲起一小块草皮，务必要将草皮覆盖在原来的位置上，用脚踩一踩固定。在第一时间马上进行修复，草皮就可以迅速地自我修复，对球场所造成的伤害也会最小。

修复球痕

在柔软的果岭上，球落地时通常会造成球痕。务必要在第一时间，使用木制球梯或球痕修补器（上图）修复这些凹痕。

球之后要将自己所遗留的痕迹完全填平（请参阅第125页的关键要点），这里也要再次强调其重要性。当你走进沙坑，发现自己打的球正陷入沙坑里一个深深的脚印时，心情就像摔落谷底般地令人沮丧。球原来的落点就算再怎么糟糕，击球者也不应该承受这么恶劣的待遇。所以将球从沙坑打出来之后，务必要用球场提供的沙耙将沙地恢复原状。附近要是没有沙耙，可以用沙坑挖起杆的背面尽可能让沙地恢复平整。凡走过不留痕迹，除了脚印之外也不要忽略杆头造成的凹陷，虽然只花几分钟的时间，这个贴心小动作，会让之后的击球者的处境完全不同。

修复果岭上的球痕

劈起球在果岭上遗留下的痕迹非常难看，同时也可能会导致球滚向球洞时偏离原有的轨迹，虽然并不是每次击球时都会造成果岭的破坏，不过一旦站上果岭，离开前就要负责恢复原状。你可以使用球痕修补器“果岭叉”或木制球梯（塑料的比较容易弯曲）来处理，整个过程非常简单，只需花费几秒钟，用球梯尖端或像叉子一样的球痕修复器插入地面，轻轻地把草皮往上拉，然后用推杆压一下让它恢复平整，而球痕也会在24小时之内完全消失。如果没有上述的修复步骤，草皮上的凹痕可能需要几个星期才能完全复原，而在坑坑洼洼的果岭上推杆，所得到的乐趣绝对会大打折扣。

对旗杆要格外小心

实在很难想象，竟然有那么多球友在果岭上放置旗杆时会如此粗心大意。不可以在果岭上乱丢旗杆，因为这样可能会对推杆表面造成损伤，一定要轻轻把旗杆放在地上。此外，千万要牢记，推杆时要是球碰到放在果岭上的旗杆就要罚两杆，尽量让旗杆远离危险区，最好是放在果岭外围，而果岭所允许的动作与各项禁忌，将会在第230~231页有更详尽的说明。

温柔的对待

不可以在果岭上乱丢旗杆，这可能会损伤推杆表面，要小心地把旗杆放在地上，并远离击球路线。

球场上的言行举止

除了维护球场之外，球场上的行为举止也是正确礼仪重要的一环。比赛中如果毫不考虑他人感受，就好像罩在别人顶上的乌云。如果能够切实遵守下面的指引，就不太可能破坏其他球友的好心情，也不会常常因此而自责不已。

静待自己击球

谁才可以享有优先开球权呢？前一洞打出最低杆数的球员能够享有这个权利，第一洞则是以抽签或丢硬币来定出开球顺序。在这梯台之外的其他区域，则是由离洞口最远的球员优先击球。只有在果岭上偶尔会改变次序。举例来说，在比杆赛第一记推杆之后，自己可以决定是否要接着继续补推进洞，然而，一定要事先跟对手说明自己的想法。在比洞赛选择权就不是取决于自己，不过还是可以询问对手，但是如果你马上补上一记推杆入洞，对他却没有半点好处的话，就应该不会接受这个要求。

不要影响别人

预备击球的前一刻，非常容易因为视线范围内的一些变化而分心，经过这些扰动之后，有时候会很难再集中注意力。因此，当对手准备要击球时，尽可能远离击球者的视野。在开球区时，最佳的等待位置是击球者右后方45度角，至少距离四五步以上，不要进行挥杆练习或交谈，站在定位，保持静默。在球道上，要注意击球者的目标视野，避免挡在球的前进路线上。在果岭上，不要站在对手推杆路线的延伸线（也就是球洞的正后方），这非常容易让击球者分心。

延迟比赛

如果需要找球，马上请下一组比赛球员先行通过，千万不要让大家苦等5分钟，一直到找球时间截止。

维持击球速度

高尔夫绝对不是一项竞时运动，然而也不能像慢速爬行一般。超慢的比赛步调令人非常疲劳，所以尽量不要拖时间，让球局可以顺利进行。可以试着采用下面的几种方法：开出一球之后，要是担心球

危险区

挥杆之前，务必要注意自己同组球友所站的位置。虽然他们应该知道正确的等待位置，不过一些球友，特别是初学者可能还不了解正确的礼仪，像照片的情况就有一点危险，所以在挥杆前，眼睛要快速地朝周围扫一遍，以避免意外发生。

会不见，可以击出暂定球（请参阅第227页），这样的话要是球真不见了，就不需要浪费时间，为了打下一球而回到原来的击球点。

如果球没有出现在视野范围内，而后面还有另一组球员在等待时，尽快让他们先行通过（不需要让他们苦等直到规定的5分钟找球时间截止）。如果球消失在粗草区，先注意一下是从哪个方位进入，试着先找出明显的特征来“标定”，像是同一条路线上的某一棵树。在果岭上，开始推杆之前，把球袋放在果岭侧边比较靠近下一洞梯台的方向，这样在往下一洞前进时，可以顺便拿起球袋。不要在果岭上记录自己的计分卡，这会让后面的球员动弹不得，最好在下一洞梯台上的等待空当再记录。此外，注意同组球友的位置，如果你已经落后，在每个击球点之间移动时，要加快步伐来跟上。

等待时先做好准备

当轮到自己击球时，却没有准备好，常常会造成很多时间上的浪费。要避免这种情况，务必要注意击球顺序，就算是别人正在击球时，自己也可以进行准备（在不打扰击球者的前提下）。举例来说，这时候可以先设想下一球要使用哪一支球杆，脑海中试着描绘出球的飞行轨迹。在果岭上，第一个推杆的球员如果不是自己，那在等待期间，就可以预先判读推杆路线（不过别挡到其他球员的推杆路线）。采用这样的方法，每次可能只节省10~20秒钟，但是一整回合下节省的时间就非常可观。

记得大叫“看球”

曾经有人因为不小心被高尔夫球击中而死亡或重伤，所以要牢记这个教训，要是无法掌握自己的球路，并且觉得可能会伤及他人时，立刻要大喊“看球”。千万不要觉得不好意思，安全的考虑绝对比丢脸还要重要。此外，也一定要注意前一组球员是否已经确实离开自己的击球范围内，再一次强调，不怕一万只怕万一。

帮球伴找球

只要曾经打过高尔夫，就很清楚找球的工作一点都不轻松，要是在一场非常重要的比赛发生这种事情，其中的焦虑感真是令人永生难忘。在这种情况下，同组的球友最好能够协助找球，当他们陷入这种困境时，你也不能置身事外。千万不要放着球员孤身一人自己埋头找球，一定要帮忙，当你协助别人，下一次换成你时，球伴们也会帮助你。

注意别人的推杆路线

在果岭上，要注意同组球员的球落在哪里，避免踩踏到别人的推杆路线。如果是柔软的果岭，很可能就会留下鞋印或钉痕，就算并不明显，多少会影响球滚动的顺畅性。在较硬的果岭上也是一样，最好不要采到其他球员的推杆路线。你可以在果岭附近考虑自己的推杆路线、预备要推杆之前，要把上面提过的重点记住。如果不确定自己的准备姿势是否会踩到到其他球员的推杆路线，最好先等一下。很多短推杆没进的原因之一，是因为一些粗心的球员踩在他的推杆路线上。

记录杆数

记录杆数最理想的地方，就是下一洞的梯台上。不要在前一个果岭就忍不住拿起笔来，这样会阻碍到等待击球上果岭的后面那组。

高尔夫规则

高尔夫的规则之多，其他运动绝对比不上，不过这也是它的特色之一。毕竟高尔夫对比赛场地的要求很多，在一块40公顷（100亩）的土地上，包含了不同的树种和地形，因此也会遇到各种不同的状况。例如撞球台、网球场、足球场等根本难以望其项背，也因此其意外发生的可能性也大出很多。

让人忧心的是，业余球友们却常常忽略这些规则，因为关于高尔夫规则的书籍大多都很深奥晦涩，并且非常复杂。事实上，甚至还有一些“高尔夫规则判例”这类的规则补充，其中的内容就是在理清一些有争议的事件。要阅读这一大串文字，根本就没有吸引力，自然也不会有很多人感兴趣。而这个章节就是想要改变上述的情况，希望球友们能对高尔夫主要规则有最基本的认识，不至于一知半解。有时这也会增加比赛时的优势，远离之前因为认知不足，而接受不必要处罚的困境，更不会在莫名其妙的情况下便丧失资格。此外，下面这几页内容也能够帮助球友了解规则的存在并不只是为了处罚，如果对规则有通盘的认识，你将会发现规则也可以变成比赛的利器之一。

梯台上

球杆上限

在第一球开始之前，最好先检查一下球袋中球杆的数目，球杆上限是14支，要是带上场的球杆太多，就会遭受处罚。在比洞赛的情况下，携带超过上限的球杆，每打一个洞都要多输一个洞，最高的上限是两个洞，也就是说在第三次开球时，发现自己的球杆数超过，而前两洞又已经输掉了，这时候的成绩将会变成输4洞。至于比杆赛的话，携带超过上限的球杆击球的球洞，每洞都要罚两杆，最高的上限是4杆。不管超出的球杆是几支，1支或10支的处罚都一样。

不照顺序击球

在比杆赛时，不按照次序击球其实并没有相关的处罚，不过这实在是非常不礼貌的行为（请参阅第224页），而比洞赛就不一样，要是没有优先开球权却第一个上场开球，对手就有权利取消这次击球，要求再打一次。

开球区域范围

开球区是一个长方形的区域，纵深为两支球杆的长度，以梯台标志为界线，必须在这个范围内开球，不可以移动那两个梯台标志。击球者的身体可以站在这个范围之外，只要把球架在开球区域内即可。（开球策略）这一节已经讨论过（请参阅第202~203页），要好好利用整个

在开球区要注意

在开球区要注意，礼貌对待同组球员，随时注意正确的击球顺序。

开球区域，借此取得最佳攻击角度，并且提高失误的空间。

如果开球时球位于开球区之外，处罚方式会依照比赛种类而有所差异。如果是比杆赛，会被罚两杆，并且要重新开球，这也就是所谓的“第三杆开球”（在开球区最后那次击球算第三杆）。比洞赛则没有相关的罚则，不过对手有权利要求你重新击球，但是这通常要视开球的好坏来决定，要是你的球落到树林，对手通常不会再给你第二次开球机会。

意外触球

要是击球准备时不小心用杆头碰到球，使球从球梯上落下，并不会遭受处罚，只要把球放回球梯重新开始。

暂定球

开球时，要是觉得球可能会遗失，可以选择击球暂定球（请参阅右上角的“开球区的困扰”），不过事先一定要告知同组的球员或对手。一旦已经打出暂定球之后，就可以开始寻找第一球，不过只有5分钟的时间找球，同时从开始找球的那一刻计时（不是从离开开球台的时候开始起算）。如果时间到了却还找不到球，就必须宣布球遗失，而先前的暂定球将成为比赛球，不过接下来打暂定球的这一杆就算第四杆。若是找回第一球，就可以继续比赛而不会遭受处罚，只要把暂定球捡起来就可以了（注意：要是在球道上担心球可能会遗失，也可以选择击球暂定球，其程序和开球的暂定球相同）。

开球区的困扰

如果开球遗失（下图上），或把球开出界外（下图下），可以参考下面图解，理清正确处理程序，并依照比赛规则接受罚杆。

打暂定球

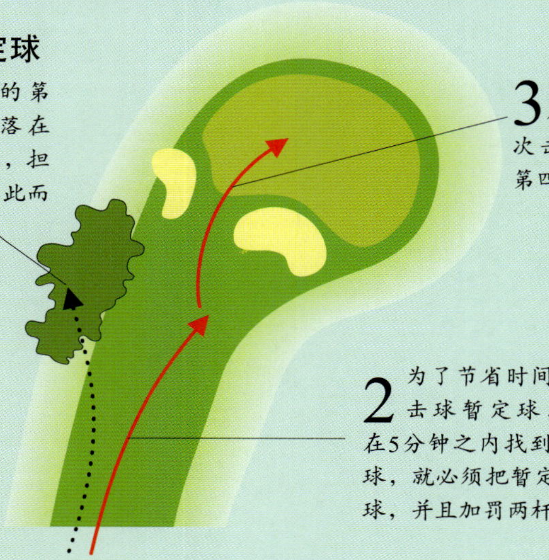

打出界外球

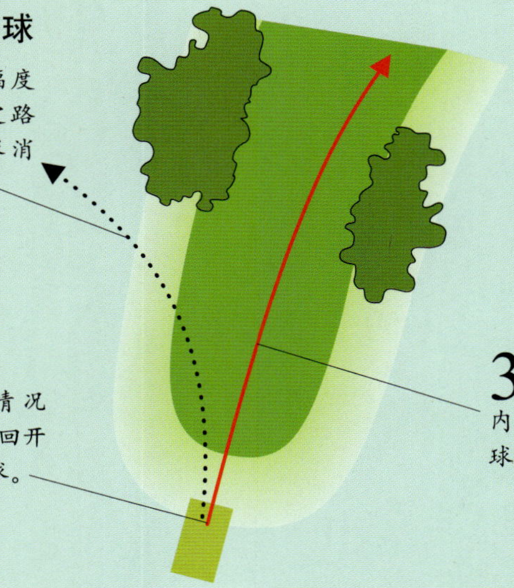

界外

球场上不允许击球的区域（如当地规则所定义）就称之为（界外），如果在开球出界（请参阅上面的“开球区的困扰”），必须要重回开球台开球，这杆要算第三杆，这也是所谓杆数和距离的处罚，要是这一球又开到界外，接下来要开的就是第五杆开球。（注意：要是在球道上把球打出界外，处罚也是一样）。

击球

击球的定义是指，当你打算向前摆动球杆击球，并使球移动。当遇到一些争议的时候，可以借由上面的叙述来理清。举例而言，要是挥杆落空的话，一些人就会认为没有碰到球所以不算一杆，但是这并不正确，因为击球的意图同样也要考虑在内。此外，规则中的击球也要有上杆动作，不能将球杆放在球后，直接朝着目标铲球或推球，一定要做出上杆动作。另外，上杆受到限制时，如被栅栏或树挡到，如果推开这些障碍，将会被罚两杆。

障碍区和无法打击球位

沙坑

在“沙坑”章节中，已经提过沙坑的第一条规则，杆头一定要离地（请参阅第129页的关键要点），在击球前要是杆头先碰到沙，就要罚一杆，但是关于沙坑还有其他需要注意的细节。举例来说，要是杆头在上杆时碰到沙，跟击球准备时一样要处罚，同样的规则也适用于挥杆练习，所以杆头只能和空气接触而已。（注意：“沙坑”章节的某些练习需要在沙上画线，不过这只限于练习，正式比赛时绝对不允许这种行为。）

不能碰到沙

在障碍区，不允许把球杆放到地上。当遇到沙坑，杆头在击球准备或上杆时决不能碰到沙。

无法打击球位

在塑造球路的一节曾经提过3种从树林脱困的球路（请参阅第188~189页），不过，如果你

如何执行罚杆抛球

高尔夫的规则非常严格，尤其是罚杆抛球一定要照章行事。首先，一定要做出手势通知自己的同组的球员或对手，务必让另一位球员知道自己的意图。抛球时，身体站直，手要平放在身前与肩同高，然后放手使球落地，绝对不能用任何方式改变球的行进轨迹，如用手指转球或朝特定的方位抛掷，这都是不被允许的举动，只有重力能影响球的落点。如果球落在比原球位更靠近球洞的位置，必须要重新抛球，同样的情况又发生一次，则可以把球放在自己想要的球位上，只要在原先抛掷点两杆长度的范围内都可以。

标定位置

如果遇到无法打击的球位，并且你也觉得在两杆长度的范围内执行抛球应该是最佳选择，就可以用两支木杆标定距离。（也可以选择在球和目标联结后方的延伸线上任一点执行抛球，或罚杆后选择在打出这一球的原始球位，重新打下一球。）

抛球

手臂伸直与肩同高，让球以自由落体的方式坠落，不能意图去改变球的落点。

觉得这种方式太过冒险（比如在一场重要的比赛当中），或这样的球位根本就无法击球，就可以选择罚杆抛球（请参阅第228页“如何执行罚杆抛球”）。只有自己才可以决定这样的球位是否“无法击球”，要是认为该球位根本无法击球，可以采用3种方式执行罚杆抛球。

第一种方式是在原来落点的两支球杆长度范围内抛球（你所选择位置不得比原球位更接近球洞），而球杆长度的测量可以用木杆来进行（球袋中最长的球杆），在把球捡起来之前，要先用球梯标定这个抛球点。第二种选择是回到上一杆的击球点，在尽量接近原始击球点的位置上执行抛球，这也称之为杆数和距离的处罚。第三种方式则是在球位和旗杆的延伸线抛球，抛球点不得更靠近洞口，延伸距离没有限制。选择这3种方式都需要罚一杆。

水障碍

高尔夫球场上有两种形式的水障碍，那就是正面水障碍（用黄色的界桩或界线标示）及侧面水障碍（用红色的界桩或界线标示）。

如果球落入水障碍中，一定要区分清楚究竟是哪一种情况，因为处理这两种水障碍的方式稍微有点差异。正面水障碍（黄桩标示）有3种选择（请参阅第229页“球落在水障碍区

球落在水障碍区的处理方式

正面水障碍以黄色的界桩或界线标示，如果球落在这些区域，有3种选择，如下文所述。

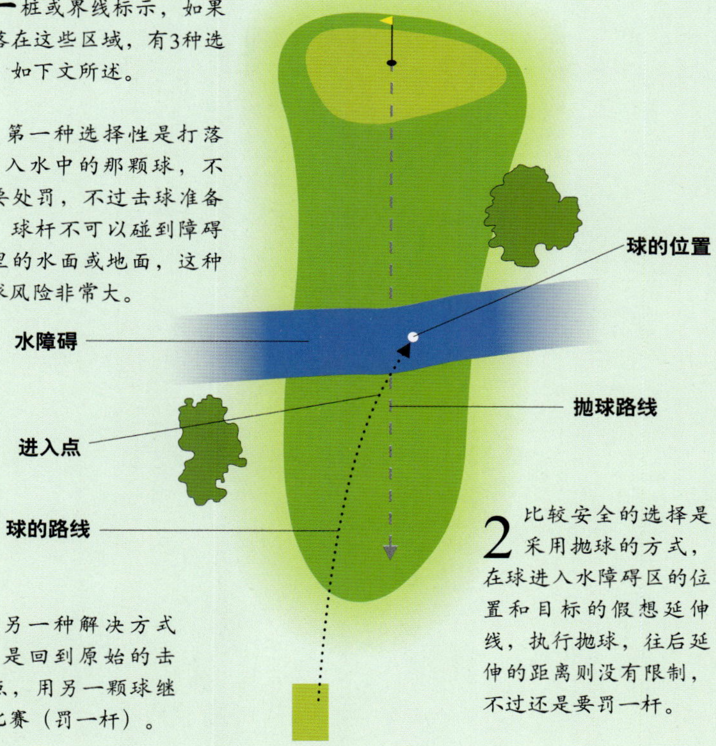

1 第一种选择性是打落入水中的那颗球，不需要处罚，不过击球准备时，球杆不可以碰到障碍区里的水面或地面，这种击球风险非常大。

2 比较安全的选择是采用抛球的方式，在球进入水障碍区的位置和目标的假想延伸线，执行抛球，往后延伸的距离则没有限制，不过还是要罚一杆。

3 另一种解决方式是回到原始的击球点，用另一颗球继续比赛（罚一杆）。

免罚抛球

免罚抛球又称为“免罚脱离”，能够享有这种权利的情况很多，如果球位于待修复地面（请参阅第232页），或者球在临时积水区里（请参阅第231页），或球碰到无法移动之阻碍物时（请参阅第232页）。虽然免罚抛球并不会遭受罚杆，不过只能在一杆长度的范围内执行。此外务必牢记，尽管抛球可以让你脱离原始球位，但是不要把球抛进可能形成另一个问题球位的地面上。

抛球范围

当大面积的待修复区（或类似的情况）影响到击球时，就可以采用免罚抛球的方式脱离，照片中的诺曼因为前一球落在正面看台上，而得到一个免罚抛球的机会。

的处理方式”）。第一种可能性是找到了球，并直接在障碍区中击球，不需要接受处罚。在这种情况水当然要很浅，不过就算是如此，最好还是不要轻易尝试，因为这种方式结果常常会更糟。第二种选择是找出球在进入水障碍区的点，在这一点和目标的延伸线执行抛球（采用和无法击球球位一样的方式（请参阅第229页）。第三种选择是回到原击球点，用另一颗球继续比赛（这也是杆数和距离处罚）。而后面两种方式都需要罚一杆。

如果遇到侧面水障碍区，除了上述3种方式之外，也可以选择另一种抛球方式。在球第一次通过水障碍边缘的入射点，或在水障碍区另一侧的相似位置上，在这两点中择一执行两杆长度范围内抛球（请参阅下方的“球落入侧面水障碍的处理方式”），采用这种方式也需要罚一杆。此外记得用这种方式决定的球位，不能比原始球位更靠近球洞。

打错球

如果不小心打错别人的球，就会触犯规则。对比洞赛而言，处罚就是输了那个洞。如果是比杆赛，必须要罚两杆，同时要在打错球的位置上继续打下一球，要是没有在下一洞开球前改正错误，将会因此而丧失比赛资格。

果岭上

果岭上允许的行为

如果想在推杆前先擦球，必须要在捡起球前，在球的后方放置一枚硬币或球标。球要是有损伤，可以用另一颗球取代，不过要先征得同组比赛球员或对手的同意。球标要是妨碍到同组比赛球员的推杆路线，必须用杆头往旁边测量球必须移动的距离，并且重新标示（请参阅第231页的“移动球标”），并且在将球放回去之前，一定先要把球标移回原位。

至于在自己推杆路线上的阻碍物，你可以修复球痕或旧球洞痕迹，但是不可以修复钉鞋痕迹。此外，你也可以用手或推杆杆头，扫开树叶、树枝或松散的沙。

果岭上不允许的行为

虽然已经离球洞非常近，这并不表示不会罚杆。果岭上规则的重点如下，首先，不可以碰触推杆路线，除非是要清除一些可移动阻碍物（请参阅第232页），修复劈起球痕或旧球洞痕，也可能是因为要测量距离以决定推杆的顺序，在这些情况下才算例外。

其次，不能在果岭上滚球以测试果岭速度。再次，则是当别人的球还没停止前，绝对

球落入侧面水障碍的处理方式

侧面水障碍区以红色的界桩或界线标示，如果球落在这些区域，可以选择3种“球落在水障碍区的处理方式”（请参阅第229页），或采用下面提出的两种解决方案，不过都要罚一杆。

1 找出球第一次穿越水障碍区的进入点，在那个位置上执行两杆长度范围内的抛球，球位不可更靠近球洞。

2 如果上述方式对你不适用，也可以在水障碍区的另一侧，用同样的方式找出抛球位置。

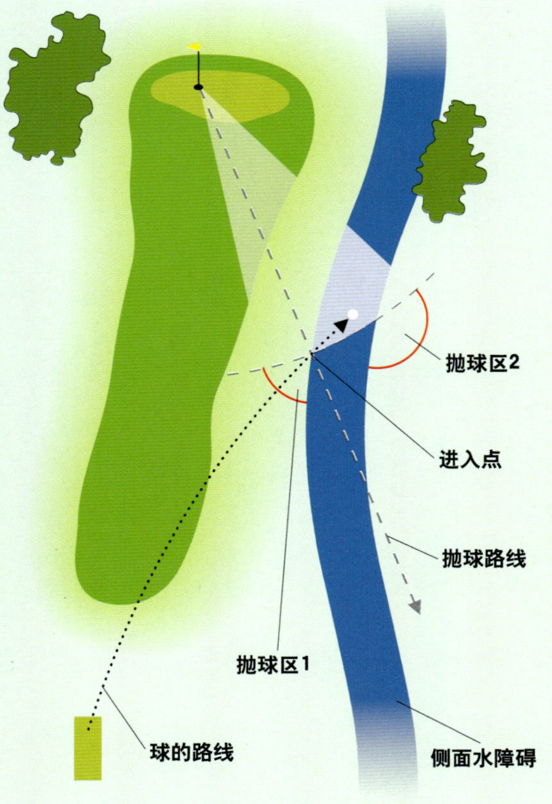

移动球标

球标要是刚好位于另一位球员的推杆路线上，或会阻碍其击球或站姿，就一定要把它移开。下面的方法会详细说明如何正确地执行。

用球杆标定

如果同组比赛球员要求你把球标从他的推杆路线上移开，就要小心翼翼地把杆头的趾部放在球标旁边。

移动球标

然后把球标捡起来，放在杆头跟部的旁边，持续这个动作直到不会阻碍其他球员击球为止。

不可以开始推杆。最后还有一点，千万不要移开推杆路线上在早晨凝结的露水或薄霜（这些都不算是“可移动之物”，这是很常见的犯规）。

旗杆罚则

当球已经落在果岭上，对于旗杆的处理方式有两种。如果你离球洞有一段距离，可能会希望有人照管旗杆（这样才可以看出球洞的位置），要是这种情况，在球落入球洞前，一定要将旗杆拿开，否则球碰到旗杆就要罚两杆。你若是决定移走旗杆，必须把旗杆放在推杆路线之外，球要是不小心碰到旗杆的话，也会罚两杆。在非果岭的区域选择性则有3种，可以移开旗杆（如果球碰到旗杆罚两杆），留在原位上（要是球碰到旗杆也不会被处罚），或请人照管旗杆（碰到旗杆罚两杆）。

异常地面状况

临时积水区

高尔夫年代最古老的规则之一，就是在原来的球位击球。然而，还是有一些例外的情况不在此限。其中一种情况可能是球落在临时积水区（通常在大雨之后会发生），这时候就要采用免罚抛球来解决（请参阅第245页“免罚抛球”）。虽然很不实际，但还是要在原始球位上标记，定出最近的抛球点（水已经不再是站姿或球位的阻碍），用球梯标记那个点，然后在离球梯一支球杆长度范围内执行抛球，这时候则不限方位（球的落点不可以更接近球洞）。

不过临时积水区要是出现在沙坑，处理的方式稍微有些不同。首先要定出最近的干燥区块，然后在那个区域内执行抛球，不过只限于在沙坑内，如果沙坑完全泡在水里面，可以选择把球抛进水最浅的区域。也可以在沙坑外抛球，不过会罚一杆，这应该是高尔夫最严苛的规则之一。

临时积水区

抛球前先要标定原始的球位，以及预备抛球的区域，就像是照片中帕乌瑞克·约翰森正在做的动作。

阻碍物

在梯台到果岭的整个路线中，可能会遇到各式各样不同类型的物体，依照各自的属性，处理模式也有差异。不可移动阻碍物就常常会遇到，这属于固定的人造物，要是球落到这一类型的阻碍物附近，因而影响到站姿或挥杆，你就拥有免罚抛球的权利。

不可移动支阻碍物

固定的喷水头可能会影响站姿或挥杆，这时候就可以执行免罚抛球。

待修复地面

球场上任何一块可能因击球而受损的区域，如新种植的草皮上，通常会被定义为“待修复地面”。这种区域通常以白线或蓝桩围起来，并且在旁边以“GUR”标示，如果球刚好落在白线内，必须在待修复地面不会阻碍站姿或球位的一支球杆长度范围内，执行免罚抛球。

嵌埋球位

如果球落在球道修剪过的草皮上，出现陷入地面的状况，此时可以有免罚抛球的权利。过程非常简单，只要先标记球的位置，然后把球捡起来，就可以进行擦球动作，并且尽可能在最接近嵌埋位置的地方抛球。不过，如果是在粗草区，球发生嵌埋时，根据高尔夫规则是不允许免罚抛球的。但是，如果在冬天这种非常容易发生嵌埋球位的情况，这时候俱乐部有权引用所谓的“冬季规则”，并准许在粗草区执行免罚抛球，不过与球道上嵌埋球位不同的是，这一球并不允许擦拭球。

可移动之物和阻碍物

可移动之物

可移动之物是属于自然的物品，像树叶、小枝条、树枝、石头及类似物体，都可以称为可移动之物，要是该物体不具生长能力，并且不是牢牢固定在地面上，可以把它移除且不会遭受处罚，但是，在清除障碍物的过程不小心动到球（除非是在果岭上），就要被罚一杆。

此外，障碍区里的可移动之物是不能清除的。这个规定唯一例外，是可以在沙坑中移动球附近的石头（为了安全起见）。

至于沙和松土，如果球已经在果岭上，则可视为可移动之物。而在果岭外围推杆时，要记住这个重点，在技术层面上这个区域不能算是果岭。

不可移动之阻碍物

至于阻碍物的定义，则是人造的物体。典型的不可移动阻碍物，包含果岭附近的喷水头（请参阅左侧的“阻碍物”），以及梯台侧边提供这个球洞相关信息的水泥平台。如果这些障碍物会干扰站姿或意图挥杆的动作，就有权利进行免罚抛球，因为这些障碍物无法移动，可以在一支球杆的距离范围内移动球（不能更靠近球洞），让阻碍物无法干扰你的站姿或挥杆。然而，要是阻碍物只是妨碍到下一球的飞行轨迹，就不具上述权利。

可移动的阻碍物

空罐或沙耙是最常见的可移动阻碍物。如果球碰到可移动阻碍物，或距离太过接近因而影响站姿或挥杆，移动这些阻碍物是可允许的。不过在动手之前，最好先用球梯标记球的位置，这样在移除阻碍的过程中，要是不小心动到球，就可以把球放回原位，而不需要遭受任何处罚。

球被转向或停止

运动中的球被转向

如果球在运动中被影响而转向，会因为转向的原因而采用不同的处理模式，要是球碰到树这类的自然物，就

可移动之物

像是照片的小树枝这种自然物品，被归类为可移动之物。在不移动球的前提之下，可以移除这一类型的障碍。

沙坑里的阻碍物

沙耙被归类为可移动阻碍物，在影响到站姿或挥杆的情况下，可以把沙耙移除。

必须要在球的落点上继续比赛。

碰到局外者的话情况也是一样，如割草机这些球场维护人员的器具，或现场观众都归属于这个类型。

如果有动物拦截到移动中的球，必须把球放回被拿走的点上。虽然会因此而短少一些距离，不过球要是正朝着障碍或长草区移动，这个规则就帮了大忙。在果岭上推杆时，若有动物闯入偷走球，也可以重新击球，不需要接受任何处罚。

如果球在运动状态下碰到其他静止的球，必须从球最后停止的位置击球。在果岭上要是推杆碰到静止状态的球，除了要罚两杆之外，球必须放置回原来的位置。此外，就算碰到别人球的机会微乎其微，也要请他们标记自己的球位。

静止球被转向或移动

如果球在静止的状态下被局外者移动，如动物等，不需因此而惊慌，只需要把球尽可能放回原位就可以了（不用处罚）。甚至球要是遗失了（比如是被乌鸦叼走，这种情况可能比预想的还容易发生），只要从球袋中另外取出一颗球，放在原来的位置上，也不会遭受任何处罚。

不过要是球被自己、杆弟、同队的球员，或被属于自己这一队的装备品所移动，相关规定可不会那么仁慈（举例来说，如果在深长草区找球时，不小心踢到球），在这些情况下，就会被罚一杆，并且需要把球放回原位。但是这个规则也有例外，当把球放回原位时，球在下列的情况下被移动的话，就不会遭受处罚：

- 在果岭上为了决定击球顺序，而进行推杆距离的测量。
- 在果岭上修复球痕。
- 移开阻碍物时（请参阅第232页的“可移动之物和阻碍物”），如沙耙等。
- 在障碍区找球，如在沙坑里。
- 在果岭上移除可移动之物，如树叶或沙。
- 移动妨碍比赛的球。
- 在执行自由抛球的过程，捡球、放球或置放球的动作。

果岭上的撞击

在1997年的美国公开赛，尼克劳斯和厄文（Hale Irwin）的球刚好撞在一起，裁判必须要决定把球重新放在什么位置上。

高球术语详解

击球准备（ADDRESS）
击球者蓄势待发的准备动作又称为击球的准备动作。

推进球（ADVANCEMENT SHOT）
指基于选择或需要，在不直接将球送上果岭的意图下所打的球。或应环境所需的情况下，如在5杆洞的第二杆。

挥空（AIR SHOT）
击球时杆头没有碰触到球的状况。

信天翁（ALBATROSS）
又称为双鹰，指该洞成绩低于标准杆3杆。

进攻果岭球（APPROACH SHOT）
指意图将球打上果岭的击球。

果岭边缘（APRON OF THE GRE~EN）
果岭边界草皮修剪平整的区域，介于长草区和推杆平面之间。

巴拉塔（BALATA）
包覆在高尔夫球表面的人造橡胶合成物，能强化控球。

光秃球位（BARE LIE）
球所在的位置只有稀疏草坪或根本没有任何草皮。

博蒂（BIRDIE）
又称为小鸟，该洞成绩低于标准杆1杆。

刀背（BLADE）
锻造的铁杆杆头，在杆面击球瞬间可以提供最佳触感，不过对偏离中心的击球容忍度较低。有时也指铁杆底部的前缘。

柏忌（BOGEY）
该洞成绩高于标准杆1杆。柏忌也是一种以球场标准杆数为基准的比洞赛形式。

转折（BORROW）
Break的同意词。

反弹角（BOUNCE）
沙坑挖起杆底部的突起。

转折（BREAK）
果岭平面上因坡度所造成的推杆路径向左或向右的偏移。

飞球距离（CARRY）
球在空中飞行的距离。

凹背（CAVITY BACK）
一种铁杆杆头的形式，杆头背面的中央挖空，把重量配置在杆头四周，提升偏离中心击球的容忍度。

闭式站位（CLOSED STANCE）
一种击球准备姿势，球员的方位对着目标的右侧。

短一号的球杆（CLUBBING DO-WN）
选择杆面角度较大的球杆，如用8号铁杆取代7号球杆。

长一号的球杆（CLUBBING UP）
选择杆面角度较小的球杆，如用5号铁杆取代6号球杆。

边缘粗草区（COLLAR OF ROUGH）
果岭边缘与粗草区连接的过渡区。

球场手册（COURSE PLANNER）
有每个球洞平面图解的小手册，内容包含每个球洞的特色，以及开球区到果岭范围内点与点之间的距离。

球洞（CUP）
Cup球洞的另一种说法。

距离表（DISTANCE CHART）
球场手册的另一种说法。

草皮（DIVOT）
击球瞬间削起的那块草皮。

草痕（DIVOT-MARK）
击球削起草皮后在地上遗留的凹痕。

狗腿洞（DOGLEG）
这是指在4杆或5杆洞（不会是标准3杆），在开球区和果岭之间的球道弯曲的幅度与方向。

斗美（DORMIE）
比洞赛时赢的洞数，和尚未比赛的洞数相等。如在领先4洞的情况下，未打的球洞也是4洞，就是斗美。

双柏忌（DOUBLE BOGEY）
该洞成绩高于标准杆2杆。

双老鹰（DOUBLE EAGLE）
该洞低于标准杆3杆，与信天翁同义。

左弧球（DRAW）
球在空中的行进路线由右到左偏离，这是击球时的侧旋效应所造成的。

一号木杆（DRIVER）
球袋中最长的1号木杆，主要为开球所设计，通常是指1号木杆。

老鹰（EAGLE）
该洞成绩低于标准杆2杆。

右弧球（FADE）
球在空中的行进路线由左到右偏离，这是击球时的侧旋所造成的。

球道（FAIRWAY）
草地修剪整齐的球道，两侧都被长草所包围（粗草区）。

同组竞赛者（FELLOW COMPET-ITOR）
比杆赛的参赛者。

四人四球赛（FOURBALL BETT-ERBALL）
两人对两人的比赛，两队均取最佳成绩决定该球洞的胜负。

四人两球赛（FOURSOMES）
二人对二人的比赛，每队各打一个球，其中一位球员在奇数球洞开球，另一位在偶数，开球之后便轮流击球。

果岭外围（FRINGE）
果岭边界的区域。

中继挖起杆（GAP WEDGE）
为弥补杆面角度不足所设计之球杆，通常是介于沙坑挖起杆和劈起挖起杆之间。

果岭（GREEN）
可以推杆的平面（球洞位于果岭）。

果岭赛（GREENSOMES）
每队的球员都要开球的比赛形式，取较好的一球，之后轮流击同一球，直到球洞结束。

握把/握杆（GRIP）
球杆顶端的橡胶把手。另外，以双手握住球杆也称之为握杆。

球杆着地（GROUNDING THE CLUB）
击球准备时将杆头放在球后方的地面上。

平手（HALVED）
指在比洞赛时，双方在同一洞的成绩平手。

差点（HANDICAP）
差点是由球员相对于球场的标准杆数所决定，这个数值也可以反映出球员实力。

厚击球（HEAVY）
杆头在击中球之前先碰到地面的击球。

跟部（HEEL）
杆面最接近杆身的区域。

跟趾配重（HEEL-TOE WEIGHT-ING）
周围配重的同义语。

球洞（HOLE）
球洞本身（位于果岭上）；或从开球区到果岭之间区域的通称，如“第一洞”。

进洞（HOLING OUT）
将球推进果岭的球洞。

左曲球（HOOK）
球在空中的行进路线由右到左，这是击球的侧旋效应所造成的，偏离的幅度比左弧球还大。

杆颈（HOSEL）
杆头与杆身连接的部位。

打点策略（LAYING UP）
出于意志或顺应环境的情况下，打出比果岭距离还短的距离。

球位/躺角（LIE）
球在球场上停止的位置；杆头轻放在地面时，杆身和杆头底部之间的夹角。

滨海球场（LINKS COURSE）
海边的高尔夫球场。

杆面角度（LOFT）
杆面相对于垂直面的倾斜角度，角度大小会影响球的弹道。

可移动之物（LOOSE IMPEDIMENT）
在高尔夫规则中阻碍击球的可移动自然物，如树叶、石块。

比洞赛（MATCHPLAY）
一对一或二对二的比赛形式，以每一洞的胜、负或平手决定最后成绩。

阻碍物（OBSTRUCTION）
高尔夫规则中妨碍击球的任何人造物，如固定的洒水头（无法移动障碍物）或空罐（可移动障碍物）。

开式站位（OPEN STANCE）
一种击球准备姿势，球员的方位对着目标的左侧。

对手（OPPONENT）
比杆赛的对抗球员。

界外（OUT-OF-BOUNDS）
球场上禁止打球的区域，球打到界外会导致杆数和距离的处罚。

标准杆/平标准杆（PAR）
球洞的标准杆，其基准为技艺纯熟球员一般完成球洞所需的击球数；也可指称平标准杆的成绩。

球场的标准杆数（PAR OF THE COURSE）
一座球场18洞的总标准杆数。

三杆洞（PAR 3）
该球洞需以3次击球结束，为了平标准杆，通常需一杆攻上果岭，再以两记推杆结束该球洞。

四杆洞（PAR 4）
中长距离的球洞，该球洞需以4次击球结束，为了平标准杆，通常需以两杆攻上果岭。

五杆洞（PAR 5）
长距离的球洞，该球洞需以5次击球结束，为了平标准杆，通常需以3杆攻上果岭。

周边配重（PERIPHERAL WEIGHTING）
将重量平均分散到杆头周围的，增加偏离杆面中心击球时的容忍度。

职业高尔夫协会（PGA）
在英国主要协助高尔夫职业选手的机构，每个国家都有各自的PGA，如澳洲PGA。

转轴（PIVOT）
挥杆时上半身的转身，配合正确的重心转移。

同伴（PLAYING PARTNER）
配对比赛和自己同队的选手，如二对二比赛。

身体姿势（POSTURE）
击球准备时整个身体和脚的位置。

较理想球位（PREFERRED LIES）
在冬季时因为地面状态太差，通常会引进的当地规则，这项规则允许球员在原球位15厘米（6英寸）的范围内，把球移到比较适合的球位，一般只适用在修剪平整的草皮上，如球道或果岭外围。

左拉球（PULL）
球朝目标左侧行进，并且飞行方向不变。

右推球（PUSH）
球朝目标右侧行进，并且飞行方向不变。

判读推杆（READING A PUTT）
研究推杆路线的过程，以判断出球朝球洞行进时可能的转折处。

释放球杆（RELEASING THE CLUB）
形容击球时右手转到左手上方的动作，表示杆头有力而顺畅地摆动。

重心倒转（REVERSE PIVOT）
挥杆时错误的重心转移方式，上杆时放在左脚上，下杆时放在右脚上，导致力道不足的错误击球。

粗草区（ROUGH）
在球道两侧和果岭四周大部分的区域，较长的草皮区，其设置理由是为了处罚偏离路线的击球，比在修剪平整的球道上击球难度高出许多。

R&A俱乐部（ROYAL & ANCIENT）
管理世界上所有业余高尔夫的机构，范围不包含美国，通常简写为R&A，负责执行正式高尔夫规则。

滚动（RUN）
球第一次碰到地面到停止之间的轨迹，角度大的球杆比较不容易滚动，使用角度小的球杆，如1号木杆和长铁杆，球会比较容易滚动。

零差点（SCRATCH）
指差点为零的业余球员。

准备动作（SET-UP）
击球前的姿势，包括握杆、瞄球、站姿及姿势等，又称为击球准备。

杆身（SHAFT）
球杆位在握把和杆头之间的部分。

斜飞球（SHANK）
以杆颈碰触到球的击球，球会突然朝目标的右方行进。

冲天炮（SKY）
使用1号木杆或大角度木杆的开球，杆头的上缘打到球的底部，导致球的轨迹陡斜向上。

右曲球（SLICE）
球在空中的行进路线由左到右，这是击球的侧旋所造成的，偏离的幅度比右弧球还大。

爆破打法（SPLASH SHOT）
一种沙坑的击球方式，让杆头打到球后方的沙地上，沙所产生的扰动把球推离沙坑。

史特伯弗赛（STABLEFORD）
根据每一洞之实际杆数与标准杆数对照而算出得分的比赛方式，比完18洞后得分最高即为优胜者。

站位（STANCE）
击球准备时，双脚间的宽度，以及双脚和球之间的相对位置。

标准杆数（STANDARD SCRATCH SCORE，简称SSS）
按照球场距离所计算出的数值，主要用于比洞赛的差点计算，不一定会和球场的标准杆相同。

杆数和距离的处罚（STROKE AND DISTANCE）
一种罚则，球员必须返回上一球的击球位置（丧失已取得的距离），该洞成绩也要加罚一杆。

比杆赛（STROKEPLAY）
每位参赛者记录下自己每洞成绩的比赛形式，最低杆数的球员即为优胜者。

甜蜜点（SWEET SPOT）
杆面最中心的位置，通常也是杆头重心所在。

球梯/梯台（TEE）
指球梯或开球台。

开球台（TEE BOX）
梯台的另一种称呼。

开球区（TEEING AREA）
开球区的一部分，球员必须从这个区域开球，开球击球区纵深是2支球杆的长度，宽度则由2个开球标记所标示。

开球区（TEEING GROUND）
开球击球区所在的区域都是修剪平整的草坪，开球击球球位于其中。

球梯（TEE-PEG）
开球过程中用来放球的器具。

薄击球（THIN）
杆头的下缘击中球的上半部，造成低飞球（或沿着地面滚）。

杆头趾部（TOE）
球面离杆身最远的部分。

巡回赛（TOUR EVENT）
职业比赛通常有4个回合，72洞的总成绩最低者为优胜。

弹道（TRAJECTORY）
指球在空中行进的抛物线，号数大的铁杆杆面角度也比较大，弹道会比较高，号码小的铁杆角度也比较小，弹道会比较低。

三柏忌（TRIPLE BOGEY）
该洞成绩比标准杆多3杆。

美国高尔夫协会（USGA）
在美国和R&A地位相等的机构。

美国职业高尔夫协会（USPGA）
在美国协助职业高尔夫选手的机构。

多功能木杆（UTILITY WOOD）
小杆头的大角度金属木杆，如7号木杆，多功能木杆的设计主要是为了球道上和长草区的推进球。

重心转移（WEIGHT TRANSFER）
挥杆时重心在两脚之间的转移过程。

冬季规则（WINTER RULES）
由高尔夫委员会在冬季引进的规则，在修剪平整的草皮允许将球移到较理想的位置上。

索引

七画

八画

九画

十画

十一画

十二画

十三画

致谢

在许多人的协助下，我才得以完成本书，他们为此而奉献自己宝贵的时间，对本书的贡献实在难以用语言说明，我也希望能借由这个机会表达我最诚挚的谢意。首先我想要感谢阿瑟·布朗（Arthur Brown），如果没有他的帮忙，一路陪着我从概念的发展到完成，致力于推动本书的计划，这本书也不可能问世。此外，我也要感谢DK的戴维·蓝柏（David Lamb），全力支持我们的理念，并且给予我和阿瑟这个机会，让我们得以完成本书。

在本计划的执行期间，我也非常幸运，能有一群杰出球员的协助，借由20世纪他们完美的演出，将高尔夫的每种技巧都展现在近拍相机的镜头前，以高速连拍的方式一一记录下来。特别是麦克·魏尔许（Michael Welch），这位20世纪90年代早期的少年奇葩，目前已经是一位职业选手了，在杜拜的艳阳之下，花了三天时间协助完成了最棒的部分，他那经典的挥杆动作，相信本书的读者一定可以从中获得不少启发。我也要谢谢目前任教于杜拜克格瑞克高尔夫俱乐部的姗蒂·梅尔（Sandy Meyer），她在镜头前的初次演出，让这项运动看起来轻而易举。

在摄影师的强光照射下，我的梦幻组合也在工作室让各种艰难动作似乎变得异常容易。意大利公开赛的冠军姗曼莎·海德（Samantha Head）也在百忙之中，抽出一天的时间来到我们工作室，我非常感谢她的技术指导和热情相助。另外，也要谢谢专业指导师尼格·宾弘纳（Nigel Pinhorne），他在黎明破晓时便由普斯茅斯的家里出发来到伦敦工作室，并且不曾出过任何差错。还有来自伊林这位才华洋溢的年轻球员亚兹·阿里（Yaz Ali），相信他绝对会是球坛上的明日之星。我也不禁要称赞麦克·柯兹雷尔（Michael Katzler），他到达后的首要工作就是在石板硬铺面上切球，脚边就是价值不菲的照相机和灯光设备，居然没造成任何损伤，麦克，真有你的！

相机镜头的另一端，则是两位超水平摄影师，书中几百幅具有不同功能的影像，都是他们绝佳摄影技巧最好的证明。在杜拜我们享受到世界顶尖高尔夫指导摄影师戴维·康纳（David Cannon）的服务，这位好朋友也是身怀绝技的高球好手，充分掌握如何从最佳角度捕捉这项运动的精髓。本书的一些从创新的摄影技巧所取得的图片，则要感谢技术高超的史蒂夫·格登（Steve Gorton），他的专长在于呈现干净无瑕的影像，让焦点集中在特定高尔夫球技指引。我真得非常感谢戴维和史蒂夫的协助。

我也要感谢席·欧寇能（Sean O' Connor）这位谨慎大师，一丝不苟的态度伴随精练的编辑能力，清楚地指导本书目标究竟为何，也使最后成品更加完善，同时也要谢谢阿利史戴尔·布拉伯（Alistair Plumb）为本书设计所投入的心力。

我们绝对找不出任何地方可和杜拜比拟，能够那么顺利完成大部分的摄影工作，而这趟旅程可以成行绝对要感谢米歇尔·却多托（Michelle Chedotal）这位杜拜高尔夫的业务营销经理，因为她的居中协调，才能让行程圆满成功，我们除了要谢谢她之外，也一定不能错过杰奎琳·坎贝尔（Jacqueline Compbell），她让我们得以住在豪华的杰贝阿里饭店和高尔夫度假村，唯一遗憾的就是居然没能多点时间在蔚蓝的大海上优游！还好我们够幸运，有充足的时间，能待在度假村设备完善的9洞高尔夫球场上。我也要对高尔夫主任威廉斯（James Williams）致以由衷的感谢，对我们如此亲切并提供最大的协助。此外，还有杜拜的埃米尔高尔夫俱乐部主任，他诚挚地招待并让我们能够取得绝美的沙漠球场影像。我也由衷感谢埃米尔航空的协助，否则我们也不可能如此舒适地到达目的地。

最后，我要感谢父亲在多年前引领我进入高尔夫领域。另外，我的太太香黛尔（Chantal）真是最佳的贤内助，居然能忍受我这样的丈夫，在7个月期间就像个隐士一般，把最佳时光都花费在办公室和家里的空房间写书，她应该会觉得这段期间的生活好像又回到了单身吧！

照片所有权

Allsport：Andrew Redington 104/105；Dave Cannon 7，11br，52/53，78/79，130/131，182/183，228/229；Stephen Munday 164bl；David Rogers 196/197；Dave Connon：4，5tl，18~25，28/29，30tl，38bl，50l，51b，54/55，56l，59，65，66r，69t，71r，73b，77，80/81，82t，83，88~90，91l，92~94，98r，100t，101r，103，105br，106/107，109/110，111l，112/113，114t，115，117，118，120~125，127/128，129r，132~147，150~159，162b，164r，167~175，176l，177，179，181，185tr，186~195，197cra，197br，198/199，200~211，213cra，213br，214~224，226/227，230bl，232bc，235br；Peter Dazeley：236；DK Picture Library：Dave Cannon 244bl，248，249tl；Steve Gorton：229br，234bl，234br，234~243，244c，244br，247tl；Golf World：229tl，230br，231tl，232tr，232bl，233tl，235tl；Steve Gorton：1，3，5b，26/27，30b，31，32~37，38br，39~47，48r，49tl，49bl，50bc，53r，57/58，61，62~64，66l，67/68，69b，70，71l，72，73t，74/75，76r，79cr，79br，82b，84~87，91r，95，96/97，98l，99，100b，101l，102，105cra，105crb，108，110t，111r，114b，116，119，124t，126，129l，131cra，160/161，162t，163，165/166，174t，176r，178，180，183cra，183br，226tr，231cr；Hulton Getty：9tc，10tr；Golf Picture Library：Matthew Harris 16/17；Phil Sheldon：6，8，10bl，48l，49br，76bl，184，212/213，225b，225t，237tr，237bl，247br，249br；Dale Cancannon Collection 9br；Jan Traylen 245bl；Sporting Pictures（UK）Ltd：11tc。